MINERVA
はじめて学ぶ
保育

名須川知子／大方美香
[監修]

保育内容の指導法

谷村宏子
[編著]

ミネルヴァ書房

監修者のことば

　本シリーズは、保育者を志す人たちが保育を学ぶときにはじめて手に取ることを想定したテキストになります。保育や幼児教育、その関連領域に関わる新進気鋭の研究者や実践者の参画を得て、このテキストはつくられました。

　2015年に「子ども・子育て支援新制度」がスタートし、今春には新しい「保育所保育指針」「幼稚園教育要領」「幼保連携型認定こども園教育・保育要領」が施行されました。新「保育所保育指針」においては0～2歳児の保育の充実や、保育所における幼児教育の重要性が提示され、「幼稚園教育要領」では、3歳児からの教育の充実、「幼保連携型認定こども園 教育・保育要領」では、0歳児からの3つの視点と、3歳児からの5つの領域の連続性が示されています。また、指針・要領共通で、小学校からの学びの基盤としての「幼児期に育みたい資質・能力」が10項目の形で提示されました。

　つまり、これから保育者を目指す人たちは、今後は保育所・幼稚園・認定こども園が共通の枠組みで、高い専門性をもって、子どもの健やかな育ちや豊かな学びを支えていく時代となる、ということを理解しておかなくてはなりません。

　また、新指針・要領においては、保育における全体的な計画の作成や評価のあり方、また、小学校への接続についても充実を図る必要性が示されました。保育者は、乳幼児の自発的な遊びのなかでの学びをとらえ、一人ひとりの子どもの成長発達に合わせて、小学校へつなぎ支えていく役割であることが、ますます求められています。

　保育をめぐる現在の動向は日々変化しており、まさに激動の時期といえます。最新の動向を常に学ぼうという姿勢が、これからの保育者にはますます必要となるでしょう。そこで本シリーズでは、保育者が知っておくべき最新の動向については豊富に、これから学ぼうとする人にもわかりやすく解説しています。一方で、昔から変わらず重要とされている基礎的な事項についても押さえられるように配慮してあります。また、テキストを読んだあとで、さらに学習を進めたい人のための参考図書も掲載しています。

　みなさんが卒業し、実際に保育者になってからも、迷いがあったときや学びの振り返りとして、このテキストを手元において読まれることを期待しています。

2018年4月

名須川知子

大方　美香

はじめに

　現在は女性のめざましい社会進出に伴い、乳幼児から就学後までの子どもの成長を社会全体で系統的に保育・教育を行う時代となりました。2017年、幼児教育・保育の基準となる「保育所保育指針」「幼稚園教育要領」「幼保連携型認定こども園教育・保育要領」の法令が改定（訂）され、保育所とこども園の保育内容が幼稚園の教育に準じて定められました。乳幼児期の発達過程の捉えは、これまでの8区分から1歳未満、1歳以上3歳未満、3歳以上の3区分に再編され、それぞれに「ねらい」「内容」「内容の取扱い」が示されました。さらに、1歳以上3歳未満児の保育についても、5領域（健康、人間関係、環境、言葉、表現）の観点から詳細に示されています。ここに乳児期からの保育の厚みが感じられます。

　総則には、幼児教育を行う施設として共有すべき事項として、次の2点が共通に示されました。

①育みたい資質・能力として、「個別の知識・技能」「思考力・判断力・表現力等」「学びに向かう力、人間性等」の3つがあります。子どもにとって心が動かされる体験は外界という形で心や脳に刺激を与え、何だろう・なぜかなという思いや好奇心、つまり内界が動き、次なる意欲として外界にあらわす実現へとつながります。このような思考の循環を保育者が意識して、子どもの成長・発達を援助することが大切といえるでしょう。

②幼児期から小学生までの成長を連続的なものとして捉え、「幼児期の終わりまでに育ってほしい姿」として10項目が示されました。いずれも5領域に示されたねらい及び内容に基づき、活動全体を通して資質・能力が育まれることが期待されています。

　「はじめて学ぶ保育」シリーズの第6巻である本書の特色は、0歳から6歳までの5領域の保育内容を一冊の本に網羅し、保育者が子どもと直接的にかかわる際のポイントをまとめました。子どもの発達過程に応じた指導法については、5領域の専門家が実際に保育に携わった際の経験をもとに解説されたものです。領域ごとに、インシデント（事例）と具体的な指導内容を提示しています。これらの事例をもとに、学生の方々がご自身なりの創造的な保育方法を編み出していただきたいと思います。指導という言葉からは保育者が子どもに教えるというイメージがあるかもしれませんが、子どもの発達を多面的な視点から捉えた援助と考えていただいて構いません。

　保育者が日々の保育環境を整え、子どもの発達過程を丁寧に見極め、援助することが、子どもの未来につながります。本書が保育を目指す学生の方々にとりまして、多くの学びが得られますことを心より願っています。

　2018年4月

　　　　　　　　　　　　　　　　　　　　　　　　　　　　谷村　宏子

目次

はじめに

第1章　保育内容と指導法

レッスン1　発達に応じた指導法とは ・・・・・・・・・・・・・・・・・・・・・・・・・・・ 2
①保育内容の構造…2　②「発達」のとらえ方…3　③乳児の発達…4　④1歳以上3歳未満児の発達…6　⑤3歳以上児の発達…8　⑥子どもの内面の広がり…11　⑦保育者の指導上の留意点…14　⑧「発達」を能力的視点からとらえることの問題点と子ども理解…15

レッスン2　指導法の創意工夫 ・・・・・・・・・・・・・・・・・・・・・・・・・・・・・・・・・・ 17
①目的を共有するための指導法の意義…17　②絵画における指導法の創意工夫…20

第2章　「健康」と指導法

レッスン3　子どもの身体性と遊び ・・・・・・・・・・・・・・・・・・・・・・・・・・・・ 32
①「身体性と遊び」に関わる領域「健康」…32　②体の諸機能の発達…33　③体を動かす楽しさ…37　④みずから体を動かそうとする意欲…39　⑤しなやかな心と体の発達…42

レッスン4　子どもの健康と食育 ・・・・・・・・・・・・・・・・・・・・・・・・・・・・・・ 47
①子どもの健康…47　②健康と休養…47　③健康と栄養…50　④健康と運動（運動遊び）…55　⑤子どもの健康と食育…59

第3章　「人間関係」と指導法

レッスン5　発達と人との関係性 ・・・・・・・・・・・・・・・・・・・・・・・・・・・・・・ 64
①現代の地域社会・家庭・子ども同士の人間関係の現状…64　②領域「人間関係」の内容の取り扱い…65　③年齢と発達に応じた人間関係…66　④3歳児からの発達と人との関わり…71

レッスン6　遊びで育つ人との関係性 ・・・・・・・・・・・・・・・・・・・・・・・・・・ 74
①遊びと子どもの育ち…74　②年齢に応じた遊びのなかでの「人間関係」…74

第4章　「環境」と指導法

レッスン7　発達にふさわしい人的・物的環境 ・・・・・・・・・・・・・・・・・・ 84
①領域においての「環境」のとらえ方…84　②乳幼児が関わる人的・物的環境…85　③3歳未満児の遊びと生活においての環境…86　④3歳以上児の遊びと生活においての環境…90

レッスン8　自然環境と子どもの育ち ・・・・・・・・・・・・・・・・・・・・・・・・・・ 96
①子どもと自然との関わりの現状…96　②保育内容「環境」における自然…96　③動物と子ども…97　④植物と子ども…100　⑤砂・土・泥遊びと子ども…104　⑥園外保育…107　⑦自然事象…107　⑧自然体験のなかで育つ力…108

第5章 「言葉」と指導法

レッスン9 対話のある生活から育まれる言葉 ································· 112
　　　①保育内容 領域「言葉」とは…112　②乳幼児の言葉を育む環境…115

レッスン10 言葉遊びと絵本教材 ··· 123
　　　①児童文化財としての「絵本」…123　②絵本の読み聞かせについて…125　③子
　　　どもの成長と絵本…127　④絵本の世界を楽しむ…131

第6章 「表現」と指導法

レッスン11 生活における感性と表現 ····································· 138
　　　①保育内容 領域「表現」について…138　②感性について…140　③表現につい
　　　て…141　④生き物の観察から表現へ…143　⑤遊びのなかで育つ感性と表現…
　　　145　⑥他者とのやりとりによる表現の発展…149

レッスン12 音・もの・身体の動きによる表現 ····························· 152
　　　①音の探索…152　②歌うこと…152　③楽器を使った表現…157　④ものを使っ
　　　た表現…159　⑤身体の動き…161　⑥表現における保育者の援助…166

第7章 総合的な保育指導

レッスン13 各領域の総合的な保育指導 ··································· 170
　　　①各領域のとらえ方…170　②各領域の総合的な保育指導…171　③5領域から
　　　みた保育の事例…173　④5領域からみた活動事例…179　⑤5領域の変遷…182
　　　⑥保育指導における留意点…183

レッスン14 生活・遊びをとおした保育指導 ······························· 185
　　　①生活・遊びをとおした保育指導とは…185　②指導計画とは…186　③指導計
　　　画作成のポイント…189　④保育所での一日…192

レッスン15 子どもの実態と観察・記録から保育実践へ ····················· 198
　　　①子どもの実態と観察…198　②記録を生かした保育実践…204

さくいん…212

● この科目の学習目標 ●

「指定保育士養成施設の指定及び運営の基準について」（雇児発 0331 第 29 号）において
2 つの目標が明示されている。①養護と教育にかかわる保育の内容が、それぞれに関連性
を持ち、総合的に保育を展開していくための知識、技術、判断力を習得する。②子どもの
発達を「健康・人間関係・環境・言葉・表現」の 5 領域の観点から捉え、子ども理解を深
めながら保育内容について具体的に学ぶ。本書も、この目標を達成するよう、内容を考え
ている。

● 教職課程コアカリキュラムへの対応 ●

また、本書は 2017（平成 29）年 11 月 17 日に発表された教職課程コアカリキュラムに
も準拠している。

第1章

保育内容と指導法

本章では、子どもの発達に応じた保育における基本的な指導のあり方について学んでいきます。幼児期における保育において、どのような力を育んでいくべきか、適切な指導法について理解しましょう。

レッスン1　発達に応じた指導法とは

レッスン2　指導法の創意工夫

レッスン1

発達に応じた指導法とは

本レッスンでは、子どもの発達に応じた保育における基本的な指導のあり方について学びます。保育者として、目の前の子どもの発達を踏まえて、資質・能力を一体的に育むためには、どのような観点から保育内容をとらえるべきか考えましょう。

▶ 出典

†1 文部科学省「幼稚園教育要領」第1章「総則」2-3（1）〜（10）、厚生労働省「保育所保育指針」第1章総則4-（1），（2）ア〜コ、2017年

▶ 出典

†2 無藤隆・汐見稔幸・砂上史子『ここがポイント！ 3法令ガイドブック──新しい「幼稚園教育要領」「保育所保育指針」「幼保連携型認定こども園教育・保育要領」の理解のために』フレーベル館、2017年、15頁

✦ 補足

領域

領域とは、子どもの遊びや生活を「発達」という視点から保育の範囲を5つに分けてからまとめて表したもので、保育内容が一つの分野でとらえられず、関連し合う総合的なものであることを示している。

1. 保育内容の構造

　乳幼児期は、生涯にわたる人格形成の基礎を培う重要な時期です。そこで保育者は、子ども一人ひとりの異なる成育環境を背景とした個性を把握し、発達に即した的確な指導を行うことが大切です。

　2017（平成29）年告示、2018（平成30）年施行の「保育所保育指針」「幼稚園教育要領」では、保育・幼稚園教育において育みたい資質・能力に加え、**「幼児期の終わりまでに育ってほしい姿」** として次の10項目が新たに示されました[†1]。（1）健康な心と体（2）自立心（3）協同性（4）道徳性・規範意識の芽生え（5）社会生活との関わり（6）思考力の芽生え（7）自然との関わり・生命尊重（8）数量や図形、標識や文字などへの関心・感覚（9）言葉による伝え合い（10）豊かな感性と表現、です。保育者はこれらを念頭においたうえで、保育のなかで子どもたちが安定した生活を送り、充実した活動となるよう指導することが求められています。これら10項目は、保育内容5領域「健康」「人間関係」「環境」「言葉」「表現」の内容を整理したもので、幼児期から小学校にかけて子どもが資質・能力と結びつきつつ成長していく内容です[†2]。なお、「幼保連携型認定こども園教育・保育要領」においても、保育内容を **5領域** で示しています。

　幼児の発達をとらえる視点として、心身の健康に関する領域「健康」、人との関わりに関する領域「人間関係」、身近な環境との関わりに関する領域「環境」、言葉の獲得に関する領域「言葉」、感性と表現に関する領域「表現」の5つの領域があります。領域にはそれぞれ、ねらい、内容、内容の取り扱いが記されています。ねらいとは、子どものさまざまな体験を積み重ねる姿から、育みたい資質・能力をとらえ、しだいに達成にむかう目標といえます。内容とは、ねらいを達成するために、子どもが

環境に関わって展開する活動をとおして総合的に指導される具体的な項目です。さらに、内容の取り扱いは、保育者が子どもの発達を踏まえて指導を行うにあたり、留意すべき事項として記載されています。

保育内容の位置づけについて**名須川**[*]は、「何かを教えるために子どもがいるのではなく、子どもの成長・発達を促すために保育内容がある。換言すれば保育内容はそのための手段といえよう」と指摘しています[†3]。保育内容は、子どもが遊びや活動に自発的に関わり、充実した生活を送ることができることを目標に、その時期にふさわしい成長と発達を促す手段といえます。そこで保育者は、子どもの発達に応じた保育内容を、人的・物的環境の側面から考えます。人的環境では、保育者との関わり、仲間との関わりを認識したうえでの指導・援助が必要です。物的環境とは、子どもたちが何に興味を示しているのかを保育者が把握して、発達を促すために必要な場所の確保、遊具や用具の準備をすることです。

2. 「発達」のとらえ方

1 「発達」について

発達とは、乳児期から老年期までの心身が変化していく過程のことで、身長や体重の増加などの量的な発達と、知覚、認知、知能などの質的な発達があります。その発達を支える視点として「保育所保育指針」では、「乳児期の発達については、視覚、聴覚などの感覚や、座る、はう、歩くなどの運動機能が著しく発達し、特定の大人との応答的な関わりを通じて、情緒的な絆が形成されるといった特徴がある。これらの発達の特徴を踏まえて、乳児保育は、愛情豊かに、応答的に行われることが特に必要である」と示されています[†4]。また、「幼保連携型認定こども園教育・保育要領解説」では、「乳幼児期における発達は、心身の諸側面が相互に関連し合い、多様な経過をたどって成し遂げられていくものであること、また、園児の生活経験がそれぞれ異なることなどを考慮して、園児一人一人の特性や発達の過程に応じ、発達の課題に即した指導を行うようにすること」と記されています[†5]。子どもが、心身の発達する能力を獲得していく過程そのものを、発達と捉えています。そこで、保育者は乳幼児期の一人ひとりの子どもの発達を踏まえて、個々に愛情深く丁寧にかかわることが望まれます。では次に、発達段階についてみていきましょう。

👤人物

名須川知子
1955年〜
兵庫教育大学副学長、博士（学術）。保育内容「表現」の実践と理論の研究者。主著に『唱歌遊戯作品における身体表現の変遷』風間書房、2004年がある。

▶出典

†3 田中亨胤・名須川知子編著『保育内容総論』ミネルヴァ書房、2006年、184頁

▶出典

†4 厚生労働省「保育所保育指針」第2章「保育の内容」1「乳児保育に関わるねらい及び内容」（1）基本的事項」2017年

▶出典

†5 内閣府「幼保連携型認定こども園教育・保育要領解説」第1章「総則」第1節「幼保連携型認定こども園における教育及び保育の基本及び目標等」1「教育及び保育の基本」（4）2018年

第1章　保育内容と指導法

▶ 2 発達段階

　2018年（平成30）年施行の「保育所保育指針」「幼保連携型認定こども園教育・保育要領」では、乳児（1歳未満）、1歳以上3歳未満児、3歳以上児の3区分に分けられ、それぞれに「ねらい及び内容」が5領域の観点から詳細に示されています。保育者は、この3区分の子どもの運動機能の発達、情動・認知の発達特性を踏まえて、一人ひとりの子どもと十分にかかわる姿勢が大切でしょう。

　子どもの年齢や達成課題を基準とした区分には、**ピアジェ***をはじめ、心理学、教育学の観点から発達に関する研究があります。ピアジェは、自身の3名の子どもたちを観察するなかで、認知発達理論として、感覚運動期（0～2歳）、前操作期（2～7歳）、具体的操作期（7～11歳）、形式的操作期（11歳以降）の4段階に分類しています[6]。

　感覚運動期は、感覚運動的知能の時期ともよばれ、新生児の反射的行動に始まり、感覚器官を通して認知が発達し、お腹がすいたという生理的要求や驚きなど心理的な面を、表情や身体の動きで示す時期です。前操作期は、言葉を用いることで思考も活発になりますが、見かけに左右される直感的な思考の傾向や、自己中心性が強いなどの特徴がみられます。

　「はえば立て、立てば歩けの母心」ということわざがあるように、子どもは周囲の人々の温かい期待あふれる言葉や表情に支えられながら、成長します。新生児から、視覚・聴覚・触覚・味覚・嗅覚の五つの感覚器官を十分に活用して外界からの刺激を受けとめ、事物や人を理解し、自ら外界へ働きかけようとします。このような経験を積み重ねることにより、子どもは運動機能、情緒、認知、社会性（対人関係）を発達させていきます。

　次に、乳児、1歳以上3歳未満、3歳以上の運動機能の発達、および情動・認知の発達特性を見ていきましょう。

3.　乳児の発達

　乳児は生まれつきもった成長する力をもとに、周りの人からの働きかけによって、心と体が発達します。乳児は、環境に適応しながら生活リズムを形成し、人と関わりながら対人関係が発達していきます。とくに不安や恐怖を解消してくれる人の存在は、心の発達に大きな影響を与えるといえるでしょう。

👤 人物
ジャン・ピアジェ
（Piaget, J.）
1896～1980年
スイスの児童心理学者で、発達的認識論者。面接法で子どもの世界観、因果関係認識構造を調べ、自己中心性の概念を築いた。子どもの知能や発達に関する理論構築を行ったが、発達における情動の役割や社会的・文化的な要因を軽視したという批判もある。

▶ 出典
†6　コンスタンス・カミイ、リタ・デブリーズ／稲垣佳世子訳『ピアジェ理論と幼児教育』チャイルド本社、1980年、191-192頁

レッスン1　発達に応じた指導法とは

1　運動機能と情動・言葉の発達

　誕生から1歳までのおおよその運動機能と情動における発達特性を、図表1-1、1-2に示します。

図表 1-1　運動機能の発達特性（乳児）

年齢	運動機能の発達特性
6か月未満	・首がすわり寝返りがうてるようになり、手足の動きが活発になる。 ・全身の動きが活発になる。
6か月〜 1歳ごろ	・座る、はう、立つ、つたい歩きができるようになる。 ・腕や手先の動きも発達する。

図表 1-2　情動・言葉の発達特性（乳児）

年齢	情動の発達特性
6か月未満	・喃語（言葉にならない段階の声）などで自分の欲求を表現する。 ・表情の変化や身体の動きで思いを表す。 ・誕生時は充足、興味・苦痛などの情動を表出する。 ・3か月ごろまでに喜び・悲しみ・嫌悪を表出する。 ・半年を過ぎるころには怒り・驚き・恐れを表出する。
6か月〜 1歳	・自分の意思や欲求を身振りなどで伝えようとし、大人から自分に向けられた気持ちや簡単な言葉を理解する。 ・他者にあやされると声を出して笑う反応から、「アーウー」といった喃語で、自分の気持ちや欲求を表現する。 ・大人のマザーリング*の声を聞くと、自発的に声を出そうとする。

2　乳児の発達に応じた指導法

①身近な人と気持ちが通じ合う環境を整える

　保育者は、まず安全で居心地の良い環境を整える必要があります。そして、子どもの心身の発達がバランスよく発達するように、個々の特性に応じて柔軟に援助することが大切です。

②感情や意図を読み取って対応

　保育者は乳児の態度や発声から、感情や意図を読み取って対応します。乳児が示すさまざまな行動や欲求に、保育者が適切に応答的かつ積極的に働きかけることで、保育者との間に愛着関係を構築します。音の出る玩具などで関わるといった、物を介して他者の意図を探るという**三項関係***に発展していきます。

✱ 用語解説
マザーリング
母親が乳児にほどこす愛情ある接触行動。これが欠けると子どもの発達に影響があるとされる。たとえば、母親が子どもの声のイントネーションをまねて高い声と簡単な言葉「マンマ」などで語りかけること。

✱ 用語解説
三項関係
子どもは、周囲の他者に意図的に何かを伝えるというレベルに達する以前に、子どもが対象のものをとおして他者と何らかの経験をともにすること。
→レッスン7

③遊びによってイメージを共有する

　乳児は、「いない・いない・ばあ」をしている大人の動作や声を模倣して楽しみます。また、積木を車に見立てて「ブーン」と言いながら動かして遊ぶなど、イメージの世界をつくり出す遊びに興味を示し始めます。保育者は、子どもが興味をもっている遊びを知り、象徴遊びなどイメージを共有しましょう。保育者も一緒に身体を使って、楽しく共感することが大切です。さらに、手遊び、歌遊び、わらべ歌遊びには、言葉とリズム感があるので、子どもたちはリズムにのって身体を動かすと共に言葉を獲得します。

4.　1歳以上3歳未満児の発達

　1歳以上児は、食事、排泄、衣服の着脱など、基本的な生活習慣が身につく時期です。発語もみられ、自分の要求や思いを身体や言葉であらわし、自分と他者を意識し始めます。子どもの生活の安定を保持するとともに、子どもの思いに大人が応答的にかかわることが大切です。

1　運動機能と情動・言葉の発達

　1歳以上3歳未満の子どものおおよその運動機能と情動における発達特性を、図表1-3、1-4に示します。

図表 1-3 運動機能の発達特性（1歳以上3歳未満児）

年齢	運動機能の発達特性
1歳～ 2歳ごろ	・歩く、走る、跳ぶなどの基本的な運動ができ始める。 ・手を使う、押す、つまむ、めくるなど指先の機能が発達し、食事、衣類の着脱などが自分でできる。
2歳～ 3歳未満	・基礎的な運動機能が育ち、歩く、走る、跳ぶ、押す、引っ張る、投げる、転がる、ぶら下がる、またぐ、蹴るなどの基本的な動作ができる。 ・さまざまな動作や運動を十分に経験することにより、自分の体の動きをコントロールし、自らの身体感覚を高める。

レッスン1　発達に応じた指導法とは

図表 1-4 情動・言葉の発達特性（1歳以上3歳未満児）

年齢	情動の発達特性
1歳〜 2歳ごろ	・指差し、身振り、片言などを盛んに使い、「ママ、いない」などの二語文を話し始める。 ・指差しで他者にほしがる態度をみせたり、目線を合わしたり喃語を発して大人に意図を読み取ってもらうことで、要求を満たす。 ・言葉によるコミュニケーションが始まると、保育者の思いを感じ取れるようになってくる。
2歳〜 3歳未満	・発声が明瞭となり、言葉に著しい変化がみられる。 ・行動範囲が広がり探索活動が盛んになるなかで、自我の育ちの表れとして、自己主張する。 ・他者を模倣し、物事の共通性を見いだすことができる。 ・象徴機能の発達によりやり取りや、簡単なごっこ遊び（象徴遊び＊）を楽しむ。

✳ **用語解説**
象徴遊び
あるものを別のものに見立てて遊ぶこと。たとえば、木の葉をお皿に見立てることなどが、これにあたる。

2　1歳以上3歳未満児の発達に応じた指導法

①子どもの自我を受け止める

保育者が子どもの気持ちをくみ取り、応答的にかかわることで、子どもは大人の声、およびやり取りを心地よいものと感じ、表現意欲を高めます。そして、子どもの自我の育ちを積極的に受け止めることで、子どもは自分への自信をもつようになります。

②信頼関係を築く

3歳未満の子どもは、保育者や養育者など特定の大人との継続的な関わりのなかで十分に受け止められ愛されることで、情緒的な絆（愛着）が深まります。お腹が空いた、眠いなど、生理的要求を満たされるとともに、何か困ったときに保育者に抱きしめてもらうなど、自分の気持ちを受け止めてもらうことにより、子どもは人への信頼感を育んでいきます。

3　社会性の発達と指導法

社会性は3歳ごろから発達しはじめ、「ままごと遊び」や「ヒーローごっこ」など、子どもが興味をもつ遊びが展開できるようになります。これらの遊びから、他者の行動をとおして意図や目的を読み取る能力が伸びてきます。また、言葉によるコミュニケーションが成立するように

7

なってきます。

　鬼ごっこやわらべうた遊びなど、ルールを守る遊びをとおして、集団生活が順調に行えるように援助しましょう。

5. 3歳以上児の発達

　3歳以上児は、基本的な生活習慣もつき、自立していきます。語彙数（言葉の数）が急激に増加し、知的興味や関心が高まってきます。また、これまでの1対1の関係から、仲間を意識した遊びや協同的な活動に参加することを楽しみます。語彙数が増えることで自分の気持ちを言葉で伝えることが可能になると同時に、他児の考えにも気付くことができるようになります。

　走行や跳ぶなどの運動機能が活発になると同時に、自然界の事物やいろいろな人と関わる機会が増え、生活空間にも広がりができます。コミュニケーションの手段としては、これまでの体や表情だけではなく、言葉を用いることで、集団のなかでの話し合いにも徐々に参加できるようになります。そこで、個の成長と集団としての活動の充実を図ることが大切です。集団遊びの中で自然とルールを守るようなわらべ歌遊びなども入れていきましょう。

1　運動機能と情動・言葉の発達

　3歳以上児の運動機能の発達の特徴について、図表1-5に示します。

　3〜4歳ごろの初歩的な運動機能が発達してくるこの時期は、音楽に合わせてスキップをしたり、ゾウを模倣して歩いてみたり、カンガルー跳びなど、何かになりきって音楽に合わせて動くことを楽しみます。5〜6歳ごろには、いろいろなスポーツにも挑戦できるようになるので、縄跳びや竹馬などの用具を準備しましょう。子どもは、自分なりのさまざまな方法で用具を用いることを楽しむようになります。環境を整えると同時に安全にも配慮します。

　「幼児期運動指針」では、「積極的に体を動かす幼児は、やる気、我慢強さ、友だち関係が良好、社交的など前向きな性格傾向にあります」と記載されています[7]。さらに「協調性やコミュニケーション能力が育つ」とあり、体を動かす遊びは、子どもの意欲的な態度や有能感、人間関係を形成するうえで大切であり、コミュニケーション能力の育成にも関わることを保育者が意識して、多様な動きが経験できるように、さまざ

▶出典
†7 「幼児期運動指針」文部科学省、2012年、12-16頁

な遊びを取り入れることが大切といえるでしょう。

図表 1-5　運動機能の発達特性（3歳以上児）

年齢	運動機能の発達特性
3歳～ 4歳ごろ	・全身のバランスを取る能力が発達し、片足跳びをしたり、スキップをしたりするなど、体の動きが巧みになる。 ・全身を使いながらさまざまな遊具や活動に挑戦して遊ぶことから、運動量が増す。 ・手先が器用になり、ひもを通したり、結んだり、ハサミを扱うことができる。 ・体を動かしながら声をかけるなど、異なる2つの行動を同時に行うことができる。
4歳～ 5歳ごろ	・大人が行う動きのほとんどができる。 ・縄跳びやボール遊びなど、体全体を協応させた複雑な運動をする。 ・心肺機能が高まり、鬼ごっこなど集団で行う遊びなどで活発に体を動かし、自ら挑戦する姿がみられる。 ・手先の器用さが増し、小さなものをつまむ、ひもを結ぶ、雑巾を絞る動作もできる。大人の援助により、のこぎりなどさまざまな用具を扱うこともできる。
5歳～ 6歳ごろ	・全身運動が滑らかで巧みになり、全力で走り、跳躍するなど快活に跳び回り、自信をもって活動する。 ・細かな手の動きが一段と進み、自分のイメージしたように製作物をつくるなど、ダイナミックな表現や細やかな表現をする。 ・ボールを突きながら走ったり、跳び箱を跳んだり、竹馬に乗るなど、さまざまな運動に意欲的に挑戦する。

2　情動・認知の発達

　3歳以上の子どもの情動・認知の発達の特徴について、図表1-6に示します。

　3～4歳ごろの子どもたちは、ダンゴムシを集めては保育者に見せにくることがあります。子どもの認めてもらいたいという気持ちを保育者がくみ取って「どこにいたのか教えて」など、興味があることを示し、声かけをしましょう。

　5～6歳ごろになると、虫の生態を調べて飼うなど、自然観察を展開させていきましょう。身近な自然環境を整え、自然やものとの関わりのなかで世界を広げていくことは、子どもに感動や喜びの気持ちをもたらします。話の内容が理解できるようになると子どもたちは、イメージをふくらませ、自分なりに物語をつくったり、不思議さやおもしろさを味わったりしながら遊びを発展させていきます。保育者は、イメージがわくような年齢に応じた絵本を読んであげましょう。

　5歳ごろには、替え歌をつくることや身体表現遊びをみんなで考える

など、創造的な活動を考えていきましょう。

　6歳ごろには、これまでの活動や経験をとおして達成感や自分への自信をもち、さまざまなことに関心を示します。保育者は、子どもが意欲的に関われるような環境を整え、子どもの自発性を支えていきます。

図表 1-6 情動・認知の発達特性（3歳以上児）

年齢	情動・認知の発達特性
3歳～ 4歳ごろ	・子どもの心のなかに、何でも自分でできるという意識が育ち、大人の手助けを拒むことが多くなる。 ・水、砂、土、草花、樹木、虫など身近な自然に興味を示す。 ・自分の意思で生活を繰り広げようとすることは、子どもの主体性を育み、意図を持って行動することにつながる。
4歳～ 5歳ごろ	・想像力の広がりにより、現実に体験したことと、絵本など想像の世界で見聞きしたこととを重ね合わせることができる。 ・ほかの生き物や無生物にも心があると信じる（アニミズム）。 ・物事を対比する能力が育ち、時間や空間などを認識する。 ・少し先を見通しながら目的をもった活動を、友だちと行う。
5歳～ 6歳ごろ	・仲間の存在を重要に感じる。 ・文字を書いたり、読んだりする姿もみられる。 ・社会事象や自然事象などに対する認識も高まる。 ・自分自身の内面への思考が進み、自意識が高まり、自分とは異なる身近な人の存在や、それぞれの人の特性や持ち味などに気づく。

3 社会性の発達と指導法

　4～6歳ごろになると、主張のぶつかり合いやけんかが起きても、自分たちで解決しようとする姿もみられるため、まずはじっくり見守ります。自律性も伸長し、自己コントロール力も身についてきます。保育者が、子どもの複雑な気持ちに共感することで、子どもは安心します。

　5～6歳ごろには、自主的な姿勢や自由な発想がみられます。たとえば、劇遊びの筋を考える際に、子どもたちからさまざまな意見が出されます。その際に、友だちの主張に共感したり、意見を言い合ったり、自分の主張を一歩譲って仲間と協調していけるように言葉かけをします。集団生活での経験から、ルールや順番を守ること、人の嫌がることをしないといった社会性が身についていきます。

　保育者は、子どもたちを見守り、時には調整しながら、新しい視点でも考えられることをみんなに投げかけて、課題を共有できるようにします。

レッスン1　発達に応じた指導法とは

6.　子どもの内面の広がり

1　子どもの内面を育てる

　保育では、自然と関わる経験から子どもが感動し、いろいろな思いやイメージがわいてくるところに、子どもの内面を育てる機会があります。子どもの内面の世界が育つ場面を保育記録の事例からみてみましょう。

インシデント①　どんぐり拾い（5歳児）

　自然のなかで子どもたちがどんぐりにふれられるように、園から徒歩で行ける公園へどんぐりを探しに出発しました。小さなどんぐりしか落ちていませんでしたが、子どもたちは遊具には目もくれず、夢中でどんぐりを拾います。みんなどんぐりが大好きで、うれしそうに拾っています。5歳になると、どんぐりの木を自分でみつけることができ、子どもたちの目線にも、緑のどんぐりがたくさんついているのがよく観察できました。

　A児が、傷がついているどんぐりを見て、「石にぶつかったのかな」と言うと、B児は、「ここかたいから、ここに落ちて当たったのかも」と言いました。C児は「柔らかい葉っぱの上に落ちればよかったね」と言いました。

　子どもたちからいろいろな思いが出てきます。今から落ちてくるどんぐりが痛くないように、「石をどけておいてあげよう」と木の下の石を動かしている子どもたちもいました。

　この事例では、A児の「どんぐりが石にぶつかって傷ができたのかな？」というとらえ方に対して、B児は、石がかたいからとA児に共感する気持ちを表しています。C児は、2人の発言から、柔らかい葉がよいという改善策を出しています。さらに、このような3人のやりとりを聞いていた子どもたちは、これから落ちるどんぐりの気持ちになり、石にぶつからないように石の場所を変えるという思いやりの気持ちが行動にみられます。

　A児の何気ないつぶやきから、子どもたちにアニミズム*の考えが投影され、子ども同士で思いを共有し、考えを出し合っています。

　次の事例は、インシデント①の翌日に行った遊びの様子です。前日にどんぐりを観察したことを踏まえて、この日は保育者の言葉による問いかけにより、子どもたちがどんぐりの気持ちになって言葉や身体で表現

✚ 補足

インシデント
インシデントは、「問題」や「課題」が生じているとされる、ひとつの「場面」「状況」を切り取ったものを指す。似たような用語に「エピソード」があるが、インシデントと異なるところは、そこに問題や課題を見出さないということである。「事例」というのは、基本情報がある程度整っており、援助方針や計画などを協議するために用いるものである。

✳ 用語解説

アニミズム
ものにも人と同じような感情や思いがあると思い込むこと。呪術・宗教の原初的形態の一つ。

11

第1章　保育内容と指導法

する様子がみられます。

インシデント②　どんぐりになって遊ぶ

　積木遊びでも、どんぐりになって遊ぶ姿がみられました。昨日行ったO公園のどんぐりのことを話し合い、身振り表現をして遊びます。
　保育者が、「どんなところにどんぐりが落ちていたの？」「割れたどんぐりはどうなるのかな？」「木から落ちるどんぐりのことも気になるね」など、問いかけます。
　子どもたちからは、「高い木から落ちるのが怖い子（どんぐり）がいる」「落ち方がわからないから先に落ちたお兄さんお姉さんどんぐりに教えてもらった」「高い木から落ちたら痛いから、守ろうと思って帽子をかぶったままの子もいるんだ」など、それぞれの思いが言葉で表されています。その後、子どもたちは思い思いのどんぐりの姿を身体で表現しました。

　保育者からどんぐりについての質問が投げかけられると、子どもたちはどんぐりの気持ちになって、さまざまな思いを言葉で表しています。さらに身体表現でも、いろいろな思いをもった動きが出てきました。
　保育者の働きとして無藤は、「子どもが自然とかかわれるような環境を設定したり、さりげない誘いをしたり、気付いた子どものつぶやきを拾い上げたりすること」と述べています[8]。子どもの小さな発見にみられる気づきを保育者が認めることで、子どもの関心はさらに知的な方向へつながっていきます。

2　子どもの生活を充実させる

　年少クラスの子どもたちのなかには、2学期が始まっても、保護者と離れることに不安を感じる子どもがいたり、また、遊びに入るのに時間を要する子どもたちがいます。そこで、保育者は、子どもたちが友だちと一緒にゆったり遊び込むことが大切と考え、子どもたちが好きな遊びをする姿に注目して、不安を解消した事例を紹介します。

インシデント③　皆で忍者になる　（入園1年目の年少クラス）

　男児の一人が、1学期のプール遊びで忍者になって遊んだことを思い出し、大型積み木の後ろに隠れたかと思うと急に姿を見せたり、高いところから飛び降りるときに忍者の様子で表しています。その

▶**出典**
[8] 岸井勇雄・無藤隆・柴崎正行監修／無藤隆編著『発達の理解と保育の課題（保育・教育ネオシリーズ5）』同文書院、2003年、17頁

姿をみた子どもたちも同じように忍者に変身し、忍者ごっこに参加する子どもたちが増えてきました。そこで、忍者をイメージした音楽を流したところ、子どもたちはさらに忍者になりきった動きを行うようになりました。

9月のお誕生会でどのような発表をするかという話し合いでは、すかさず子どもたちから、「忍者」という言葉が返ってきました。保育者は「忍者って見たことある？」「どのような姿をしているの？」と問いかけます。子どもたちは、静かに歩くこと、すばやく走るなど、動きで表します。歩くところは「ソロソロ」、すばやく走るところは「ササッ」と、擬態語をつけることでイメージが豊かになってきました。忍者の特徴として、動きにメリハリをつけること、忍者らしく片手を前に出して前かがみになること、しゃべらないことなどの考えをみんなで出し合いました。発表会では、全員がいきいきと一生懸命踊り終えた後に、他児や保育者から大きな拍手があり満足そうでした。その後も忍者になりきったまま生活をする子どももおり、登園時に不安を感じたり、遊びに入るのに時間を要する子どもは、ほぼいなくなりました。

保育者の発案として、「ソロソロ」「ササッ」など擬態語を出してみることで、子どもたちは忍者のイメージを共有することができました。発表会後も、子どもたちはトイレに行くときにも、口を閉じて静かに忍者歩きをしたり、朝の会では、忍者のように静かにしようという意見が出るなど、生活のなかでも忍者をとおしてルールを守る姿がみられ、遊びが生活に影響していることがわかります。子どもたちは、全員が共通のイメージをもち、ダンスを一緒に考えて踊ったことで、友だちとの結束を感じています。それが園生活での安心感につながったのでしょう。

幼児期は、身近な人や周囲の環境と関わりながら、興味・関心の対象を広げ社会性を獲得していきます。内的な世界が広がるとともに、事物を認識する力も発達します。子どもは仲間と忍者になる楽しい経験をとおして想像力をふくらませたり、自分と違う他者の存在や視点に気づいて相手の気持ちになって考えたり、ルールを考えたり、時には葛藤するなかで心が育っていきます。

7. 保育者の指導上の留意点

1 子どもの知的好奇心を育てる

　保育の中核に位置づけられている「遊び」は、学び・学習の基盤といわれています。ヴィゴツキー*は、「想像遊びを発達の最も重要な要因」と位置づけています。さらに、「遊びは『最近接発達領域*』をつくり出し、そのことを通じて、将来の「現実の行動や道徳の基礎」となるいろいろなことを達成するのです」と説いています[9]。保育者は、ごっこ遊びなどのできる環境をつくり、熱意をもって子どもの想像的活動を受け入れ、尊重し、励ますことで、子どもの意欲の向上につながります。

　保育では、知的好奇心を育てること、文字、絵本、数、自然、暮らしへの関心を育てることも大切です。知的発達を促す経験について、岸井は、「工夫する力、物事に驚く感性を育てること、落ち着いて取り組む姿勢、調べる力を育てること」[10]と述べています。保育者は子どもの姿から、イメージを引き出し、創造力を養うような言葉がけをしたり、遊びが深まるような環境を整えましょう。

2 子どもへの配慮

　意見を出しにくい子どもには、特に保育者は配慮しましょう。配慮の一つとして、保育者主導にならないように心がけながら、子どもの動きをとらえて、「○さん、かっこいいね」など、表現を認める言葉を投げかけます。子どもたちは、保育者に認められたという肯定的な気持ちを感じることで自信がつき、積極的な態度になるかもしれません。保育者は、子どもの主体性・自発性を尊重するとともに見守ります。

　子どもたちは、自分のしたいと思っていることを主張し、ぶつかり合う場面もありますが、ピアジェはこのような場面について、「自己中心性、社会情緒的、知的なものを克服するのに最も有効なものの一つである」と説いています[11]。子どもたちだけでけんかを解決できるように意見の交換を促進することが、保育者の役割ともいえます。

3 発達による指導法のポイント

　乳幼児期は発達段階別に大きく援助・指導法が変化します。子どもの発達段階として0～2歳ごろを初期段階、2～3歳ごろを中期、3～4歳ごろを発展期、4～5歳ごろを充実期、5～6歳ごろを完成期として、保育者の援助・指導上のポイントを段階別に図表1-7に示しています。

人物

レフ・ヴィゴツキー
(Vygotsky, L. S.)
1896～1934年
ロシア（旧ソ連）の心理学者で、新しい心理学体系を構築した。

用語解説

最近接発達領域
子どもが独力で行う問題解決の水準と大人の援助や助言のもとで、あるいは自分より能力のある仲間のもとで行われる問題解決の水準の間の隔たり。（高取憲一郎『ヴィゴツキー・ピアジェと活動理論の展開』法政出版、1994年、45頁）

出典

[9] L. E. バーク、A. ウインスラー共著、田島信元・田島啓子・玉置哲淳編訳『ヴィゴツキーの新・幼児教育法──幼児の足場づくり』北大路書房、2001年

[10] [7]と同じ。

出典

[11] [5]と同じ。

最初のころは、保育者から子どもに関わりますが、徐々に子どもの動きを誘発するきっかけをつくり、しだいに子どもたちに任せていくというように変化していきます。

図表 1-7 子どもの動きに基づく援助・指導の変化

段階	指導者の援助・指導	子どもの動き
初期 0〜2歳	してみせる・してあげる 一緒にしてみる	見る・聞く 援助してもらいながら部分的に参加して、楽しい
中期 2〜3歳	できない部分を援助する	できたことで、自信がつく やり方がわかる おもしろくなる
発展期 3〜4歳	考えるきっかけを提案する 困ったところを助ける	考える 挑戦する 繰り返す
充実期 4〜5歳	任せる 見守る ポイントを押さえる 助言する	自主的に行う 経験を積む 考えて見通しをもって行う 自分たちでやってみる
完成期 5〜6歳	情報を提供する 子どもが興味を抱くように、視点を変えて言葉がけをする	意欲的に知ろうとする 興味を示さない子どももいる

8. 「発達」を能力的視点からとらえることの問題点と子ども理解

　浜田は、子どもを能力的視点からとらえることについて、次のように述べています[12]。「子どもはできるからといって、いつもするとは限らず、その場の状況の中で、できるようになっていることもあれば、できなくなっていたり、やりたくなくなっていたりすることもあります。発達は、右上がりに一直線上に進んでいくものとは限らない」。保育者は子どもの評価に関する言葉として、「よくできましたね」「上手です」といった能力的価値観でとらえることがあります。「できる・できない」「上手・下手」という価値に、子ども自体がこだわってしまうことに対して、警鐘を鳴らし賞罰についても禁止しています。

　保育者は、子どもの発達が常に右上がりに一直線上に進んでいくものとは限らないこと、他児を見ることにも意味があることを、認識しておきましょう。子どもの「しない」という行動の裏には、その子なりの発達的な意味や背景が存在することを推察し、気持ちを尊重して関わりま

▶ **出典**

[12] 浜田寿美男『発達心理学再考のための序説』ミネルヴァ書房、1993年、270-271頁

しょう。

演習課題

①幼児を理解する視点には、どのようなものがあるのか話し合ってみましょう。

②乳幼児期における子どもの発達において、重視すべき課題をあげてみましょう。

③保育者は子どもの発達に応じて、どのような援助ができるのか事例をあげて考えてみましょう。

レッスン**2**

指導法の創意工夫

本レッスンでは、子どもの発達に寄り添った指導法の創意工夫と子どもの理解について、絵画における指導法を例に学びます。近年は、人との関わりが希薄であり、ものにあふれた時代です。なかにはイメージの広がりがとぼしく、気がかりな子どもの姿もみられます。子どもの置かれた環境を見つめながら、ていねいに子どもの表現をとらえましょう。

1. 目的を共有するための指導法の意義

本レッスンでは、絵画・造形の指導を例にしながら、子どもが目的を共有するための指導の重要性や、子どもを理解する方法を学んでいきましょう。

1 絵画・造形から生まれる協同性

絵画・造形から生まれる協同性にはどのような子どもの精神が潜んでいるのでしょうか。社会の変化により、家庭や家族のあり方が問われる現代です。子どもに求められる協同性をどのように育てていくかは、絵画における指導法を考えるうえでも重要課題です。

子どもの絵には、人にとって一番大切な情緒と想像力と知恵が、最もわかりやすい形で込められています。それらを見つめる保育者は、**ありのままを受け止めること**が大切です。

社会の変化は子どもたちの生活にも影響を及ぼしており、人間関係の構築や共感・感動を通じた豊かな心の育成などに関する課題をもつことが必要です。絵の指導も子どもにむかって一方的に投げかけるものであってはなりません。子どもの状況に寄り添いながら、保育者は、遊びや生活のなかで自分の力で絵を描き、大きく成長していく子どもの姿を知ることが大切です。絵画における指導の目的はここにあります。子どもが自分で描けた喜びを認め、保育者は、一人ひとりの子どもに対して共感し、評価するという援助形態から子ども自身を理解し、子どもがみずから描いていこうとする方向へ導いていくことを繰り返し続けることが必要でしょう。

第1章　保育内容と指導法

2　指導者としての保育者の姿勢

　以下、２つの項目によって具体的に指導者としての保育者の姿勢を示します。

①「子どもの視点に立つ」こと

　「どのように指導すれば、子どもたちは生き生きとした絵を描いてくれるのか」。このきわめて当たり前な議論、しかし、子どもの視点に立っている保育者からは、子どもの絵画における指導法のうえで一番切実と思われる課題です。

　ここで、一例として長年保育の現場で子どもとともに絵を描いてきた筆者自身のことを振り返ってみます。筆者は、２歳のころ**スクリブル***への興味・関心から始まり、絵を描いてきました。華道を営む母のそばで一緒に花の絵を描き始めたことがきっかけでした。描くこと、つまり「表出」することは、心を吐き出すような行為であり、心の中が自然に表れている、いわゆる「あらわれ」であると筆者は考えます。つまり「表現」とは、心を意図的に外に表し、誰かに伝達しようとする行為です。一般的には、いわゆる「あらわし」ということもあります。

　上記のような観点からわかるように、線遊びは、決して「なぐり描き」ではなく、一種の表出活動です。「線遊び」とは、３歳未満児がクレヨンやマーカーなどの筆記用具を握って線を描いて楽しむ行為であり、１歳前後から始めるといわれています。**エング***は「子どもの絵においては、装飾と書字は共通の根源、スクリブルから発展し得るものである」と、指摘しています。このように、絵を描くということは、子どもたちが言うこと、することの一つであり、断定的表現と考えられます。

　しかし、多くの子どもたちの絵を前にすると、実にいろいろで、保育者は驚いてしまいます。あるいは、その逆に、どの絵も同じように見えることもあります。本レッスンをとおして、保育者が子どもの視点に立ち、見つめた絵のなかから、子どもがわかるようになることが何よりも指導法の意義になるでしょう。

②「子どもの表現と向き合う」こと

　１枚の子どもの描画と出会い、その思いがけない表現を目にしたとき、時に大人は、「子どもは小さな芸術家」と受け止めます。**ブリューゲル***は、初期３大作品の一つ、「子供の遊戯」（1560年）から、子どもの芸術性を鮮明に描き人々に伝えました。園では保育者が、子ども独自の絵画における表現をありのままに受け止め、子どもの喜びと感性を引き出す指導法の創意工夫をしていかなければなりません。

✴ 用語解説
スクリブル
線遊びにいたるまでの発達段階の一つで、なぐり描きの時期をいう。

👤 人物
ヘルガ・エング
（Eng, H.）
1875～1966年
ノルウェーの心理学者。主な著書に『児童と青年の描画の心理』（造形美術協会出版局、1964年）がある。

👤 人物
ピーテル・ブリューゲル
（Bruegel, P.）
1525年ごろ～1569年
現在のベルギーの画家。

3 子どもの絵の変化と育ち

「表出」と「表現」の違いについては前述しました。子ども自身は、内なる力を発揮しながら生活しています。こうした子どものありようを反映するかのように、子どもたちの絵もしだいに変わっていきます。このように、子どもの絵の変化には何かしらのステップや進展過程があることは明らかです。

たとえば、高橋[*]は「子どもが見たり聞いたりしているものは、その子の将来の創造のための支点である。その子どもは後に空想をつくるときの素材を蓄えている。さらにこの素材を加工していく複雑な過程が続く。この過程の最も重要な構成部分となっているのは、知覚した心的体験を分解することと連想することである」と論じています。

子どもたちが描いた多くの絵を重ね合わせて見ていくと、子どもの内面世界が浮かび上がってくるようです。絵は生活のなかで子どもとともに育つものだととらえると、絵の世界に表れたそれぞれの子どもの育ちが少しずつ見えてくるように思います。また、さまざまな成育は絵の発達と同調しています。たとえば、子どもは体験を自分なりに表現し、ある場面では、友だちやまわりの人がしているのを見て自分もやりたいと思うことを絵のなかに表現していきます。そして、絵を描くことでそれらが実現したかのように満足し、心が安定したりします。だからこそ、子どもの絵は常に温かく保育者が受け止め、共感することが大切なのです。

保育内容の「表現」として、名須川は「ある程度の手順に従って形づくられるものではなく、創造的な要素を含むことで予測を超えることを内包している。つまり、豊かな表現力とは、できあがりは大人の目からみて未完成であっても、そこに子どもの思いが十分に表れていることを読み取れることである」と指摘しています[†1]。日々、子どもと接している保育者にとっては、絵を描くための導入にも難しさを覚えるものです。多くの保育者が各地で開かれた研究会や公開保育に足を運ぶのも、絵画をめぐり、もっと身近に生の指導のあり方を知りたいという願いからと考えられます。しかし、子どもの発想や成長が、そのまま子どもの描画に表れるものであるなら、より上手に描こうとはりきって描くなどの態度がそのまま豊かな表現に結ばれるというわけではありません。保育者は、常に子どもの表現と素直な心で向き合っていくことが大切でしょう。

人物

高橋敏之
1958年～
岡山大学教授、博士（芸術学）。幼児の表現・自己表現活動・幼児の人物描画における発達的変化の研究者。

出典

†1　名須川知子・高橋俊之『保育内容「表現」論』ミネルヴァ書房、2006年、184頁

2. 絵画における指導法の創意工夫

■1 子どもの絵の特徴をとらえる

　子どもの育ちをとらえるうえで、保育者が子ども一人ひとりの内面を理解しようとすることはとても大切です。内面を理解する手がかりのひとつは、子どもたちが表現したもの、あるいは、表現しているときの姿（過程）です[2]。それから、保育者のまなざしによって、個々の子どもへの理解のしかたが大きく変わってくることも確かなことです。子どもの絵には大人の目で見て何を描いたのかわからなくても、描こうとする子どもの気持ちが感じられるものがあります。

　また、激しいタッチの塗り重ねを見ると「この子は満たされない気持ちでいるのかな」と心配にもなります。子どもの絵にはその内面をのぞく窓のように子どもの心が隠されています。はじめはただ線が描けるのがおもしろくて描いていた子どもも、やがて何を描くか、描く対象を意識して描くようになってくるのです。絵を描いている過程でイメージや考えが発展していき、次から次へと描く対象が変わってきます。はじめに描いたものの上に重ねて描くこともありますが、ただ無心に画面にいろいろなものを並べて描くこともあります。

　モンテッソーリ*は、子どもの精神は大人とは異なった種類のもので、絵画においても違った方法で働くものであることを指摘しています[3]。同時に、リードと同じく、「協同性」の論理から、子どもの成長を導いています。大人が知性によって知識を修得するのに対して、子どもは、精神的、肉体的な全生活を通じて知識を吸収していきます。モンテッソーリは、大人は、子どもの心に近づいたと思っても、子どもが見えないことがあることを指摘しています。なぜなら、われわれが無意識の内に、自分のもっている子どものイメージとその性質とを子どもに当てはめてしまうためです。

　絵画において、子どもの特徴をとらえるということは、何よりも「子どもを知る」ことです。このように、モンテッソーリが、「望ましい環境と出会わせること・子どもを深く観察すること」を教育の根底においた意味が絵画においても、生かされています。

　子どもが対象を意識して描くとき、はじめのうちはよく人を描くといわれています。5～6歳くらいで丸がうまく描けるようになると、顔・目・口など、みんな丸で描いていきます。お父さん、お母さん、自分、友だち、先生など、いずれも子どもにとって身近な意味のある人が描か

▶出典
†2　北沢昌代・畠山智宏・中村光絵『子どもの造形表現──ワークシートで学ぶ』開成出版、2016年

👤人物
マリア・モンテッソーリ
（Montessori, M.）
1870～1952年
イタリアの医学博士で、幼児教育者。モンテッソーリ教育法の開発者として知られる。

▶出典
†3　マリア・モンテッソーリ、クラウス・ルーメル、江島正子共訳『モンテッソーリの教育法──基礎理論』エンデルレ書店、1983年

れていきます。描いた子どもが必要と思う以外のものは省略されてしまい、顔や頭だけのものや、頭からじかに足が出ている頭足人（とうそくじん）を描いたりもします。子どもは自分が一番関心の深い所だけを取り上げて絵にする傾向にあります。大人の目線からは単純化されているように見えますが、子どもとしては十分に描きつくしていることもあるでしょう。このような「幼児画の特徴」について、子どもの絵の表現の特徴ととらえると、その子自身が浮かび上がってきます。

たとえば、筆者が絵画指導を行っている認定こども園「Ｓこども園」の実態や、**東山**[*]の著書を参考にすると、子どもの絵画表現には、次の3つの特徴がみられます[†4]。

> ①乳児のころは、画面に描くものの位置はなく、自分の描きたいことを頭に、羅列的な空間概念で描いているが、3歳ぐらいから、画面に少しずつ位置関係の秩序が生まれる。そして、5歳前後になると、空間概念が形成され、紙の上には空色で空を描き、下には地面の線（基底線）を描くようになる。同時に、その線の上に家や木や花や人を並べるように描く表現が多くみられるようになる。
> ②視点を変えて描いたり（多視点画法）、**展開描写**[*]や**レントゲン描法**[*]で描いたりする。展開描写では、真上から長方形に描く場合や、そのまわりに放射状に四方に倒れたように人を描くことがある。また、見た者が不思議な感覚を抱くレントゲン描法がある。
> ③幼児期の子どもは、草木も動物も石や時計まで、みんな人間のように心があると信じている。子どもの世界観には、**アニミズム**（擬人化）的な表現や見立て遊びがあり、命を感じる機会を得る。

2 「協同性」の育ちをとらえる

次の図表2-1は、2008（平成20）年「幼稚園教育要領」の改訂において重要視された「子どもの協同性」を育てるために欠かせない「聞くこと」「話すこと」の意義をまとめたものです[†5]。温かな人間関係を柱に、人への共感や友だちと遊ぶ楽しさが芽生えていきます。乳幼児一人ひとりの違いや、成長の歩み速度を思いやる心が、絵画・造形においては大変重要であることを示しています。2018（平成30）年施行の「幼稚園教

■ 人物

東山明
生年不明
神戸大学名誉教授。子どもの絵の表現・発達段階の研究者。

▶ 出典

†4 東山明監修・松村陽子『基礎・基本をおさえた絵の指導──絵画、版画・切り絵編』明治図書出版、2004年

✳ 用語解説

展開描写
視点を1か所において描くのではなく、視点を自由に移動させ、正面から見る視点を1個ずつ別々に描く。

レントゲン描法
家の中やバスの中の様子を描く場合、家やバスの外形を描いて、その中が透き通っているように描くこと。

参照

アニミズム
→レッスン1

▶ 出典

†5 保田恵莉「絵画・造形から生まれる協同性の研究──教育美術論と子どもの精神を基礎にして」『美術教育学研究』（48）、2016年

第1章　保育内容と指導法

図表 2-1　協同性を育てる絵画・造形の基礎構造

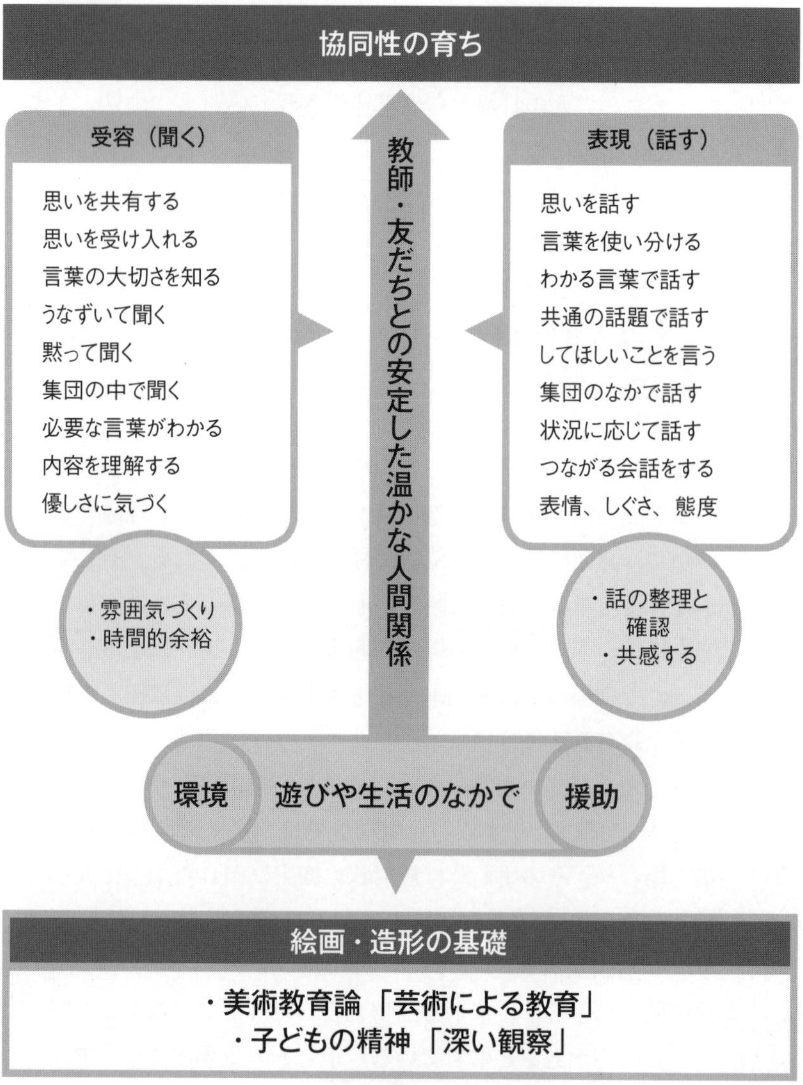

協同性の育ち

受容（聞く）

思いを共有する
思いを受け入れる
言葉の大切さを知る
うなずいて聞く
黙って聞く
集団の中で聞く
必要な言葉がわかる
内容を理解する
優しさに気づく

・雰囲気づくり
・時間的余裕

教師・友だちとの安定した温かな人間関係

表現（話す）

思いを話す
言葉を使い分ける
わかる言葉で話す
共通の話題で話す
してほしいことを言う
集団のなかで話す
状況に応じて話す
つながる会話をする
表情、しぐさ、態度

・話の整理と
　確認
・共感する

環境　遊びや生活のなかで　援助

絵画・造形の基礎

・美術教育論「芸術による教育」
・子どもの精神「深い観察」

育要領」にも「協同性」を重視することは引き継がれています。

　うまく表現できていない子どもを受け入れて、「その子らしい気がする」「うまくいかなくても、一緒に別の方法で試みてみよう」など、**柔軟に意識が生まれる**よう、**いくつもの応答**をもつことが必要です。描画においては、保育者が、表現していない子どもの**内面理解**に心をくだく援助は必要不可欠ですが、一方で、子どもたちが表現することへの手立てや、集団で学び合う姿を促すことに気持ちをかたむけ、子どもの成長過程をありのままに見つめる視点が大切です。

　子どもは自分の感動を細やかに伝える言葉の力はまだ身についておらず、聞いてくれる相手も少ないため、絵で自分の思いを表します。絵は、

言葉の代わりになって、子どものことを伝えてくれます。子どもの日ごろの言動をよく見つめ、それらと絵を重ね合わせてみるならば、生活のなかで一人ひとりに試みたい配慮が少しずつ見えてきます。保育者は、子どもの描いた絵をとおして、子ども自身を伝えてくれることに気づくことが大切でしょう。

次の**図表2-2**、2-3では、モンテッソーリの教育法、「**モンテッソーリ・メソッド**[*]」から、リードやモンテッソーリの表現研究である「子どもの協同性」を絵画の指導法の実践から示しています。

3 命あるものにふれる体験を重視する

子どもは命あるものにふれることで感動を絵に表現することができます。また、子どもは、生きているものには命があり、そして、その命は永遠ではなく、どの命も必ず終わるときがくることを学んでいます[†6]。この自然の摂理をどのような過程を経て学べば、どのような生命も尊重し、大切にできるでしょうか。子どもは生命のしくみや大切さをどのように気づいていくのでしょうか。

現代社会は、人生の始まりと終わりを家庭ではなく病院で迎えることも多い時代です。さらに子どもたちは、テレビドラマやアニメ・ゲームのような**仮想現実（バーチャル・リアリティ）**[*]の世界を当たり前のように見ています。今日、命あるものにふれる体験の重要性は高まるばかりです。

子どもたちが生命とふれたときの様子をみてみましょう。

補足
図表2-2、2-3
絵画・デザイン教室「子どものアトリエ・ばら園」での夏の絵画遊び（2013年・テラスにて）。

用語解説
モンテッソーリ・メソッド
敏感期に出会える自由な個別活動と、子どもの知的好奇心あふれる自発性、そして、異年齢混合の縦割りクラスのなかから互いを尊重する姿を育てる教育法。

出典
†6 長谷部比呂美・日比暁美・山岸道子『保育の心理を学ぶ』ななみ書房、2011年

用語解説
仮想現実（バーチャル・リアリティ）
コンピューターなどでつくられた架空の世界を、見る人の感覚を刺激することで、まるで現実であるかのように体験させる技術のこと。

図表2-2
年齢の違う子どもたちが、ともに描く楽しさを体験している。

図表2-3
縦割り保育で実践した「海の絵」。ストーリーが感じられる共同画。

インシデント①　乳牛と出会った子どもたちの様子（S認定こども園：4歳児）

　ある日、幼稚園で遠足に行き、山道を歩いていると、最近はあまり見かけなくなった大きな乳のある牛に出会いました。牛の大きな身体、大きくて優しい目、角、そして、乳から出る牛乳は「命」をイメージします。その翌日、生活のなかの「牛乳」と結びつけたのか、子どもたちはすすんで牛乳を飲み、乳牛を描きました。大きな牛の目や、角、乳牛のお乳、「牛さんの家族」をイメージして、ていねいに描いていました（図表2-4）。

　また、ある日には、さびしそうに牛小屋に座り込んでいた牛のことを思い出し、「牛さん、お話ししよう」というタイトルで大きな牛を描いた子どもがいます（図表2-5）。コンテパステルで汚れた手を洗いに行ったあとに「あの牛さん、もうじき天国にいっちゃうかもしれない」と、つぶやき、悲しそうな顔つきで心配する子どもの姿も見られました。

　子どもというものは、単純に絵だけを描いているわけではなく、さまざまな経験がふくらんで、あるいは混ざり合って自分の「心」を表現しています。

　近年、認定こども園では、集団で話し合ったり、全員で運動遊びをする場面と同様に、遊びのなかから、自然発生的に歌が生まれたり、描画で気持ちを表したりすることを重要視しています。**津守**[*]は、保育施設を子どもが好きな遊びに没頭し、「真剣に生き、人間になっていく場所」であることと述べています[†7]。このように、自由に主体的に遊べる環

補足
図表2-4
2013年・兵庫県展特選受賞作品

図表2-5
2014年・伊藤清永賞受賞作品

人物
津守真
1926年～
教育学者、お茶の水女子大学名誉教授。子どもの世界観を"子ども学"ととらえ、子どもから学ぶ姿勢を重んじている。

出典
†7　津守真『子ども学のはじまり』フレーベル館、1979年

図表2-4　牛さんの家族

大きなお乳から牛乳が出ているね。

図表2-5　牛さん、お話ししよう

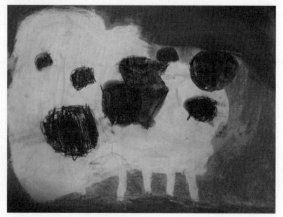

ひとりぼっちでさびしそうな牛。

境が何よりの学びの場であり、よりよい環境こそ「指導の創意工夫」が生まれる場であることが理解できます。

次に、筆者が、園において絵画指導を行ったときの「カエル」の描画について紹介します。

インシデント②　カエルの描画（K認定こども園：4～5歳児）

K園では、「カエル」と「オタマジャクシ」を水槽のなかで飼育していました。

この日は、まず5歳児「そら組」のクラスで「カエルの絵」を描こうと、水のない大きなたらいに数匹のカエルを放しました。そのまわりに子どもを集め、話し合いをしました。「何か見つけたことあるかな？」。保育者の導入の問いかけに子どもたちは瞳を輝かせ、カエルの手の水かきや、頭や目の動きの様子、色や体の模様など、を発表していきます。

同じ日に時間を少しおき、隣のクラスの4歳児「ほし組」のクラスが「カエルの絵」を描きました。同じく、たらいの中のカエルを子どもたちが観察しています。すると、カエルが小さな声で「ゲゲッ、ググッ」と鳴きだしました。保護者は子どもは顔を見合わせ、「カエルさん水がほしいのと違う？」と次々に言います。子どもの純粋な想いにふれ、発する言葉を待ちました。「先生、水を入れてあげていい？」「わたしが水をくんできてあげるよ」。保育者も共感し、「水を入れてあげましょうか」というと、次々にうがいのコップで水をくみ、たらいに入れ始めました。大きなたらいはみるみる

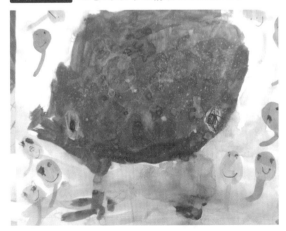

図表 2-6　こぢんまりと静止したカエル

図表 2-7　水の中をいきいきと泳ぐカエル

第1章　保育内容と指導法

水でいっぱいになりました。すると、今までは動かなかったカエルが水の中で一斉に四方八方へ元気に泳ぎ始めたのです。「わーっ！」と子どもたちの歓声。「そら組」の子どもたちが静止しているカエルを描いたのに対し（図表2-6）、「ほし組」の子どもたちは、太い手足をグイグイ描き、たくましい「カエルの絵」になりました（図表2-7）。

◆補足
図表2-7
2016年・ライオンズ賞受賞作品

このように、描画には、子どもの素直な心が表れます。また、時に、子どもの心の動きにふれたり、揺れたりする保育者の感受性が、あとで大切な幼児画の導入にもつながっていきます。

　幼児の表現は、絵を描くときにはただ絵を描くことだけの指導にならないよう、保育者の総合的な受け入れや指導が大切であることを忘れてはなりません。楽しい気持ちが絵画的に表現されるときには、子どもの生活経験が豊かであり、感動的であるかが、問われます。子どもの内側に蓄えた体験があって、はじめて絵画への取り組みの豊かさも身についていくのだといえます。

4 生活から子どもを知る

　絵の豊かさは、遊びや生活をとおして育まれていきます。子どもの絵は、園生活の何気ない飼育物との出会いや世話、保育者からの絵本の読み聞かせなど、毎日繰り返すことのなかからも生まれ、子どもはその都度学び、新しい発見をしていくのです。そのような子ども自身を、**倉橋**[*]は、「生活」からとらえ、子どもの生活の価値を認め、その保障をすることの必要性を提唱しています。また、子どもの生活を「さながらにしておくことが大切である」とし、その場での子どもの自発性を尊重しました。

■人物
倉橋惣三
（そうぞう）
1882～1955年
幼児教育・保育学者。東京女子高等師範学校教授で同校附属幼稚園主事を長年務め、極めて素朴な言葉で保育・子どものあり方を語り続けた。主な著書に『育ての心』フレーベル館、1936年、『幼稚園真諦』フレーベル館、初版1933年・改題1953年がある。

▶出典
†8　倉橋惣三・津守真『育ての心〈下〉』フレーベル館、2008年

　子どもは生活のなかで育ち、生活は、子どものなかで育まれていきます[†8]。特に絵本の世界は、子どもにとって影響が大きいものです。子どもたちは、朝の集合のときや帰りの会などで、1日に一度は必ず、一斉活動のなかで絵本の世界を経験します。それが心の刺激となり、その経験を思い出すとき、子どもはそのなかに自分がいつもいるような気持ちになって絵を描いているでしょう。保育者は、1日の生活を終えたとき、子どもの絵を見つめることからも物語を感じることができます。

　図表2-8、2-9は、絵本『ざりがにのあかくん』（高家博成・仲川道子、童心社、2007年）を読み聞かせてもらった子どもたちが、飼育していたザリガニのことを思い出して描いたものです。「白い色になっ

26

ているかもしれないなあ」という子どもの思いから、白いザリガニを描いています（公立T幼稚園、5歳児の作品）。

次の作品（図表2-10～2-12）は、絵本『ぐるんぱのようちえん』を描いたものです。同じ場面を見ていても、子どもが絵本の世界で経験していることが違うのがわかります（私立保育所、5歳児の作品）。

ブルーナー[*]は、認知発達が2つのことに依存すると示しました。それは、「相互作用と自発性」です。このことは、子どもが何をするかについて、自分で決めさせられることを意味します。フォーマルなアプローチは、子どもたちに何かを行う（名前を書いたり、数えたり、事物を分類したり、絵に色を塗ったりなど）ことを求めます。その際、子どもたちが求められたことに対して、興味のおもむくままに行うことができるように、保育者はその都度援助していくことが大切です。「生活か

人物
ジェローム・シーモア・ブルーナー
（Bruner, J. S.）
1915～2016年
アメリカの心理学者。発見学習の提唱者であり、教科の構造化の提唱者でもある。

図表2-8 白いザリガニ

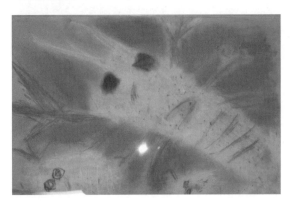

図表2-9 ザリガニのお出かけ

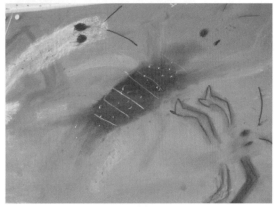

図表2-10

図表2-11

図表2-12

第1章　保育内容と指導法

👤人物

大場牧夫
1931〜1994年
桐朋学園の礎を築いた初等部創設者。表現、保育の基本、人間愛を探求している。

▶出典

†9　大場牧夫『表現原論　幼児の「あらわし」と領域「表現」』萌文書林、2005年

ら子どもを知ること」は、子どもの興味（輝き）を知ることでもあります。

　大場[*]の指摘に注目すると、「表し手と受け手」、つまり、表現する側の子どもと、それを受け止める側の保育者の関係性について、考察することができます。園生活においては、描いたり、歌ったり、走ったりする活動が目にとまりやすいのですが、それらが「表し」の中心とはいえないかもしれません。子どもは無邪気ななかにも、関わる保育者によって、表現のしかたや態度が変わります。どのような子どもに接するときも、子どもの内面を見てとろうとする保育者の「受け止め」について、大場は、次のように述べています。「まだ議論はまとまっていないが、表し手と受け手という関係について、ある人は全てのものを表現として見ていこう、嫌だというのも表現として見ていこう、何もしゃべらないのも表現として見ていこうという考え方をし、ある人は受け手を全く考えないで無頓着に子どもはあらわしているという状態を表出あるいは表出的状態という言葉を使っている[†9]。」

　保育者は、子どもの描きたい気持ちと生活とが密着できるように導くことが大切です。ここまで述べたように描きたい原動力となる子どもの体験や感動をていねいに扱っていくことが大切だといえます。

演 習 課 題

①1枚の絵のなかから「子どもは小さな芸術家」と受け止め、実習園に行き、観察する折には、線遊びのなぐり描きのなかから、子ども自身を感じてみましょう。そして、自分が保育者だったらどのように子どもの「あらわし」を褒めたり認めたりするのかを考えてみましょう。

②絵画・造形では友だちと一緒に想像することを経験し、「協同性」が養われます。メソッドを追求している学者などについて調べるなど、文献にふれ知識を深め、心を豊かにしておきましょう。

③子どもの絵の特徴をとらえることは「子どもを知ること」でもあります。時に子どもになって、また子どもの気持ちになって、仲間とグループになって実技をする機会を多く取り入れてみましょう。作品を通じた年齢発達による「子どもの違い」からは学ぶことが多くあります。

参考文献

レッスン1

鯨岡峻・鯨岡和子 『よくわかる保育心理学』 ミネルヴァ書房 2004年

コンスタント・カズコ・カミイ・加藤泰彦 『ピアジェの構成論と幼児教育Ⅰ──物とかかわる遊びをとおして』 大学教育出版 2008年

J.ヴォークレール／明和政子監訳、鈴木光太郎訳 『乳幼児の発達』 新曜社 2012年

高取憲一郎・佐藤正敏 『ヴィゴツキー・ピアジェと活動理論の展開』 法政出版 1994年

無藤隆・民秋言 『ここが変わったNEW幼稚園教育要領・保育所保育指針ガイドブック』 フレーベル館 2008年

森上史朗・渡辺英則・大豆生田啓友 『保育方法・指導法の研究（新・保育講座6）』 ミネルヴァ書房 2001年

レッスン2

北沢昌代・畠山智宏・中村光絵 『子どもの造形表現──ワークシートで学ぶ』 開成出版 2016年

津守真 『子ども学のはじまり』 フレーベル館 1979年

名須川知子・高橋俊之 『保育内容「表現」論』 ミネルヴァ書房 2006年

長谷部比呂美・日比暁美・山岸道子 『保育の心理を学ぶ』 ななみ書房 2011年

東山明監修・松村陽子 『基礎・基本をおさえた絵の指導──絵画、版画・切り絵編』 明治図書出版 2004年

マリア・モンテッソーリ、クラウス・ルーメル、江島正子訳 『モンテッソーリの教育法』 エンデルレ書店 1983年

保田恵莉 「絵画・造形から生まれる協同性の研究──教育美術論と子どもの精神を基礎にして」 『美術教育学研究』（48） 2016年

おすすめの1冊

文部科学省幼児期運動指針策定委員会 『幼児期運動指針ガイドブック── 毎日、楽しく体を動かすために』2012年

子どもの体力や運動能力の低下が意欲や気力に欠ける子どもにつながるといわれる現在、このような状況を改善するため、多様な動きができる内容と指導のポイントが記載された1冊である。

第2章

「健康」と指導法

本章では、領域「健康」と指導法について学んでいきます。乳幼児期は、著しく心身が発達する時期です。この時期に必要な遊びの指導法について、理解していきましょう。

レッスン3　子どもの身体性と遊び

レッスン4　子どもの健康と食育

レッスン**3**

子どもの身体性と遊び

本レッスンでは、領域「健康」における大きな柱としての「身体」「運動」について、十分に体を動かし遊ぶ経験の意義を中心に学びます。なぜ、子どもにとって体を動かす遊びが重要なのでしょうか。保育内容として、どのような指導援助が求められるのでしょうか。

▶ 出典

†1 「幼稚園教育要領」第2章「ねらい及び内容」「健康」3「内容の取扱い」2017年、「保育所保育指針」第2章「保育の内容」2017年、「幼保連携型認定こども園教育・保育要領」第2章「ねらい及び内容並びに配慮事項」2017年

†2 「幼稚園教育要領」第1章「総則」第2幼稚園教育において育みたい資質・能力及び「幼児期の終わりまでに育ってほしい姿」2017年、「保育所保育指針」第1章「総則」4（2）「幼児期の終わりまでに育ってほしい姿」2017年、「幼保連携型認定こども園教育・保育要領」第1章「総則」第1　3幼保連携型認定こども園の教育及び保育において育みたい資質・能力及び「幼児期の終わりまでに育ってほしい姿」2017年

†3 「幼稚園教育要領」第2章「乳幼児期の園児の保育に関するねらい及び内容」2017年、「幼保連携型認定こども園教育・保育要領」第2章「ねらい及び内容並びに配慮事項」第1「乳幼児期の園児の保育に関するねらい及び内容」の「健康」3「内容の取扱い」2017年

1. 「身体性と遊び」に関わる領域「健康」

1　領域「健康」とは

　保育内容における領域「健康」は、「健康な心と体を育て、自ら健康で安全な生活をつくり出す力を養う」[†1]領域です。幼稚園、保育所、こども園の生活のなかで、充実感をもって自分のやりたいことに向かって心と体を十分に働かせ、見通しをもって行動し、自ら健康で安全な生活をつくり出すようになることが、育みたい資質・能力および「幼児期の終わりまでに育ってほしい姿」[†2]ともされています。特に本レッスンで焦点とする「身体性がもつ性質や力」「遊び」に関わる内容について、「幼稚園教育要領」、「幼保連携型認定こども園教育・保育要領」では、次のように述べられています[†3]。下線部分（筆者による）は、この領域を通して育ってほしい内容であり、子どもの発達の過程をとらえる観点ともなります。

　下線部分の6点を切り口に、含まれる理論、取り巻く問題や留意点を整理しながら、「健康」ならではの指導法を考えていきましょう。

①心と体の健康は、相互に密接な関連があるものであることを踏まえ、幼児（園児）が教師（保育教諭等）や他の幼児（園児）との温かい触れ合いの中で自己の存在感や充実感を味わうことなどを基盤として、しなやかな心と体の発達を促すこと。特に、十分に体を動かす気持ちよさを体験し、自ら体を動かそうとする意欲が育つようにすること。

②様々な遊びの中で、幼児（園児）が興味や関心、能力に応じて全身を使って活動することにより、体を動かす楽しさを味わい、自分の体を大切にしようとする気持ちが育つようにす

レッスン3　子どもの身体性と遊び

ること。その際，多様な動きを経験する中で，体の動きを調整するようにすること。

③自然の中で伸び伸びと体を動かして遊ぶことにより、体の諸機能の発達が促されることに留意し、幼児（園児）の興味や関心が戸外にも向くようにすること。その際、幼児の動線に配慮した園庭や遊具の配置などを工夫すること。

※（　）は「幼保連携型認定こども園教育・保育要領」でのよび名。

2 心と体の健康

　心と体の健康に関して、「相互に密接な関連があるものであることを踏まえ」と記されているように、心と体の関係のあり方を語るときには、相互作用、互恵*作用、循環的な関わりなどの言葉が使われ、両者の密接な関係の状態が示されます。また、「心」を「こころ」と表記したり、「体」を「からだ」と表記したりする際には、「こころ」には「体」が含まれ、「からだ」には「心」が含まれているかのような意味をもたせている場合が多くみられます。それは、心身一如、心身一元という考え方であり、心と体（身体）は一体のもので分けることができない、ひとつのものの両面であるという考えに基づいています。

　つまり、心が動けば体が動き、体が動けば心が動くということを表しているのです。このことは、乳幼児期に限ったことではありませんが、言葉を多くもたない乳幼児では、心の様子が体に端的に表れてきます。また、乳幼児期に何かができるようになるということのほとんどすべてが「体」を媒介としています。歩けるようになる、走れるようになるというのはもちろんですが、はしが使える、話ができるなども、「体」の「運動」です。これらの姿を、「まるごとのからだ」と称している場合もあります。ですから、心と体の関係を理解したうえで、遊びのなかで身体性がどのように関わり、生かされ、育っているのかを考えることが大切です。

✖ 用語解説
互恵
互いに特別の便宜や利益を与え合うこと。

✚ 補足
まるごとのからだ
精神も身体もすべてひっくるめた、心身一如のからだということ。（柴真理子『身体表現──からだ・感じて・生きる』東京書籍、1993年）

2. 体の諸機能の発達

1 乳幼児期における体と運動発達

　乳幼児期の体と運動発達の特徴を整理し、保育内容として展開するために必要な理論から実践の方策や留意点を考えてみます。
　体に関わる能力を示す言葉には、健康、体格、体力、運動能力、運動

33

第2章 「健康」と指導法

◆補足

世界保健機関（WHO）憲章
1946年にニューヨークにおいて61か国の代表により署名され、1948年より効力が発生した。日本では、1951年に条約第1号として公布された。

◆補足

育ち
「育ち」には、「成長」（身長や体重などが該当する）、「発達」（精神発達、運動発達などが該当する）、「発育」（成長と発達どちらも表すときなどに使われる）が含まれる。

▶出典

†4 猪飼道夫・江橋慎四郎『体育の科学的基礎』東洋館出版社、1965年

▶出典

†5 杉原隆・河邉貴子『幼児期における運動発達と運動遊びの指導』ミネルヴァ書房、2014年

■人物

スキャモン
(Scammon, R. E.)
1883~1952年
アメリカの人類学者。人体の各器官の発育過程を、一般型、神経型、生殖型、リンパ型の4型に分けた発達・発育曲線を発表した。

技能、運動技術などがあります。

「健康」の定義として最もよく引用されるのは、「健康とは、身体、精神、及び社会的に完全に良好な状態であって、単に疾病がないとか虚弱でないということではない」という**世界保健機関**の憲章前文です。しかし、この定義とは別に、個人の健康観は、その人の置かれている生活の文化的な条件、社会的な条件の影響を受けて、さまざまな意識や価値観のもとに形成されます。乳幼児期では、本人の主体性を尊重することはもちろん必要ですが、まだまだ大人なくしては何かをすることが難しい時期です。親、保育者、社会全体で、一人ひとりの子どもの健康な**育ち**を保障するための子どもに適した体制の整備や支援が求められます。

「体格」とは、身長、体重、胸囲、頭囲などの形態を意味します。詳細は、「子どもの保健」などでの学びを振り返ってください。乳幼児期は、量的な増加が著しいという特徴を有しますが、その増加量は、年齢によって、個人によって、違いや差がみられます。

「体力」という言葉は、日常生活でも使われますが、その意味するところはあいまいで学問的な定義も明確ではありません。しばしば用いられる理論として、まず身体的要素と精神的要素に分け、さらにそれぞれを行動体力と防衛体力に分けて考える概念があります[†4]。保育内容の「健康」のねらいに沿えば、防衛体力は健康づくりに関連し、行動体力は、本節で取り上げようとする運動遊びに関連するととらえてもよいでしょう。

とすると、「体力」と「運動能力」とは、どのように違うのかという疑問が生じます。杉原隆は、「運動能力」を「体を活発に動かして運動するときに働いている心と体の力」と定義し、上記の「行動体力」から「体格」の要素を除いたものと説明しています[†5]。さらに、運動能力には、筋力、持久力、瞬発力、全身持久力といったエネルギーを生産する能力としての運動体力と、知覚を手がかりに状況判断、意思決定、予測などの過程をとおして運動をコントロールする能力としての運動技能の2つがあります。運動体力と運動技能を高めることで運動が上手に行えるようになります。また、運動技能とよく似た用語に運動技術があります。運動技術とは、運動のやり方の知識です。技術を知っていても、技能がともなわなければ、運動を上手に行うことはできません。

2 体の動きを調整する

乳幼児期における運動能力の発達の特徴を、**スキャモン**[*]の発育曲線を使って説明します（図表3-1）。このグラフは、20歳を100%とし、それぞれの年齢における器官別の発育量を示しています。運動に最も影響するのは、

図表3-1 スキャモンの発育曲線

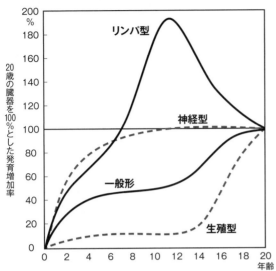

リンパ型／免疫力を向上させる扁桃、リンパ節などのリンパ組織の発育	
・生後から12～13歳までにかけて急激に成長し、大人のレベルを超えるが、思春期過ぎから大人のレベルに戻る。	
神経型／脳やせき髄、視覚器、頭囲の発育	
・調整能力（平衡性、協働性、敏捷性、器用さ、リズム感など）は、この時期までに獲得しておかないと、それ以降の習得は困難とされる（臨界期）。	
一般型／身長、体重や胸腹部臓器の発育	
・乳児期から幼児期前半まで急速に発達し、その後はしだいに緩やかになり、二次性徴が出現し始める思春期に再び急激に発達する。	
生殖型／男児の陰茎・睾丸、女児の卵巣・子宮などの発育	
・思春期以降急激な成熟に向かう。	

出典：Scammon R. E.（1930）"The measurement of the body in children", *The measurement of man*, University of Minnesota Press. をもとに作成

一般型と神経型です。一般型は、骨格や筋肉などの発育を示しています。

生後1年では急激な発育がみられますが、幼児期後半は緩やかになり、6歳で成人の40％にしか達していません。骨格、筋肉、呼吸循環系の器官の発育は急激に進みません。したがって幼児期は、筋力や持久力を高めるには適さない時期です。ウエイトトレーニングやマラソンなどをしても、筋力や心肺機能の向上は期待できません。

神経型は、脳、神経器官の発育を示しています。生後5～6歳ごろまでに成人の80％程度の発育を遂げ、さまざまな神経回路が形成され、適当な刺激が与えられることによって、運動における**調整能力（コントロール能力）**[*]が急激に発達します。幼児期は、調整能力の発達の**敏感期**であり、調整能力を高めるのに最も適した時期です。

3 多様な運動経験とその援助

乳幼児期の体と運動の発達の特徴を理解したうえで、では適当な刺激として、どのような運動をすることが幼児期にふさわしいのか、保育内容としてどのような配慮が必要なのかを考えてみましょう。

①多様な動作、多様なバリエーション経験

運動能力としての調整能力を育むためには、多様な運動経験が必要です。多様な運動経験とは、人間がもつ84種の**基本的運動動作**[*]をより多様に経験することと、その動作の質的なバリエーション（速度、緩急、方向、高低など）を経験することです。そのためには、同じような動作

※ 用語解説
調整能力（コントロール能力）
運動を調整して行う能力であり、平衡性、敏捷性、巧緻性などの要素を含む。

◆ 補足
敏感期
人間の能力の発達において、外界からの刺激（経験）の効果が最もよく現れる時期を敏感期、最適期という。その時期を過ぎると、ある行動の学習が成立しなくなる限界の時期を臨界期という。

用語解説

基本的運動動作
幼児期に獲得しておきたい基本的運動動作とよばれる動きには、転がる、わたるなどの平衡系14動作、歩く、のぼる、はう、かわすなどの移動系27動作、もつ、つかむ、投げるなどの操作系23動作がある。(体力科学センター調整力専門委員会体育カリキュラム作成委員会「幼稚園における体育カリキュラムの作成に関する研究、I.カリキュラムの基本的な考え方と予備調査の結果について」『体育科学』8、1980年、150-155頁

出典

†6　吉田伊津美「幼少年期の運動遊びの留意点」『子どもと発育発達』5（4）2008年、204-207頁
杉原隆「運動発達を阻害する運動指導」『幼児の教育』107、2008年、16-22頁

を繰り返す運動ではなく、多様な動作が、多様なバリエーションで実施されるような運動場面が適しています。

　たとえば、鬼ごっこ（周囲の「ひと」の「動き」を意識して動く遊びです）、ドッジボール遊びやサッカーごっこなどのボールを使ったさまざまな遊び（自分の動きを、「もの」「ひと」にうまく合わせ、「こと」に対応しなければならない遊びです）、築山ののぼり降り（自然のなかでのびのび体を動かす遊びです）などが有効な遊びです。それらの遊びの「**時間**」「**空間**」「**仲間**」が保障されるように、保育者が「**手間**」をかけることが重要です。

②保育者の「手間」

　保育者の「手間」とは、保育者が運動技術指導の専門家のような指導方法をもつことではありません。保育者の「手間」の最も簡単で最も難しいことは、子どもと一緒に楽しむことです。「保育者がモデル」という考え方は、少し間違えると「保育者が上手にできないといけない」になりますが、大事なことは子どもにとって、「楽しむ」姿のモデルになっているかということです。

　これまでの調査から、運動指導を外部専門家に依頼している、もしくはカリキュラムとして運動指導を行っている園よりも、それらをしていない園（運動遊びについて何も考えていないというわけではありません）のほうが、子どもの運動能力が高いという結果が報告されています[†6]。運動指導をしていない多くの園では、一人ひとりの子どもが自分の好きな遊びに取り組めるような工夫として、幼児の動線に配慮した園庭や遊具の配置などが施されています。特に、幼児の興味や関心が戸外にむくようにすることに熱心に取り組んでいる園が多いようです。運動遊びの指導援助のあり方への示唆が得られます。

　ただし、子どもが自分の好きな遊びに取り組めるような工夫をする指導援助は、子どもたちの運動技術の上達を否定するものではありません。自分の好きな遊びに取り組むなかで、運動技術が醸成されるという支援が、保育内容としての基本理念です。そのためには、保育者は、運動遊びについて、その遊びはどんな動作で構成されているのか、どの発達段階で可能なものなのかという原則を理解しておくことが必要です。

3. 体を動かす楽しさ

1 動きの獲得

「幼児期運動指針」には、「幼児の様々な遊びを中心に、毎日、60分以上、楽しく体を動かすことが大切です」というキャッチフレーズが掲げられています。ただし、60分という時間のみに目標を置いてしまうことによって、先述した「多様な運動経験」という運動の質の確保を無視するような内容になることを避けなくてはなりません。子どもの発達に適した内容構成のもとで子どもたちが体を動かす楽しさを感じる支援をする

補足
運動時間
「幼児期運動指針」（文部科学省）では、60分という時間について、「文部科学省調査では、外遊びの時間が多い幼児ほど体力が高い傾向にあるが、4割を超える幼児の外遊びをする時間が一日1時間（60分）未満であることから、多くの幼児が体を動かす実現可能な時間として「毎日、合計60分以上」を目安として示すこととした」と解説している。時間という量を保障しなければ、質が確保できない現状であるともいえる。

図表3-2 各年齢における動きに関わる発達の特性

年齢	運動に関わる発達の特性
0歳	・全身の無秩序な運動と局所の反射が中心となる時期を経て、移動運動を身につける。 ・体と心が未分化な状態である。
1歳	・歩行が完成し、歩行の繰り返しによって、体のバランスのとり方、姿勢の制御を修得し、滑らかな動きを身につける。 ・ものを操作することが始まり、環境にみずから関わろうとする。 ・自立への芽生えとして、自分でしたいという意欲が強くなる。
2歳	・平行遊び（同じ場所で別々に同じように遊ぶ）、模倣、見立て、つもりの遊びが盛んになる。 ・簡単な身体への意識が形成され始める（頭、目、口、手足、尻）。 ・要求と拒否を繰り返す。
3歳	・成長速度の静止期とされる。 ・運動のための心肺機能や筋肉発達は未熟である。 ・歩く、走るなどの移動動作が安定し、跳ぶ動作などを好むようになる。 ・ものを操作する力がつき固定遊具での遊びを好むようになる。 ・自立心と依存心に揺れる反抗期であり、他者とのいざこざが増す。 ・比較や予測が少しずつできるようになる。 ・想像力が増し、ごっこ遊びが盛んになる。
4歳	・呼吸、肺機能などの生理的機能はまだまだ未熟である。 ・安定した走りができるようになり、動きのなかでバランスを巧みにとる力が高まる。 ・操作する動きが上達し、動きの巧みさが高まる。 ・自己主張、自己抑制などが発達し、自分をコントロールする力がつき、集団で遊ぶことを好むようになる。
5歳	・基本的動作の完成期であり、複数の動きを組み合わせることができるようになり、動きが巧みになる。 ・共通のイメージや目的をもち、競争したり勝敗を意識する楽しさを感じたりする姿がみられ、役割を分担したりすることができるようになる。 ・集団での組織的な遊びが増える。 ・ルールを守り協力を楽しむことができるようになるが、ルールを守らないことに対して、厳しく対応することもある。

ためには、動きの獲得過程についての理解が必要です。図表3-2では、「保育所保育指針」第2章「保育の内容」に示された内容を中心にして、一つの目安として乳幼児期における動きや動作に関わる発達の特徴を整理しています。

保育者は、各年齢の発達に即し、また各園の環境に適した遊びの内容を考えることが必要です。なお、幼児の発達は、必ずしも一様ではありませんから、一人ひとりの発達の実態をとらえる必要があることはいうまでもありません。また、年齢が進むにつれて運動の能力も精神的な面も分化し、遊びの内容が多様になり、より高度なことが可能になります。

しかしながら、それによって、劣等感をもったり、不器用さが顕在化したり、運動そのものに恐怖感をもったりして、運動嫌いの子どもが生まれ始める時期であることをも理解しておく必要があります。

乳幼児期に体を動かす楽しさを経験することによって、運動が好きになり、将来にわたって運動に親しむ気持ちが持続します。乳幼児期では、みずからの生活のなかに、自主的に運動を取り入れる習慣を形成する土壌がつくられる大切な時期です。

2 体を動かす楽しさと遊びの流行

乳幼児期は、本来「あきっぽい」時期です。「体を動かす楽しさ」を一過性のものでなく長く持続させていくにはどのような指導が考えられるでしょうか。

ひとつのヒントとして、子ども間に「流行（はやり、ブーム）」を生み出させることが有効という考え方があります。個人内において、体と心は相互に関連し合っていますが、同時に、個人内にとどまらず他者との関わりにおいて、体と体、心と心が、環境のなかで相互に関わり合っています。このことは、**アフォーダンス**[*]という理論からも裏付けられます。日常の遊びのなかで、子どもたちの体の動きは、環境や他者から受ける情報を得て変化します。具体的な場面をみてみましょう。

インシデント① 野球を見にいった話から野球ごっこになった（5歳児）

男児Aくんが、野球を見に行ったことを話しながらボールで遊び始めました。何人かの子どもたちと知っている野球選手の名前をいい始め、その選手になったようにボール投げをし、まねし合っているうち野球ごっこが始まりました。しばらくすると、その様子を見ていた周囲の子どもたちも加わって、野球ごっこになっていきまし

※ 用語解説
アフォーダンス
アメリカの知覚心理学者ギブソンが、アフォード（afford＝与える、できる）をもとにつくった造語。環境の意味や価値は認識主体によって加工されるのではなく、環境からの刺激情報のなかにすでに提供されているという考え。

た。かなり長い時間、盛り上がり、その後も、何週間にもわたっていろいろな子どもを巻き込みながら野球ごっこが続きました。園庭で繰り広げられる遊びの定番の一つになりました。

　子どもにとっての野球は、9人の選手がそろうスポーツでなくても構いません。ボール投げという運動が、ごっこ遊びになり、次には役割の遂行と交代が生まれて野球らしくなっています。「まねる」という体の関わりが、他者とのイメージ共有をうながし、新たな世界を生みだす役割を担っています。子どもたちそれぞれが好奇心を抱き、他児とのつながりが生まれることによって、ワクワク（期待）からドキドキ（興奮）へ、そしてニコニコ（満足）という過程を体験しています。子どもたちが体の動きをやりとりすることによって、遊びの輪が広がり、遊びの流行が生まれていきます。

　そのほかにも、たとえば、雲梯に挑戦して、まるでお猿さんのように身軽に渡っている子どもを、ほかの子どもが見てまねして一緒に始めたのをきっかけにクラスの皆に広がり、ジャングルオリンピックと名付けて遊ぶ事例もありました。

　「流行（はやり、ブーム）」が生まれると子どもたちは、そのことに集中します。子どもの興味は連続的であるため、よく似た別のことにも関心を広げ、何日かにわたって続く様子がみられます。繰り返し行うことによって上達もします。そのために、子ども同士がお互いに創意工夫をこらします。競争といった行為も、めざすゴールが大人の定めた一方向ではないので、大人にとっても子どもにとっても過程を尊重しやすいものとなります。そして、遊びの流行は、みんなでやろうとか、こうしようといった言葉にして納得し合わなくても、相互にほどよく他者を受け入れ、ほどよく一致点を見いだした際に広がっていきます。この「ほどよさ」こそが、言葉を多くもたない乳幼児期の体がもつ特性（身体性）の一つでしょう。

4. みずから体を動かそうとする意欲

1　体を動かす意欲を高めるには

　近年、小学校以上の子どもの**運動能力の低下現象に歯止めがかかった**という報告があります。各方面での取り組みの効果が表れてきたという見方もありますが、一方で、よく運動する子どもの運動能力は高いが、

✦ 補足

運動能力の低下現象に歯止め
文部科学省が実施している新体力テストの結果（2011年）から、一定の歯止めがかかったとされている。新体力テストは小学校以上の子どもを対象にしている。幼児期の運動能力の測定としては、MSK幼児運動能力検査がある。

あまり運動しない子どもの運動能力は低いという二極化現象が新たに顕著になり、幼児期にその端緒が見られることも指摘されています。

運動能力が低くなる原因は、さまざまに考えられます。1980年代以降、子どもの遊びは大きく変わりました。テレビゲーム、スマートフォンなどの普及によって、立位から座位の活動、戸外よりも屋内での活動が、遊びのほとんどの時間を占めるようになり、身体活動量の低下が運動能力の発達に影響を及ぼしていることが指摘されています[7]。

しかしながら、遊びはそれ自体が目的であり、子どもたちは、遊びを楽しんでいるのであって、体の発達のためでもなければ、心の発達のためにしているわけでもありません。当然、体を動かすことの意義などの知識が、動機(モチベーション)や意欲を喚起することもありません。「幼保連携型認定こども園教育・保育要領」に示されているように、「十分に体を動かす気持ちよさを体験」したり、「体を動かす楽しさを味わい」、経験したりすることそのものが動機になり、意欲につながるのです。したがって、保育のなかでは、遊ぶ意欲と、体を動かそうとする意欲が結びつくような内容や支援が求められています。

2　「遊び込む」が体を動かす意欲を高める

近年、遊ぶ意欲を「遊び込む」という言葉でとらえ、「遊び込む」子どもの様子から**保育の質を評価する試み**もなされています。「遊び込んでいる」とは、没入している状態、集中している状態、その子どもならではの発想によって遊びが展開・継続されている過程にある状態、遊びの素材を使いこなし、わがものとしていく状態とされています。秋田は、そのための環境づくりには、時間、空間、人間の「間」を見直し、大人が「じゃま」という「ま」に入らないことが必要としています[8]。以下は、運動遊び場面で「遊び込む」子どもの姿をとらえたある園での事例です。

インシデント②　鬼ごっこのドロケイで遊ぶ子どもたち（5歳児）

鬼ごっこのドロケイ。今まで、何度も繰り返し遊んできたので、子どもたちは自分たちで作戦を考え、話し合いをしています。それぞれ、ほかの子どもの意見やアイディアを聞き合っているようです。どろぼう側は、宝を盗む人、牢屋に入れられた仲間を助ける人、警察側は、宝を守る人、どろぼうを捕まえる人、牢屋を守る人など、それぞれのチームが、それぞれ役割を決めて遊び出しました。園庭にある遊具や木なども基地としてうまく使っています。思ったようにはいかないことやいざこざもあるけれど、あれこれ試行錯誤して、

▶出典

[7]　春日晃章・中野貴博・村瀬智彦「幼児期における体力の年間発達量特性および評価基準値——縦断的資料に基づいて」『発育発達研究（51）』2011年、67-76頁

✚補足

保育の質を評価する試み

ベルギーのラーバーズ（Laevers, F.）により開発されたSICS（保育のプロセスをとおして保育の質を評価するツール）では、保育のプロセスを子どもの「安心度」と「夢中度」という2つの指標をとおして観察・評価する。日本版SICSも開発されている。

▶出典

[8]　秋田喜代美『保育の心もち』ひかりのくに、2009年、24-25頁

レッスン3　子どもの身体性と遊び

それぞれが自分でこうしたいと思ったことをあきらめずにがんばっています。ある子どもは、いろいろな声色を出して「○○ちゃん、あっち」といったり、また違う子どもは、相手チームにばれないように、身振り手振りで仲間に指示したりしています。ゲーム中の状況の変化に対して、真剣な表情や、勝負がついたときの喜びや落胆をいっぱいに体で表現している様子などから、今日は、特にノリがよいと感じました。

　この事例では、子どもたちは、鬼ごっこを進めるなかで、ルールを考えたり作戦を立てたりして、勝敗を楽しむ姿がみられます。相手の話を聞き、他者とノリを合わせるような共感的で応答的なやりとりもみられます。目的をもって、試行錯誤しながら少し困難なこともやり抜こうとする探求意欲や挑戦意欲もみられます。そのときには、体が生き生きしていて楽しむ雰囲気があふれ、環境に対して能動的な関わりをもつ様子がみられます。遊び込む状況を支えている要素がさまざまにみられます。それらは「みずから体を動かそうとする意欲」に支えられていますし、「自ら体を動かそうとする意欲」を喚起しています。

　では、このような「遊び込む」状況を生み出すためには、保育者はどのような配慮が必要なのでしょう。

・子どもが、自分で目標を定めて、自分1人でもやり抜こうとする意欲を認めましょう。その場合、いわゆる克服型の運動（鉄棒、竹馬、雲梯、縄跳びなどの遊具を用いた遊び）は、このような意欲を喚起する経験として有効です。ただし、反面、自信を失ったり、嫌いになったりし、**自己有能感や運動有能感***を喪失させる悪循環を生みやすい遊びでもあります。できるできない、上手下手ではなく、一生懸命な取り組みを認めましょう。幼児期は、自分の能力を相対的には評価せず、かなり楽観的ですから、保育者が他児と比べない限り、自分では、他者との比較をもとにした自己評価はしません。

・子どもが、少し難しい課題をみずから選びとるとき、あきらめず続ける集中力が発揮されます。全力で熱心に打ち込む意欲は、安心感に支えられています。保育者やほかの幼児との温かい触れ合いのなかでこそ、挑戦する意欲が育まれます。

・子どもにとって、競うことや勝敗を楽しむためにルールを考

✖ 用語解説
自己有能感・運動有能感
自己有能感とは、有能さの感覚であり、自己が環境に効果的に影響を及ぼしているという「できる人間」という感覚である。そのなかで運動有能感は、特に運動場面において、運動の上達や成功の体験から得られる「やればできる」という自信をいう。

41

第2章　「健康」と指導法

えたり作戦を立てたりする行動は、自分に自信をもち自分を生かそうとする自尊感情に根ざしています。勝ち負けにこだわるのではなく、勝ちたい、では勝つためにどうしたらよいのか、子ども自身が考える気持ちを喚起させ、その姿を認めましょう。

・今まで知らなかった「もの、人、こと」に出会うことや、さまざまな状況の変化を楽しむことは、子どもの好奇心を刺激します。一斉的な活動によって、「こんな遊びをやってみようよ」と新たな遊びを提供し、遊びのレパートリーを広げる機会を設けることも必要です。

5.　しなやかな心と体の発達

1　じょうぶな心とかしこい体を培う

　心と体が「しなやか」とは、どのような意味を含んでいるのでしょうか。育みたいのは、どのような子どもの姿でしょうか。五味太郎は、このように書いています（下線は筆者）[9]。

▶**出典**
[9]　五味太郎『じょうぶな頭とかしこい体になるために』ブロンズ新社、2006年

　大人の言うことは<u>素直に聞いて</u>、決められたことは<u>きちんと守り</u>、出された問題には<u>うまく答え</u>、与えられた仕事は<u>だまってやる</u>。決してさぼったり、ごまかしたりしない。それが<u>「かしこい頭とじょうぶな体」</u>のよい子です。
　言われたことの<u>意味をたしかめ</u>、決められたことの<u>内容を考え</u>、必要があれば<u>問題をとき</u>、自分のために楽しい<u>仕事をさがし出し</u>、やるときはやるし、さぼるときはさぼる。これが<u>「じょうぶな頭とかしこい体」</u>を持った、これもまたよい子です。

　置き換えてみれば、しなやかな心と体は、「じょうぶな心とかしこい体」なのではないでしょうか。具体的にみてみましょう。

2　運動遊びは心と体の発達にどのように影響するのか

インシデント③　ルールを守れない5歳男児Bくん
　登園後や給食後の自由遊びの時間に、子どもたちは誘い合って、

自主的にドッジボールを行っています。日によって参加している人数も異なります。ボールの取り合いが頻発しだしたときには、保育者のアドバイスをもとに、ジャンケンルールが生まれました。同時にボールにさわったら、ジャンケンをして投げる子どもを決めるルールです。その後、何が何でもジャンケンルールを使う時期もありましたが、それではおもしろくないことに、子どもたち自身が少しずつ気づき始めました。みんながしなやかな対応になっていきました。

そのなかで、5歳男児Bくんは、当初からドッジボールに興味をもち、好んで遊んでいました。けれどうまくはありません。ルールが理解できていないというより、自分の気持ちのままに振る舞うので、結果的にルールを守れません。Bくんが始めたある日のドッジボールには、他児らが「Bくんとするとめんどくさい」と言い合い、誰も加わりませんでした。

図表3-3は、Bくんと Bくんに対する子どもたちの関わり方の変容の様子を、5歳児のドッジボール遊びの展開にそって示したものです。

幼児にとっては、ドッジボールを大人に学び、できるだけそのとおりにするということならば、比較的短時間でドッジボールらしい形ができると考えられました。しかし、あくまでも子どもの遊びのなかでドッジボールが進められた場合には、保育者介入期→保育者場面援助期→子ども主導期→子ども試行錯誤期→ゲーム展開期という流れが示すように、ドッジボールとしての形になるには、かなりの時間がかかる様子がみられます。そのなかでのBくんは、人（他児）、もの（ボール、ルール）、こと（いざこざ、トラブル）にさまざまに遭遇しむき合うことをよぎなくされています。その結果、Bくんには、半年間で、以下のような姿がみられるようになっていきました。

・他児とのコミュニケーションをとるなかで、自分の感情をコントロールし、自我を抑制し、自分で決め、少しずつルールを守ることができるようになっていました。
・もともと好きな遊びであったことから、毎日のように繰り返

第2章 「健康」と指導法

図表 3-3 ドッジボール遊びにおける５歳児の変容

５歳児における ドッジボール遊びの展開	Bくんの心と体の変容		
	体（運動技能）	心	（Bくんに対する）他児の関わり
保育者介入期 ドッジボールの基本ルールや技法を知らせるために保育者が加わりモデルの役割を果たしてゲームの流れをつくり始める時期	投げる　× とる　　× 避ける　× （ボールを追うより人を追ったりふざけたりする）	・ボールを追うより人を追ったりふざけたりする ・外野では<u>フラフラ</u>して敵陣の内野に入る	◀Bくんに関わる余裕がない
保育者場面援助期 保育者がゲームに加わったり加わらなかったりしながら、トラブルなどの必要な場面のみ介入し援助する時期	投げる　× とる　　× 避ける　× （ボールを追うようになってきて、人やボールの動きを見て「危ない！」と声を出して反応する）	・「線を引いて」と　先生に頼み、自分でゲームを始める ・<u>当たっても外野に出ない</u> ・すぐに<u>すねる</u>	◀それぞれの子どもがBくんに対して多様な対応をする（避ける、無視する、抗議するなど） ◀ボールの奪い合いに対してジャンケンルールが生まれる
子ども主導期 保育者がほとんど介入しなくても子ども間でゲームが流れ、トラブル解決のためのルールが生まれる時期	投げる　△ （両手投げ下方向、投げるまでに時間がかかる） とる　　× 避ける　△ （最前線でアピールするのでよく当たる）	・自分から他児を誘ってゲームを始める ・<u>当たって外野に出てもウロウロして、しばらくすると内野に戻ろうとする</u> ・多人数が参加しているときは集中できず、自分で楽しみがみつけにくい	◀Bくんの反則行為が目につくとBくんに直接抗議したり、催促したりする。 ◀ジャンケンルールにこだわる
子ども試行錯誤期① 子どもが自分たちでゲームを始め、子ども同士でいろいろと考えて流れをつくる時期	投げる　△ （両手投げ上方向、当てることができるようになってきた） とる　　× 避ける　△ （ゲームの流れに動きがそってきた）	・始めから最後まで１時間程度続けて参加できる ・外野に出ても、少しの時間なら待てる ・外野に出たあと、<u>こっそりと内野に戻ろうとする</u>こともある	◀Bくんの反則行為が目につくとBくんに抗議する ◀ジャンケンルールが最優先（明らかに先にボールをとっていてもジャンケンで決める）
子ども試行錯誤期② 自分たちなりに楽しさを味わうために、子ども間で指示を出したり、トラブル処理がある程度できたりするようになる時期		・「当てることができる」という<u>自信</u>がでてきて、<u>外野で待てるようにな</u>る ・悔しいという感情を表す ・<u>高揚感があふれる</u>	◀Bくんの行為に対して落ち着いて抗議や説得をする ◀ボールの執拗な奪い合いが減少してきた
ゲーム展開期 子どもたちがゲームの勝敗などを気にしながら、個人もしくは複数人で簡単な作戦を考えることができるようになり、ゲームとして展開する。子どもがその流れのなかで楽しさを共有しながら遊ぶ時期	投げる　△○ （両手投げ、上方向、まっすぐ投げられる→当てることができる） とる　　× 避ける　○ （ボールに当たらないように逃げることができるようになってきた）	・<u>ボールの流れを見て</u>積極的にボールをとりにいく ・ジャンケンルールに負けても<u>諦められる</u> ・他児に「当てろ！」と指示したり<u>応援したりする</u> ・「すごい」「やった！」「おー！」と歓声を上げる	◀勝敗を気にする ◀Bくんの行為に対して「ウロウロするな、前にいくな、そこは邪魔」「当たってないのに外に出るな」と具体的に声をかける

44

レッスン3　子どもの身体性と遊び

し遊び続けたことで、運動技能も向上していきました。特に、投げる力がついてきたことで、当てられて外野に出ても、誰かを当てて再び内野に戻れるかもしれないという自信が生まれてきました。その結果、外野でゲームの流れを見ながら待てるようになりました。

　以上のように、他児とのコミュニケーションをとりながら、ドッジボールの楽しさを感じている様子が、体（動き、表情、声）からあふれ出る高揚感から見て取れます。Bくんにとって、遊びのなかでのドッジボールは、「意味をたしかめ、問題をとき、さがし出す」場になっていたのです。

　また、Bくんと関わる他児らも、はじめは自分のことで精一杯でBくんに関わる余裕がなかったのに、日を追ってBくんの行為に文句をいうようになりました。さらにはゲームの勝敗を気にするようになるにつれ、Bくんに具体的に意見をするようになりました。すべての子どもにとって、自由遊びのなかでのドッジボールが五味太郎のたとえた「かしこい体とじょうぶな心」を培う機会となり、「しなやかな心と体の発達」となっていました。

　運動をともなう遊びでは、状況判断から運動の実行まで、脳の多くの部分を使用します。敏捷な身のこなしや状況判断や予測などの思考判断を要する全身運動は、脳の運動制御機能や知的機能の発達促進に有効であると考えられています。さまざまな情報を受け止めて自分で判断して行動できる力を培う機会になります。これが「かしこい体」にもたとえられ、「しなやかな体」の発達に通じることがわかります。

　また、運動をともなう遊びは、ルールを守り、自己を抑制し、コミュニケーションを取り合いながら、社会性としての社会適応力の発達を促す機会になります。自分たちの遊びに合わせてルールを変化させたり、新しい遊び方をつくり出したりするなど、遊びを質的に変化させていこうとする豊かな創造力としての**非認知能力**の発達にも大きく貢献します。やり抜くために我慢し変化をつくり出す力を培う機会になります。これが「じょうぶな心」にもたとえられ、「しなやかな心」の発達に通じます。

　このように、「しなやかな心と体の発達」は、「充実感をもって自分のやりたいことに向かって心と体を十分に働かせ、見通しをもって行動し、自ら健康で安全な生活をつくり出すようになる」という「幼児期の終わりまでに育ってほしい姿」にも通じています。

　このような姿は運動遊びに限らず、ほかの遊びをとおして養うことが

◆ 補足
非認知能力
非認知能力は、IQなどで数値化される認知能力に対して、自己認識、意欲、忍耐力、自制心、粘り強さ、社会的適応、回復力、対処力、創造性などの力や姿勢を示す。
→レッスン7

45

できる部分もあります。しかし、特に運動遊びでは心身のさまざまな側面の発達にとって必要な経験が、心と体の相互に関連し合い積み重ねられます。総合的な意味で、子どもの心身の発達に大きな役割を果たしています。

演 習 課 題

①幼児期は、タイミングよく動いたり、力の加減をコントロールしたり、新しい動きを身につけたりするなどの、運動を調整する動きが顕著に向上する時期です。その根拠をスキャモンの発育曲線を使って説明してみましょう。

②たとえば、鬼ごっこという遊びのなかで、子どもたちは、何を楽しみ、何を獲得しているのでしょうか。心と体の両面から考え、さらに保育者の関わり方についても討論してみましょう。ほかの遊びについても考えてみましょう。

③幼児期における運動能力や身体活動量の低下の原因は何でしょうか。文献、インターネットなどを使って調査すると同時に、保育現場での子どもの姿から裏付けられることを発表してみましょう。

レッスン**4**
....

子どもの健康と食育

....

本レッスンでは、子どもの健康と食育について学びます。子どもの健康的な生活を整えるうえで、「休養・栄養・運動」の基本的事項および「食育」の重要性を確認します。そのうえで現状における問題点をあげ、その改善点を確認しながら、それらの理由を理解するようにしましょう。

1. 子どもの健康

　毎朝、幼稚園や保育所、幼保連携型認定こども園に登園してくる子どもの様子をみていると、多くの子どもは元気よく登園し、登園後は自分の身の回りのものを整えて、元気よく園庭へとかけていきます。しかし、なかには保護者となかなか別れられず泣き出す子、下駄箱や保育室のロッカー前に座り込んでボーッとしている子など、元気のない子どもたちも多くみられます。元気のない子どもたちの原因は、何なのでしょうか。保育者や親はどのようなことに気をつけなければならないのでしょうか。

　領域**「健康」**で述べられている、子どもたちの心身の成長・発達に必要とされる「休養・栄養・運動」を中心に、子どもたちの生活上の問題点を明らかにし、あわせて乳幼児期からの健康的な生活のあり方を提示しながら、子どもたちが抱えるさまざまな問題の改善に向けた方策を解説していきます。

参照
領域「健康」
→レッスン3

2. 健康と休養

1 めざす就寝時間・起床時間・睡眠時間とずれ

　「早寝・早起き」の大切さは、誰もが小さいころから大人になってもさまざまな形で耳にします。では、「早寝・早起き」の適正な時間は何時なのでしょうか。一般に、大脳は目が覚めてから2時間ほどは正常に機能しないため、園で子どもたちが遊び始める午前9時ごろに元気に活動するためには、午前7時に起きていることが望ましいと思われます。そして、幼児であれば、連続した10時間以上の睡眠が必要とされるの

47

▶出典

†1 井上昌次郎・白川修一郎・神山潤ほか「初心者のための睡眠の基礎と臨床」日本睡眠学会「第4回睡眠科学・医療専門研修」セミナーテキスト、1999年、1-16頁

前橋明『子どもの生活リズム向上作戦――「食べて、動いて、よく寝よう！」を合言葉に：今日から始めよう』明研図書、2012年、30頁

†2 ベネッセ教育総合研究所「第5回 幼児の生活アンケート」2016年、14頁

で逆算すると、遅くとも午後9時までに就寝ということになります[†1]。

つまり、園内生活を元気に過ごすためには、この「午後9時までに就寝して、午前7時までに起床することで、夜間に連続した10時間以上の睡眠をとる」ことが大切になります。

しかし、ベネッセ教育開発研究所による「幼児の生活アンケート」では、午後10時以降に就寝する幼児の割合は、1995（平成7）年に32.1％、2000（平成12）年には39.0％、2005（平成17）年は28.5％、2010（平成22）年には23.8％、2015（平成27）年では24.0％と20年の間に減少はしているもののいまだ2割を占めています[†2]。これは、子どもたちの生活が大人の生活時間に影響を受けて夜型化していることを示しており、園には、「日中の活動時に元気がない」「体がだるそう」「昼寝のときに寝られない」「皆が午睡から目覚めるころにやっと寝始める」といった幼児がみられます。

このように、子どもたちの生活には、睡眠不足や就寝・起床時刻のずれ（遅寝や遅起き）が生じているのです。そして、このことにより体温のリズムが正常なリズムから3〜4時間後ろへずれている幼児もいます（図表4-1）。つまり、朝は、眠っているときの低い体温のまま起こされて活動を開始しなければならないため、体が目覚めておらず、動きが鈍い状態にあると考えられ、自律神経の調節も適切に行われていないのです。

午後10時以降に就寝している幼児は、「テレビやビデオ（DVD）視聴」の可能性が高く、テレビの強い光は、神経を興奮させるため、寝る前の

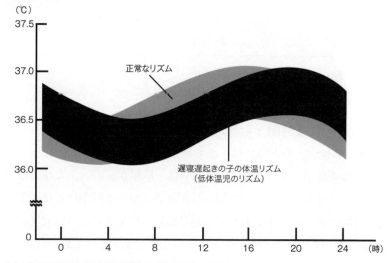

図表4-1　一日の体温リズム

出典：前橋明『生活リズム向上大作戦』大学教育出版、2006年

レッスン4　子どもの健康と食育

テレビやビデオ視聴は避けるべきです。

　また、午後7時以降に夕食を食べ始めている家庭では、幼児の就寝時刻が午後10時以降になる割合が高いとされています[3]。両親共働きの家庭で、園へのお迎えの時間が遅いと、そこからの夕食づくりや夕食、入浴となります。何かを特別視しているわけではなく、自然と家族の就寝時刻が遅くなってしまうのです。この場合、各家庭で夕食開始時刻を少しでも早められるように保育者がいっしょに考えたり、園で各家庭での工夫を調査して、おたよりで紹介したりすることも必要です。

2 ▶ 睡眠時間の確保

　睡眠時間に注目すると、幼稚園幼児の夜間の睡眠時間は10時間前後であるのに対し、実際の保育園幼児の睡眠時間は9時間台前半と短くなっています。この睡眠時間が9時間少々の幼児には、「イライラする」「じっとしていられない」「注意・集中ができない」等の精神的な疲労症状を訴えることや力発揮が十分にできないことが明らかになっています[4]。また、睡眠時間が10時間以上の幼児は、室内遊びよりも、戸外遊びをすることが多いこともわかっています。そのため、幼児期には、夜間に連続した10時間以上の睡眠時間の確保が望まれます[5]。

　子どもが夜眠っている間に、脳内の温度を下げて身体を休めるホルモン「メラトニン」や、成長や細胞の新生を助ける成長ホルモンが分泌されます。このメラトニンは、自律神経と情緒の中枢といわれる視床下部に作用して、情緒や自律神経を安定させる働きをもっています。また、眠気を誘うホルモンのほかに、活性酸素から細胞を守り、性的成熟を思春期まで抑えるなど、バランスのとれた成長には欠かせないものでもあります。しかし、夜更かしの子どもは、メラトニンの分泌が低下します。眠気による日中の活動量低下は、神経伝達物質「セロトニン」の働きかけを低下させて、攻撃性や不安感を高めます[6]。

　就床時は、部屋を暗くすることによって、大脳の中心部にある松果体からメラトニンの分泌が高まります。早寝の場合、深い眠りの中で分泌の高揚をもつ「成長ホルモン」の出がよいといわれています。また、早寝をすると早く深い眠りにつくため、明け方にレム睡眠の状態になり、目覚めもよいのです[7]。

3 ▶ 早寝・早起きをするための工夫

　子どもたちが健康な生活を営むためには、睡眠時間の確保は重要です。親の共働きなど、家庭におけるさまざまな理由から難しいこともありま

▶ 出典

[3] 前橋明『子どもの未来づくりⅠ——食べて動いてよく寝よう』明研図書、2010年、120-123頁

▶ 出典

[4] 前橋明・石井浩子・中永征太郎「幼児における登園時の疲労症状に及ぼす睡眠時間の影響」『倉敷市立短期大学研究紀要』(23)、1993年、29-33頁

[5] 岡崎節子・石井浩子・前橋明「生活習慣の見直しを必要とする幼児の体温・握力値・歩数について」『幼少児健康教育研究』9(1)、2000年、1-7頁

[6] 神山潤「夜更かしがもたらす不定愁訴——内的脱同調(慢性の時差ぼけ)の紹介」『小児保健シリーズ』59、2005年、8-14頁

[7] 河添邦俊・河添幸江『イラストでみる乳幼児の一日の生活のしかた』ささら書房、1991年

49

すが、生活のなかで少しずつできる工夫を考えてみましょう。

①早く就寝するための工夫

1）午前と午後に戸外でしっかり体を動かして遊ぶ。

2）午睡は午後3時までに起きる。

3）入浴後、上昇した体温が下がるときに就床すること。

4）部屋を暗くし、静かな環境にすること。

5）親子のスキンシップを図りながら安心して眠ることができるようにすること。

などがあげられます。

②朝の自律起床とスッキリ目覚めるための工夫

1）雨戸、カーテン、窓などを開けて、部屋を明るくし、空気の入れかえを行う。急に怒って起こさず、皮膚への刺激と明かりによる刺激で自然に目覚めるようにする。

2）冷暖房は切ったままで、自分で手足を動かして着替えをすることで、皮膚が刺激されて自律神経を刺激する。

3）朝、水で洗顔したり、水で湿らせたガーゼやタオルで拭いたりする。

4）手伝いをしたり、好きな曲をかけて踊ったりして、体を動かす。

休日や家庭の事情で、どうしても夜遅くなることも当然ありますが、就寝時刻が遅くなっても、それに関係なく、朝は常に一定の時刻に起きることが睡眠リズムを整えるためには必要です。

3. 健康と栄養

子どもが栄養をきちんととるために、朝食、昼食、夕食、さらに、おやつにも重要な役割があります。それぞれの必要性について理解しておきましょう。

1 朝食

①朝食の必要性

幼児であれば、毎日の朝食をとる習慣を身につけてほしいところですが、生活習慣調査の結果をみると、毎朝食べているが9割で、残り1割は食べていないか、不定期といった状態でした[8]。

就寝時刻が遅いと起床時刻も遅くなることが推測されますが、保育所に通園する乳幼児の場合は、親の勤務時間や通勤距離の関係から、毎日

▶出典
†8 前橋明「保育園幼児の生活状況」『運動・健康教育研究』21（1）、2013年、47頁

レッスン4　子どもの健康と食育

の登園時刻は決まっています。その時間に間に合うように、まだ寝ているわが子を起こさなければならないため、子どもは目を開いていても、脳や体は眠った状態のままであり、食欲もあまりない状態なのです。

つまり、就寝時刻が遅いと、朝食を毎日とる子どもの割合は少なく、食べない子どもが多く確認されています。一方、午後9時頃に就寝し、起床時刻が午前6時ごろの幼児は、朝食をしっかりとることもわかっています[9]。

私たちの体温は睡眠時には下がっており、朝ごはんを食べることにより、熱量をとって体温が上がり、元気に活動できるようになります。朝ごはんを食べなければ、元気が出ず、脳の温度も下がったままなので、朝からボーッとしたり、あくびをしたりして、集中力のない状態になってしまいます。

また、脳は、エネルギーとして、「ブドウ糖」という成分を使用しており、これは体のなかに少ししか蓄えておくことができません。私たちは、夜、眠っている間もエネルギーを使っているため、欠食すると昼食時までブドウ糖が不足したままになり、脳がエネルギー不足となります。そのため、登園後、集中できずにイライラして、元気に遊んだりすることもできなくなるのです。午前中、しっかり活動するためには、朝食でブドウ糖（炭水化物）を摂取する必要があります[10]。

また、空腹の状態で朝食をとることは、食事がおいしく感じられ、好き嫌いがなくなったり、食事の量が増えたりするだけでなく、大腸が刺激されてぜん動運動が起こり、朝に排便をする習慣がつきやすくなります。朝食による刺激がなかったために、登園したあとの活動で体温が上がり、昼食の刺激によって、園で排便する幼児も少なくありません。

インシデント①　30分早起き実践（4歳児）

Aくんは、週に数日は、登園後、イライラしてものを乱暴に扱ったり、ボーッとしてなかなか活動に入れなかったりする日がありました。保育者が、保護者に様子を伝え、原因となりそうな朝の様子を尋ねると、起床時刻がまちまちで、朝の寝起きが悪いと機嫌も悪く、なかなか朝の身支度ができないとのことでした。7時半～8時ごろの起床時間よりも30分早く起こすことを提案しました。そこで、母親が朝、敷布団の端をもってAくんを転がすようにして起こすようにしたところ、それがおもしろかったようで、笑いながら目覚めることができるようになったようです。そのため、お腹がすいていることを意識し、朝ごはんを以前より食べるようになり、その

▶ 出典
[9]　[6]と同じ。

▶ 出典
[10]　相馬範子『生活リズムでいきいき脳を育てる──子育ての科学98のポイント』合同出版、2009年、13-14頁

51

刺激によって、登園までに排便ができる日が増えてきたとのことでした。登園まで時間に余裕ができたこともよかったようです。機嫌よく登園できるようになり、母親自身も、毎朝、「早く起きなさい」「早く着替えなさい」「早く……しなさい」と怒って急かすことが少なくなり、喜んでいました。

②朝食でしっかり栄養をとるための工夫

　朝食の欠食が続くと、欠食することに慣れてしまいます。朝食は、単に栄養をとるだけでなく、親が子どもの様子を見て、その日の子どもの体調をはじめとする心身の健康チェックをしたり、朝からの生活習慣づくりにもつながる家族の交流や情報収集のための貴重な場にもなります。各家庭で、起床時刻や起床のしかた、起床してから朝食までの活動、お手伝いや体を動かすことを通して、空腹感を感じられるような過ごし方ができるような工夫を考えてみましょう。

　工夫としては、1) 夜食をとらないこと、2) 早く寝て、よい睡眠をとること、3) 早く起きること、4) 目が覚めてから空腹感を覚えるまでのゆとりの時間をもつこと、5) 空腹感が感じられるような活動をすること、6) バランスのよい食事を用意すること、7) 親子のコミュニケーションをとりながら楽しく食べること（テレビ・ビデオを見ながら食べない）、などがあげられます。

2 昼食

　午前中にしっかり活動した後、幼稚園や保育所では、お昼に給食やお弁当を食べます。そのため、空腹を感じてしっかりと食べることができ、さらに、友だちと保育者といっしょに、午前中の遊びや家のことなどを話しながら楽しい雰囲気の中で食べることができます。このように、食事は栄養補給だけではなく、人間関係づくりにもつながっていきます。しかしながら、朝食欠食や偏食、栄養バランスの悪さ、孤食、食物の安全性など、子どもたちの食環境は決してよいものではありません。そこで幼稚園や保育所、幼保連携型認定こども園では、計画的に「食育」に取り組むことが求められています。2018（平成30）年施行の「保育所保育指針」や「幼稚園教育要領」、「幼保連携型認定こども園教育・保育要領」においても、食育の推進や安全な保育環境の確保などを見直すとともに、職員の資質・専門性の向上についても求められています。

　保育者や友だちと楽しく園内外での栽培活動を経験していくことで、一つひとつの食べ物がどのように育ち、調理され、食事をするところま

でに至っているのか、どのような栄養が得られるのか、ということなど
を体験的に学んでいくことができます。さらに、毎日食べる給食で、食
材や栄養に関心をもつことにより、将来、自分や家族のために、どのよ
うな食べ物を選べば健康的に過ごせるのかなど、幼児のうちに関心を
もって学び、習得できるように、無理のないように進めていくことが必
要です。

　お弁当の場合は、子どもの嗜好に合わせて加工食品が多くなったり、
園で食べさせてもらおうと嫌いなものを多く入れたりすることもあるよ
うですが、子どもたちがお弁当の時間を苦痛に感じないように、栄養バ
ランスや彩り、食べきれる量などを考慮していただくよう、家庭にお願
いすることも必要です。

3　おやつ

　子どもたちの胃は小さく消化機能も十分ではないため、3度の食事
だけでは必要な栄養を十分摂取することができません。成長期にある子
どもたちにとって、おやつも3度の食事と同様に、栄養摂取を目的と
した1つの軽い食事として考える必要があります。おやつとして、甘
いものや菓子類をイメージするかもしれませんが、夕食に影響しないよ
うな時間帯や内容、量にも配慮する必要があります。

4　夕食

①夕食前のおやつの注意

　お腹をすかせて夕食を食べる習慣をもつことが大切です。夕食の準備
ができるまでおやつを与えて待たせている状態になると、子どもは空腹
ではないため、夕食に出た苦手なものも食べようとしなかったり、食事
に時間がかかったりしてしまいます。おやつの量や時間を決めて、空腹
の状態で夕食を迎えられるようにすることが大切です。

②夕食の時間

　核家族で、保護者の帰宅時間が遅い家庭や園から家が遠い家庭では、
夕食がどうしても遅くなってしまいます。夕食が午後7時を過ぎると、
就寝時間が午後10時以降になる傾向が高くなります[11]。就寝時間が遅
くならないように、夕食時刻を早める工夫をすることが大切です。その
ためにも、親の生活時間に子どもをつき合わせるのではなく、大人のほ
うが子どもの生活時間に合わせて過ごし、子どもが就寝したあとに、で
きる家事や仕事をするなどの意識改善と実行が必要です。

③夜食（夕食後から就寝までの食事）の習慣

▶ **出典**
[11]　[3]と同じ。

第2章 「健康」と指導法

▶ 出典

†12 渋谷由美子・石井浩子「幼稚園児と保育園児の生活状況の比較と課題——香川県内の5歳児をとり上げて」『教育学研究紀要』47（第一部）、2001年、552-527頁

夕食を食べて心地よい疲れから早く眠ることができていれば、夜食はまったく必要ありません。しかし、夕食前におやつを食べたことで食欲が抑えられて夕食を少ししか食べなかったり、日中の身体活動量が少なく、夜遅くまで起きていたりすると、お腹がすいて就寝前に果物や飲み物、菓子類を食べる習慣のみられる子どもも多いのです[†12]。

夜食を食べる習慣のある幼児は、翌日の朝食摂取状況がよくありません。そのため、午前中に元気がなかったり、イライラしたりして活発に遊べず、心地よい疲労感がないので遅くまで起きていて、夜食を食べて……という悪循環となるのです。

家族が時間を合わせて、笑顔で楽しく食べることは、食欲が出たり、食事マナーを学んだり、消化をよくすることにもつながります。幼児期の朝食や夕食の時間は、子どものリズムを考慮して設定し、できるだけ大人が子どもに合わせて、家族で楽しい雰囲気のなかで食事をする機会をもってほしいものです。

5 食事と排便の関係

夜しっかり眠ると、腸の働きが活発になって、食物残さ（残りかす）を結腸のほうへ送っているため、朝には排便の準備ができています。そこで、朝、体を動かしたり、朝食をとったりすることで、さらに腸が刺激を受け、便が出やすくなります。朝の排便は、園での集団生活の途中に腹痛を伴ってトイレにかけ込むことがなく、体をすっきりさせて、1日を生き生きと過ごすことを可能にします。

幼児用の握力計を用いて、子どもに「力比べ」をするなどとして、ゲーム感覚で両手握力値の計測を午前9時と午後1時30分、午後4時に実施しました。その結果、朝、排便を家で済ませて登園している幼児と、排便をしていない幼児の平均値を比較すると、どの時間帯も排便を家で済ませていた幼児のほうが高いことが示されました（図表4-2）。早寝・早起き、10時間睡眠、朝食摂取だけでなく、朝の排便習慣も子どもたちが日中、元気に活動するためには重要なのです。

朝食を欠食すると食物の摂取量が少なくなり、腸内の量が満たされず、便秘になりやすくなります。便が一定の量にならないと排便のための反射を起こさないため、食事内容は便の重さをつくるものが必要です。また、野菜や海草、きのこ類のように繊維質のものをとることによって、腸のなかのものをからめて排出してくれます。よって、欠食、スナック菓子や菓子パン、飲み物だけという食事内容はよくありません。さらに、排便しやすくするためには、朝の水分補給も必要であり、味噌汁やスー

図表4-2 排便の有無別にみた5歳児の歩数・両手握力値

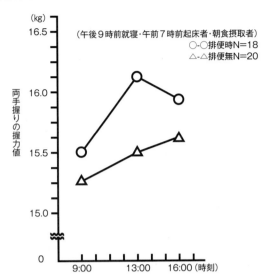

注：午後9時前就寝、午前7時前起床、朝食摂取の条件を満たす5歳児を対象とし、朝の排便の有無による両手握力値の差を比較。時間帯に関わらず排便ありの子どもが高い数値となっていた。
出典：前橋明「子どもの生活リズムの乱れと運動不足の実態」『保健室』87、2000年、11-21頁をもとに作成

プなどといっしょにとることを意識することが大切です。

4. 健康と運動（運動遊び）

1 子どもたちの身体活動量の減少

かつて子どもたちは、整備されていないでこぼこの土の上を、自然にバランスをとりながら走りまわっていましたが、現在は、室内のバリアフリー化や屋外のコンクリート・アスファルト化によって、安全で便利な環境となってきました。しかし、感覚の鋭い乳幼児期にフラットな面での生活が普通になると、少しの段差でつまずいたり、バランスを崩して倒れたりしてしまう子どもも多くなることが懸念されます。

また、交通網の発達、自家用車の普及など、大人も子どもも歩く機会が減ってきています。自宅の狭さ、戸外の危険性が高まり、自転車や自動車、園バスによる園への送り迎えの増加、紫外線対策、熱中症対策、保育プログラムの関係などによる戸外での活動の制限など、乳幼児の身体活動量（歩数）は減少し続けています。

前橋によると、園内生活時の午前9時から午後4時までの5歳児の歩数を計測した結果、1985（昭和60）〜1987（昭和62）年ころは12,000歩を確保していましたが、1991（平成3）〜1993（平成5）年ころには

第2章　「健康」と指導法

▶出典

†13　前橋明『子どもの心とからだの異変とその対策』明研図書、2001年、50頁

†14　†13と同じ

7,000～8,000歩、1998（平成10）年以降では5,000歩台となり、現在では昭和の時代の半分よりも少なくなっています[13]。

　また、園内生活時の歩数が7,000歩以上の幼児の平均起床時刻は、歩数が5,000歩未満の幼児の起床時刻よりも有意に早く、園内生活時の歩数が3,000歩未満の幼児の平均起床時刻は、歩数が3,000歩以上の幼児の起床時刻よりも有意に遅かったのです[14]。こういう状況からも考慮して、あえて幼稚園や保育所、幼保連携型認定こども園では、乳幼児の健康管理を考え、1日の歩数を意識して増やす働きかけが求められるといえます。

2　昼間の運動遊びの意義

①運動と睡眠

　坂道や下り坂、でこぼこ道、草の上など、いろいろなところを楽しく歩いたり、走ったりすること、日々、しっかり全身を使った遊びを体験することが大切です。そうすることによって、全身の筋肉を使い、自分の体をバランスよく支えることができ、大きなケガの防止にもつながります。

　また、昼間、楽しく、満足のいく遊びや運動に熱中し、楽しい時間をもつことができること、とくに、戸外での運動遊びは、夜に心地よい疲れと精神的な安定を生じさせて早く眠りにつけ、質のよい睡眠をもたらしてくれます。さらに、午後3時～5時ごろの1日のなかでも体温が最も高い時間帯に運動遊びを充実させることができれば、夕方には空腹を感じて夕食をおいしく食べることができます。そして、午後8時ごろには疲れがピークとなり、自然に眠くなります。

　反対に、園で日中に屋内で静的な活動や遊びが多かったり、夕食前におやつを食べながらテレビを見たりゲームをしたりすると、心地よい疲れが得られず、寝つきが悪くなってしまうのです。

　また、午前中の光には、ホルモン分泌や体温などの体内リズムを整える働きがあり、昼から夕方にかけては、適度な光を浴びるとメラトニン分泌が増え、深い眠りが促されます[15]。体温が最も高くなる午後に、しっかり体を動かして体温の上昇を促進すると、反動で夜間は体温が急激に下がり、深い眠りとなる利点があります。

▶出典

†15　†10と同じ

　保育所においては、開所時間が長く、職員の勤務体制もそれによって複雑になります。夕方には少なくなった人数で保育を行いながら、片づけ・掃除や次の日の保育の準備をしなくてはいけないので、安全に過ごすために、使用する部屋を少なくし、子どもたちにはテレビやビデオを

56

見せたり、静かに座って遊ぶ活動を選択したりする園もあります。しかし、それらは、子どもたちの心身の実態やニーズにはそぐわない活動内容となります。園内で話し合い、できるだけ体を動かせる環境を整えることが大事です。

②運動と自律神経の関係

運動は、自律神経の働きを正常にする働きがあります。ある保育園で、朝から遊ばない子や落ち着きのない子、イライラしている子が目立つようになり、気になって午前9時に5歳児の体温を測ってみると、36.0℃未満の低体温の子どもや37.0℃を超え、37.5℃近い高体温の子どもが増えており、両群を合わせると約3割になっていたことが確認されました。

自律神経の働きがうまく機能していないために体温調節がうまくできないと考え、午前9時に体温を計測したあと、戸外でボール遊びや鬼ごっこなど、思いきり体を動かして遊ぶようにし、午前11時30分、午後3時に体温を計測しました。その結果、午前9時に36.0℃未満の低体温だった子どもたち（Cグループ）は、運動による「産熱*」で午前11時30分には体温が上がり、午後3時も36℃台を保っていました。午前9時に高体温だった子どもたち（Aグループ）は、午前11時30分には「放熱*」の働きが亢進されて36℃台に下がり、午後3時も36.0℃台を保つことができていました（図表4-3）。

このように、体温調節がうまくできていない子どもたちの特徴として、「運動不足、睡眠不足、朝食を十分にとっていない、温度調節された室内でのテレビ・ビデオ視聴やゲーム遊びが多い」という生活習慣の乱れと睡眠リズムのズレが主な共通点としてあげられます[16]。

つまり、生活リズムを整えるためには、運動遊びの実践が極めて有効なのです。運動遊びを生活のなかに積極的に取り入れることで、運動量が増し、子どもたちの睡眠のリズムは整います。その結果、食欲が出てきます。健康的な生活のリズムの習慣化によって、子どもたちの心身のコンディションも良好に維持され、情緒が安定していきます。

しかし、運動遊びをする機会は極端に減ってきており、家庭や園で意識的に活動量を増やす対策を考え、実行することが急務です。

③体を動かすことが楽しくなるための実践

小さなころから体を動かして遊ぶことが好き、楽しいと思えるよう、乳幼児期からまわりの大人たちが意図的に関わっていく必要があります。それには、身近にいる親や保育者とのふれあい遊びや体操を日常的に行うことが大切です。

✳ 用語解説

産熱
筋肉を動かすなど、体を動かすことによって体内に熱を起こすこと。

放熱
体内につくられた熱を逃がすこと。

▶ 出典

[16] 前橋明「夜型社会と疲れている子ども」『子どもと健康（子どものからだ　体力・睡眠・アレルギー）』82、2005年、63-73頁

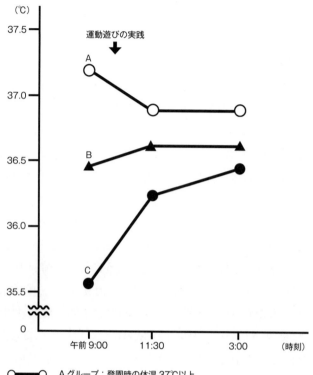

図表4-3 登園後の5歳児の体温の推移

注：午前9時の体温が37℃より低いB・Cグループの幼児は、午前中の運動遊びの後に筋肉活動をとおして産熱し、体温は上昇した。午前9時の体温が37℃以上のAグループは、運動遊びにより放熱機能が活性化され、体熱放散への対応が早く体温の低下に導いたことが推測された。
出典：前橋明・岡崎節子・石井浩子ほか「保育園児の園内生活時における体温の変動」『運動・健康教育研究』8（1）、1998年、83-86頁をもとに作成

　子どもは、まずは、信頼できる大人とお互いに笑顔で向かい合って遊ぶことを何よりも喜び、何度でも同じ動きを繰り返して遊びたがります。ふれあいあそびや体操は、お互いに向かい合って、相手の肌の温もりを感じながら遊ぶ時間がもて、安心感や信頼感がもてるようになり、親子にとって、とても良い機会となります。
　しかし、今日、女性の社会進出、結婚・出産後も働く女性の増加などに伴い、子どもとの関わり方がわからない、うまく接することができない、子どもと関わる時間がもてないといった悩みをもつ母親は少なくないのです。その対策の一つの提案となる、「親と子のふれあい遊び」や「親子体操」は、園の行事や地域でのイベントや講座など、いろいろなところで取り組まれている内容です。それらをその場限りのものとせず、日々、家庭や地域において、継続的に実践していくことが重要です。そ

レッスン4　子どもの健康と食育

こで、毎日、園で子どもたちと関わることのできる保育者が、親に代わって子どもといっしょに汗をかきながら体を動かすことが求められていると言えるでしょう。子どもががんばっていることをしっかり褒めると、子どもは自信をもち、喜んでさらに活発に動くことができます。また、体を動かすことでお腹がすいて、そのあとの食事をおいしく食べることができたり、夜には心地よい疲れを生じてぐっすり眠ったりすることができます。つまり、子どもとのふれあい遊びや体操の実践は、食事や睡眠の問題改善に、しっかりとつながっていくのです。これらのことを参観日やクラスだよりなどで紹介して、家庭でも少しの時間でもふれあい遊びを実践して実感してもらえるようにするとよいでしょう。

5. 子どもの健康と食育

1 食育の推進

　子どもに限らず、食事は人が生きていくためには不可欠なものですが、成長期にある子どもたちの健康な心と体を育てるためにも、必要不可欠なものです。しかしながら、近年の食生活は、栄養の偏り、不規則な食事、肥満ややせ志向、生活習慣病の増加がみられ、「食」の安全上の問題などがあり、「食」に関する情報があふれている状況であることから、自らの食のあり方を学ぶことが求められるようになりました。

　2005（平成17）年には、食育推進を目的とした「食育基本法」（農林水産省）が発布され、家庭や学校、保育所などでも食育を推進することが求められています。幼稚園や保育所、幼保連携型認定こども園などにおいても、朝食欠食や肥満や痩身、偏食、孤食など、さまざまな問題がみられることから、施設長の責任のもと、保育士、栄養士、調理員、看護師などの全職員が協力して、食育の計画や実践、家庭支援などが行われています。

2 食育の実践

　2018（平成30）年施行の「幼稚園教育要領」の領域「健康」では、園で保育者や友だちと食べる喜びや楽しさを味わうこと、さまざまな食べ物への興味や関心をもち、食の大切さに気づいてすすんで食べようとする気持ちを育てることがあげられています[17]。

　また、2018（平成30）年施行の「保育所保育指針」で述べられている保育の目標については、食育の観点からみると、厚生労働省「楽しく食

▶出典
†17 「幼稚園教育要領」
第2章「ねらい及び内容」
の「健康」3「内容の取扱い」
（4）

59

第2章　「健康」と指導法

べる子どもに──保育所における食育に関する指針」において、具体的な子どもの姿として、① お腹がすくリズムのもてる子ども、② 食べたいもの、好きなものが増える子ども、③ 一緒に食べたい人がいる子ども、④ 食事づくり、準備に関わる子ども、⑤ 食べものを話題にする子どもと表されています[18]。このような子どもたちを育むためにはどうしたらよいのでしょうか。

▶出典
[18]　厚生労働省「楽しく食べる子どもに──保育所における食育に関する指針」2004年

①食べて、動いて、よく寝よう

　園で先生や友だちと食べる喜びや楽しさを味わい、さまざまな食べ物への興味や関心をもち、進んで食べる気持ちや意欲をもてるようにするには、まず、生活リズムを整えることが重要です。前述したように、子どもたちの就寝時刻と起床時刻の遅れや朝食の欠食などが増えています。

　2006（平成18）年には「早寝早起き朝ごはん」全国協議会が設立され、子どもたちの基本的生活習慣の確立や生活リズムの向上につながる取り組みを積極的に展開しています。これは、一日の生活を充実させ、子どもの育ちにも影響する重要なことであるため、気になる子どもがいればすぐにでも改善したいところですが、就寝・起床、朝食摂取はすべて家庭生活のことであり、各家庭の状況もさまざまであることから、生活リズムの改善は非常に難しいのです。そこで、「食べて、動いて、よく寝よう」が大切です。

　まず、園で午前と午後も汗をかくぐらいの活動を取り入れることで、夕食をお腹がすいた状態で家族と楽しく食べることができ、好き嫌いを少なくすることにもつながります。そして、心地よい疲れによって早寝で質のよい睡眠がとれ、早起きすることができます。さらに、家庭では身支度やお手伝いなどで身体を動かすことで、空腹を感じて朝食をしっかり食べることができ、目覚めて家を出るまでの時間が長くなる分、朝食の刺激で排便習慣がついてきます。そうすると日中に活発に動くことができて昼食もしっかり食べられるというようなよい循環が生まれます。運動と食事のリズムがよい生活リズムをつくっていくうえで重要といえます。

②体験をとおした食育活動

　調理されたものを食べるだけでなく、食物に対する興味や関心をもてるように、多くの園では、畑やプランターなどに野菜の種まきや苗植えをし、水やりや草取りの世話をして収穫し、料理して食べる体験を計画し、実践しています。苦手な野菜は家では食べられないのに、皆で栽培・収穫したものは一緒に食べると食べられる子どもたちもいます。栽培経験を観察記録に残したり経過を家族に話したりすることなども、楽しさ

や達成感、食物への関心につながっていきます。

　また、食への関心として、栄養バランスや食べ物の体内での役割について子どもたちが理解しやすいように、「赤」「黄」「緑」の三色食品群を用いたりします。「赤」は、肉や魚、卵など、身体をつくる食品群です。「黄」は、穀類や芋、油などで、体を動かすエネルギーになる食品群で、「緑」は、野菜や果物など、体の調子を整える食品群です。毎日の昼食（給食や弁当）の食材を皆で確認することで、子どもたちから保護者に、栄養バランスについて発信することもできるようになります。

③楽しい食事環境

　朝食も夕食も親の就労時間の関係で家族全員そろって食べることができず、また孤食の問題も取り上げられるようになりました。そのため、園で保育者や友だちと一緒に楽しく食事をすることは、大切な機会になります。食事はただ栄養摂取することだけではなく、子どもの心身の健康状態を把握したり、家族や友だちとの大切なコミュニケーションの場となったり、食事前後のあいさつや食べるときの姿勢、はしの持ち方などの食事のマナーを身につけさせるうえでも大切な時間です。テレビをつけたまま食べる家庭もみられますが、楽しい雰囲気のなかで一緒に食事をすることができるよう、食事の環境を整えることが大人の役割といえます。

演 習 課 題

①「早寝・早起き・朝ごはん」＋「運動」習慣が身につくようにするには、園での実践および、家庭への啓蒙活動として、どのようなことが有効か、話し合ってみましょう。

②空腹を感じて食事をしたり、心地よい睡眠につながったりするように、どのような遊びを日中に取り入れるとよいか、考えてみましょう。

③園でどのような体験をとおした食育実践ができるか、ねらいとその体験内容、時期などを考え、計画を立ててみましょう。

第2章 「健康」と指導法

参考文献··

レッスン3

明石要一・新井誠 「子どもの流行」 深谷昌志・深谷和子編著『子ども世界の遊びと
　流行』 大日本図書 1990年

岩崎洋子編 『乳幼児の運動1：0～3歳児編』 チャイルド本社 2002年

岩崎洋子編 『乳幼児の運動2：4～5歳児編』 チャイルド本社 2002年

ガラヒュー, D.L・杉原隆監修訳 『幼少年期の体育』 大修館書店 1999年

公益財団法人日本体育協会
『幼児期からのアクティブ・チャイルド・プログラム』 2014年

小林寛道 『幼児の発達運動学』 ミネルヴァ書房 1990年

澤江幸則、木塚朝博、中込四郎
『身体性コンピテンスと未来の子どもの育ち』明石書店 2014年

鈴木裕子 「幼児の身体活動場面における模倣の役割に関する事例的検討」
『発育発達研究』(42) 2009年 24-42頁

レッスン4

井上昌次郎・白川修一郎・神山潤ほか 「初心者のための睡眠の基礎と臨床」日本睡
　眠学会『第4回睡眠科学・医療専門研修セミナーテキスト』 1999年

岡崎節子・石井浩子・前橋明 「生活習慣の見直しを必要とする幼児の体温・握力
　値・歩数について」『幼少児健康教育研究』9(1) 2000年

河添邦俊・河添幸江 『イラストでみる乳幼児の一日の生活のしかた』ささら書房
　1991年

神山潤 「夜更かしがもたらす不定愁訴──内的脱同調（慢性の時差ぼけ）の紹介」『小
　児保健シリーズ』59 2005年

渋谷由美子・石井浩子 「幼稚園児と保育園児の生活状況の比較と課題──香川県内
　の5歳児をとり上げて」『教育学研究紀要』47（第一部）、2001年

相馬範子 『生活リズムでいきいき脳を育てる──子育ての科学98のポイント』合同
　出版 2009年

前橋明 『子どもの心とからだの異変とその対策』明研図書 2001年

前橋明 『子どもの生活リズム向上作戦──「食べて、動いて、よく寝よう！」を合
　言葉に 今日から始めよう』明研図書 2012年

前橋明 『子どもの未来づくりⅠ──食べて動いてよく寝よう』明研図書 2010年

前橋明 「保育園幼児の生活状況」『運動・健康教育研究』21(1) 2013年

前橋明・石井浩子・中永征太郎 「幼児における登園時の疲労症状に及ぼす睡眠時間
　の影響」『倉敷市立短期大学研究紀要』(23) 1993年

前橋明 「夜型社会と疲れている子ども」『子どもと健康（子どものからだ 体力・睡
　眠・アレルギー）』82 2005年

おすすめの1冊

公益財団法人日本体育協会「アクティブ・チャイルド・プログラム」
http://www.japan-sports.or.jp/Portals/0/acp/

子どもが楽しみながら積極的に身体を動かし、発達段階に応じて身につけておくこと
が望ましい動きを習得する運動プログラムの提案としての、アクティブ・チャイル
ド・プログラムが紹介されている。最新の情報や新たな提案が随時掲載されるwebサ
イトである。

第3章

「人間関係」と指導法

本章では、領域「人間関係」と指導法について学んでいきます。人と関わる力の基礎となる乳幼児期において、保育者はどのように適切な援助をしていくのかについて理解していきましょう。

レッスン5　発達と人との関係性

レッスン6　遊びで育つ人との関係性

レッスン**5**

発達と人との関係性

人間はさまざまな人との関わりのなかで、心も体も成長させていきます。特に乳幼児期は、人と関わる力の土台をつくるうえでも重要な時期です。本レッスンでは、相手の気持ちを理解する力・仲直りする力など、社会生活において人と関わる力を、集団保育のなかで、どのように培っていくのかを学習していきます。

1. 現代の地域社会・家庭・子ども同士の人間関係の現状

1 変化する地域社会

　仕事場が都心に多いことや、生活しやすいなどの利便性から人口の都市部への集中は急速に進んでいます。そのため、**核家族化**[*]や地域の人との関わりの希薄化により、古きよき日本にあったような地域で子どもを見守り育てていく社会は衰退しています。子どもたちにとっても、習いごとなどで遊び時間が減り、自由で安全に遊べる場所が少なくなったことなどから、地域においての子ども同士の集団遊びは変貌しています。

2 遊びのデジタル化

　遊びの内容もスマートフォン・デジタルゲームの普及により、直接的に深く関わりながら遊ぶのではなく、間接的に関わる友だち関係が急激に増えています。岡本夏木は、「社会の情報化は今後さらに進み、子どもが**仮想現実（バーチャル・リアリティ）**への反応にのみ追われることの問題、そこで形成された認知のあり方がその後の発達を支配していくことの危険性は社会現象として現れてきていると言っても過言ではない。幼児期において、しつけにせよ遊びにせよ、現実の生活と対人経験に密着した生の感覚をしっかり身につけることが必要である」と述べています[1]。

3 家族や人との関わりの変化

　さらに、家庭での親子関係も深刻化しています。共働きや核家族であることで、父親との子育て分担ができないうえに自分の親に子育てのサポートや相談ができない母親が増えています。子育て不安や日々の忙しさからストレスを抱える親は、虐待や放棄など、育児における子どもと

✳ 用語解説

核家族化
家族形態のひとつで、夫婦（親）と子どもだけで構成される家族のこと。

参照

仮想現実（バーチャル・リアリティ）
→レッスン2

▶ 出典

†1　岡本夏木『幼児期』岩波書店、2005年

レッスン5 発達と人との関係性

の関わりに問題を抱える場合があります。逆に、**少子化**＊により家庭において1人の子どもに過剰な関わり方をすることで、**過保護**＊や**過干渉**＊になる親が増えています。親が子どもの身の回りの世話を過剰にしてしまうことで、自立できない子どもを育ててしまう傾向にあるのです。

　そして、最近急速に広まっている、スマートフォン・タブレット・テレビ・デジタル機器に子守をさせている親も増えているのが現状です。人との直接的な関わりが大切な時期に、デジタル画面と長く向き合うことは発達に大きな影響を及ぼします。

　このような現代社会の状況は、子どもたちが人と関わる力を育む大切な機会を妨げています。家族を含む地域社会において、人との関わりの土台を培う場が失われつつあります。そこで、保育現場（幼稚園・保育所・認定こども園）がとても重要な役割を担うようになってくるのです。

2. 領域「人間関係」の内容の取り扱い

　「幼稚園教育要領」「保育所保育指針」「幼保連携型認定こども園教育・保育要領」における「人間関係」の内容で大切なことは†2、子どもが家庭という慣れ親しんだ場所から集団生活という環境の変化のなかで、安心感をもてるようにすることです。そして保育者は、安定した感情のなかで子どもが園生活を楽しめるように心がけましょう。また、温かく見守ってくれる人に対する信頼感に支えられて、子どもが自分の生活を確立していくことも大切です。そして、身近な人たちから受け入れられているという実感をもとに、さまざまなことを自分の力で行う充実感や満足感が味わえることが自己肯定感につながっていきます。

　また、友だちとの関わりのなかで、自分の感情や意思を表現しながら、他児とともに活動する楽しさを感じる機会を多くもてるようにしましょう。時には、自己主張のぶつかり合いによるけんかなどが起こりますが、それを乗り越え、理解し合う体験のなかで、共感や思いやりの心を育んでいきます。

　さらに幼児になると生活習慣とともに社会における善悪やルール、礼儀・協調性などの態度を社会生活を送る一員として身につけていく必要があります。しかし、保育者が望ましいと考える価値観を無理やり押しつけるのではなく、そうすることの意味を伝えることが大切です。たとえば、「人が話をしているときに、まわりの皆がおしゃべりをしていたらどうなるか」「なぜ静かにする必要があるのか」などに自分で気づき、

✳ 用語解説

少子化
出生数が減って、子どもが少なくなること。

過保護
子どもを大事にしすぎること。子どもが自分でできることまで、親が世話をして指図しようとする養育態度をいう。

過干渉
干渉しすぎること。必要以上に関与し、一般的な限度を超えて関わること。

▶ 出典

†2　「幼稚園教育要領」第2章「ねらい及び内容」の「人間関係」、「保育所保育指針」第2章「保育の内容」2「1歳以上3歳未満児の保育に関わるねらい及び内容」の「人間関係」3「3歳以上児の保育に関するねらい及び内容」の「人間関係」、「幼保連携型認定こども園教育・保育要領」第2章「ねらい及び内容並びに配慮事項」第1「乳児期の保育に関するねらい及び内容」の「人間関係」2017年

65

第3章　「人間関係」と指導法

集団の一人として主体的に行動できる力を養うことが、人と関わる力を
育てることになります。

3.　年齢と発達に応じた人間関係

現代社会におけるさまざまな変化により、子どもたちが人間関係を培
う場として、保育現場はとても重要です。保育者は、人との関わりを意
識した保育を実践していく必要があります。集団保育において大切なこ
とは、年齢を目安にした一人ひとりの発達段階を理解したうえで、人と
の関わりを促していくことです。

1　人との関わりの始まり

生まれたばかりの赤ちゃんは、まだ人にむけて笑いかけません。個人
差はありますが、1か月ごろから人の顔を見たときに笑顔でこたえるよ
うになります。人にむけた笑顔という意味で、このころからの笑顔を「社
会的微笑」とよびます。こうして、人との関わりが始まり、3か月を過
ぎると少しずつですが親とその他の人との区別ができるようになってき
ます。この区別する力が、さらに発達すると、8か月ごろをピークに知
らない人の顔を見ると笑わなくなったり、泣いたりします。これが「人
見知り」で、親に対する愛情が大きく育ったことの証しなのです。

このように、赤ちゃんは、心地よい状態や安心感をもたらしてくれる
親などの養育者や保育者に対して**愛着関係***を築きます。その関係がそ
の後の、心の安定と人やものへの関わりの土台になってきます。

✱ 用語解説
愛着関係
子どもが親や身近な人を認
識して、日々の関わりのな
かで信頼関係を築き、安心
感をもたらす関係のこと。

✱ 用語解説
慣らし保育
子どもが園の環境に慣れる
ためにもうける短時間の保
育期間のこと。

インシデント①　朝の会　（0歳児）

4月の入園当初の0歳児クラスの朝は、泣き声の大合唱で始まり
ます。保育者たちの温かい笑顔や優しい声などに包まれて、**慣ら
し保育***を終えた0歳児は徐々に保育園という環境に慣れていきま
す。保育者の園児一人ひとりに合わせた保育で、少しずつ朝の会な
ども行えるようになってきます。最初は、保育者が歌っているのを、
じーっと聞いているだけだった子どもたちでしたが、今では身振り
手振りを使って歌を楽しんでいます。歌詞の語尾だけ合わせて歌う
姿が、この年齢ならではのかわいい姿です。朝から元気でノリノリ
な子どもたちに部屋の雰囲気も盛り上がります。Aちゃんも「○○
ちゃんは、どこでしょう」の歌でハーイと手をあげられるように

なってきました。「すごーい!」と言われてBくんはパチパチ拍手したりします。Cちゃんは、おはようの歌で「おはよう」のときにペコッと頭を下げています。

　入園してきた子どもたちは、まず環境に慣れるところから始まります。家庭と違う部屋・大人・他児に、はじめは戸惑い泣いてしまう0歳児がほとんどです。しかし、保育者との心地よく、安心できる雰囲気のなかで、徐々に愛着関係を結ぶようになっていきます。そのような信頼感が保育者との間にできあがっていくことで、安心で楽しい保育園生活を送ることができるようになっていきます。

　この事例では、保育者や他児が楽しい時間を過ごしています。はじめから、このような子どもたちの様子だったわけではありません。愛着関係を結んだ保育者が、子どもとの関わりのなかで応答的なやりとりを繰り返すことで、子どもは大人からの言葉がけや表情、行動などを理解していきます。最初は、聞くだけだった歌も、保育者が行っている身振りなどをまねするようになります。そして、そのまねを保育者が喜び、一緒に楽しむという経験のなかで、徐々に歌詞の語尾だけを歌えるようになり、人との関わりのなかで楽しさを共有することの喜びを理解していきます。

　このように子どもたちは、歌やスキンシップ、保育者の動き、反応などさまざまなことを聴覚・触覚・視覚などの諸感覚をとおして認識していきます。保育者は、ただ歌を歌うだけでなく、子どもに楽しい表情が伝わるように、向かい合って優しく大きな動きでふれ合い、人との関わりの心地よさを伝えていくことが大切です。

2　外界との関わり

　乳児は、母親などの養育者や保育者の愛情に包まれているという実感をもち、愛着関係をしっかり築いていれば「自分は見守られている」という安心感のもと、**探索行動**＊が行えるようになります。養育者を「**安全基地**＊」にして、その周囲から徐々に離れ、外界と関わり、乳児としての世界を広げ始めます。

＊ 用語解説

探索行動
乳児期にみられる、知らないものごとに興味を示し、それがどんなものなのかを確かめ、知ろうとする行動のこと。

安全基地
子どもにとって安心できる場所で、行動するときの拠点にもなる場所のこと。

第3章　「人間関係」と指導法

インシデント②　探索行動　（0歳児）

　　入園時期からしばらくすると、保育者が毎朝声をかけることで少しずつ慣れてきたのか、泣き声の大合唱も少しずつ小さくなっていきました。日ごとに笑顔も見られるようになり、遊びを楽しむ姿も出てきました。Dくんは廊下に出ると調理場や幼児クラス、テラスなど、次から次へと気になるところを動き回って楽しんでいます。部屋の雰囲気に慣れてきたEくんも、つたい歩きで棚まで行くと、おもちゃを引っぱり出して楽しんでいます。

　Dくんは、不安だから動き回っているわけではありません。保育者との愛着関係ができて安心しているからこその行動です。好奇心をもってさまざまなものごとに関わろうとするときの支えになっているのは、自分を見守ってくれている信頼関係を結んだ保育者の存在があるからなのです。このころの子どもは、ときどき保育者のほうを振り返り、確認し安心したあと、また興味をもって探索行動を行います。個人差はありますが、大人のもとを離れてたくさん行動できる子どもの姿は、「見守ってくれていることを信じているよ」と、その大人を信頼している証でもあるのです。

　また、保育現場で次のような光景をよく見ます。0歳児クラスの部屋に知らない大人が突然入ってきたとき、探索行動でバラバラに散らばっていた子どもたちが、一斉に安全基地としての保育者のもとに集まります。そして、心が安定したら、また探索活動を行います。このようなことを繰り返しながら、子どもは自立できるようになっていきます。安全な場所で、しっかり子どもを見守り自由に探索できる環境を整え、自立を促すためには愛着関係をつくることが保育者にとって大切なことです。

3　自我の芽生え

　1歳半ごろになると、自我が芽生え自分を意識するようになります。「自分は親のいいなりではなく、自分の思いをもっているんだ」と、自己主張します。これが、「イヤイヤ期」という強情が始まる時期で、2〜3歳と自我を発達させる第一反抗期につながっていきます。

　また、この同時期に、**表象**＊を誕生させ、成長させていきます。自己主張し、自分のイメージしたことへの思いがもてるようになったことは、喜ばしいことです。しかし、その思いを言葉で表すことや自己を抑制する力が、まだ未熟なため、自分が遊びたいおもちゃを手に入れたいがために、つい叩いてしまったり、かみついたりが多発する時期でもありま

✚ **用語解説**
表象
頭の中で思い浮かべ、イメージする力のこと。

レッスン5　発達と人との関係性

す。

　1～2歳の集団保育では、子どもがまわりの友だちに興味をもち、関わることでトラブルが多くなります。この時期に保育者として意識しておきたいことは、子どもたちの間で仲介役となって、「皆で一緒が楽しい」と感じられる雰囲気づくりです。

インシデント③　電車が欲しい　（1歳児クラス）

　1歳児クラスでは、磁石で連結させるおもちゃがはやっています。朝早く登園してきたFくんは、電車のおもちゃの箱から、たくさんの電車を取り出すと連結させて遊んでいます。少しあとから登園したGくんもFくんのそばに行き、電車を連結させて遊び始めました。あとからきたGくんは、先に電車をたくさん連結させて遊んでいるFくんの電車をとってしまいました。

　Fくんは、取り返そうとGくんにかみつこうとします。その様子を見ていた保育者が、すっと間に入り「Gくんは電車が欲しかったんだよね」「Fくんはとられて嫌だったんだよね」と言って、2人の間で「先生は黄色ばっかり使ってバナナ電車をつくろう！」と、さっきまで取り合いしていた雰囲気を楽しく一転させました。そして、積み木を使って「ここに駅つくって。ガタンゴトン。到着〜！」と楽しそうにしている保育者の姿を見て、FくんもGくんも「ぼくも〜」と一緒に電車を駅に到着させて2人顔を見合わせてにこりとしました。

　この事例のように、うまくいくときばかりではありませんが、まだ自分の気持ちをうまく伝えることができない1歳児が、おもちゃを奪ったり、取り返す手段として、かみつきや引っかきをする可能性があることを予測しておく必要があります。

　そのうえで子どもの様子を見守り、トラブルを未然に防ぎながらもことを荒立てるのではなく、2人の気持ちをしっかりくみ取ったうえで楽しい雰囲気をつくり魅力的な遊びに誘いかけていきます。

4　1歳児からの意欲と人との関わり

　1歳から2歳へと年齢を重ねるにつれ、赤ちゃんとは違い自分でできることも増えてきます。そして、自己主張し始めると何でも自分でやりたがります。しかし、思考力や手指を含めた身体能力はまだ未熟で、やり終えるまでに長時間かかったり、失敗したり、機嫌を損ねたりする

69

ことがたびたびです。そこで、保育者は保育のなかで待てるよう、時間の余裕をたっぷりもつことが必要です。そして、子ども一人ひとりの発達を踏まえたうえで、できることは自分で挑戦する機会と時間を多く設けながらも、子ども自身が意欲と達成感を感じられる保育者の関わり方と言葉かけが大切です。

インシデント④　1人でできるよ　（2歳児）
　冬になって着脱が1人でできるようになってきました。今までのHくんは上手に脱げず「先生やってー」と手伝ってもらっていました。しかし、時間をかけながらも、保育者から「わあ！　Hくん、すごい。1人で頭から脱げた！」と部分的にできたところを褒められて、自信満々のうれしそうな表情です。何度も1人でチャレンジして、そして今では1人で脱げるようになりました。
　着脱はもちろん、友だちの手伝いまでしてくれているIちゃんは、服のボタンはめに挑戦です。あきらめずに何度も必死な表情です。「Iちゃん優しいなあ。ボタンはめも、がんばってるね」と保育者に褒められると得意げな笑みを浮かべます。
　Jちゃんは着替えるたびに「これ、かわいいやろ？」と見せに来てくれます。そして、また服選びに夢中になります。たまにズボンをはき替えるのを忘れてしまうくらいです。Kくんは「こっちが前〜？」と保育者に確認しながら、少しずつ1人でも前や後ろがわかるようになりました。

　2歳児のHくん、Iちゃん、Jちゃん、Kくんは、それぞれ同年齢でも性格や発達の差により、着脱のスピードはさまざまです。保育者として必要な関わりは、無理やりさせるのではなく、自分でやりたいという意欲をもてるように言葉をかけたり、やる気になるまで待ったりすることです。そして、やる気になったらじっくり挑戦する時間をつくることです。はじめは1人でできなくても、大人がすべて手伝ってしまうのではなく、できないところだけ手伝って子どもに「自分でできた」という達成感を得られるようにします。そして、その喜びに保育者も共感することで、「もっと自分でやりたい」という、さらなる意欲につながります。

レッスン5　発達と人との関係性

　Iちゃんは、皆よりできることが多く、他児の手伝いまでしてくれます。さらに、「お姉ちゃんになりたい」という気持ちが強く、ボタンはめまでがんばります。向上心が豊かで成長が早い子どもは、ほかの子どもから憧れの存在になります。そして、「Iちゃんみたいになりたい」という他児の意欲を引き出してくれることもあります。このように、着脱だけではなく給食で苦手なメニューのときなどでも、他児を見て自分もがんばって食べようと思うきっかけになります。

　保育者は、手伝いすぎず根気よく待ち、他児との関わりのなかで意欲につながる言葉かけをすることが大切です。もっと成長したいと思う子ども自身が意欲をもって行動することが、その後の主体性につながっていきます。

4.　3歳児からの発達と人との関わり

1　3歳児の人との関わり

　3歳からはじめて園生活を体験する幼稚園の子どもは、特に家庭の生活との違いにとまどいます。集団生活である保育現場では、自己主張と自己抑制の間で、葛藤したり、けんかしたりする機会が増えます。このようなトラブルは、一見すると楽しくないので園生活では無益な経験だと考えてしまいがちです。しかし、幼児期は人と深く関わることで、楽しいだけではなく、時にはけんかして悩みながら友だちとのやりとりを繰り返します。そして、トラブルを解決する経験を積み重ねることによって、集団のなかでコミュニケーション能力を伸ばしていきます。

　しかし、3歳児は、会話を通じて言葉で表現する力も自己抑制力も、まだ未熟なため、子ども同士の関わりにおいて話がかみ合わなかったり、思いがぶつかったりすることがたびたび起こります。この時期に、保育者の援助として大切なことは、子どものもつイメージを言葉で表現する機会を多くすることです。時には未熟な言葉の表現を保育者が間に入り代弁することで、自分の思いの伝え方や心地のよい友だちとの関わり方を繰り返し経験させるようにしましょう。

2　4〜5歳児の人との関わり

　4〜5歳ごろになると、自分の思いや考えを言葉で表現できるようになり、相手の話を聞き、理解する力もついてきます。そして今まで友だちとぶつかったり、**けんかしたりした経験**をもとに、友だちとの関わり

参照
けんかの事例
→レッスン6　インシデント③

71

第3章　「人間関係」と指導法

方を考え、我慢したり待ったり譲ったりして、自分の気持ちや行動を制御できるようにもなってきます。

　このころの年齢になると、言葉を伝えたり理解する能力の向上を促すことは必要ですが、さらに他者の気持ちの理解や共感する心を育てていくことも大切です。そのために保育者が意識することは、子どもたちが関わり合いのなかで、深く相手の気持ちを考える機会をつくることです。もし、けんかがあったとしても、できるだけ保育者が仲介に入らず、あえて子ども同士で解決する経験をもてるようにします。その際は、放任するのではなく、子ども同士の関係を見守り、お互いに納得して解決できたか、ということやその後の関係を意識して観察していくことも大切です。

　また、保育者は遊びや生活のなかで、その子どものありのままを認め、ほめる機会を増やしましょう。もし、叱る機会があったとしても、その子ども自身の思いを認めたうえで、意図的にやってしまったことに対して叱るように心がけましょう。大人や仲間に認められ、自信をもつことが、子どもの居場所づくりと**自己肯定感**[*]につながっていきます。

　そして、保育者自身が、子どもたちにとって一緒に遊びたい、話がしたい、おもしろいと感じられ、憧れであり、魅力的な存在であることが大切です。さらに、クラス担任としては、子どもが大人の指示を聞くだけの保育ではなく、しっかりとした信頼関係のなかで子どもが主体的に行動ができるように導くことが重要です。保育をするうえで、けじめをつけることと威圧することは同じではないことに留意しましょう。

▊ 3 ▶ 異年齢での人との関わり

　集団保育の場は、さまざまな年齢の子ども同士の関わりが生まれます。**異年齢保育**[*]をとおして、子どもたちは交互に教え合い、学び合い、ともに育ち合うことができます。年下の子どもは、年上の子どもの姿を見て、学んだり憧れたり目標にしたりします。年上の子どもは、年下の子どもに思いやりの心をもって面倒を見たり、教えることによって自信をもてたりします。少子化により、兄弟姉妹がいない子が増えている現代において、保育の場で異年齢児と関わる意義は、とても大きいものです。社会性や協調性を育てるうえでも、積極的に縦割り保育としての異年齢保育を取り入れる園は増えています。

✳ 用語解説
自己肯定感
自分の存在が誰かに必要とされていて、価値があるものだと、自分を肯定する感情のこと。

✳ 用語解説
異年齢保育
縦割り保育ともいわれ、異なる年齢の子ども同士がグループを構成して活動を行う保育のこと。

演 習 課 題

①ふだんから、乳幼児の発達を意識して、子どもたちの言葉や行動での
やりとりの変化を観察してみましょう。

②子ども同士の関わりにおいて保育者は、どのようなことを意識してお
くことが大切でしょうか。子どもの年齢それぞれについてグループで
話し合ってみましょう。

③乳幼児は集団保育のなかで、どのような力が培われるのか考えてみま
しょう。

レッスン**6**

遊びで育つ人との関係性

乳幼児期は、一日の間で遊びに没頭して過ごす時間が多いことが理想です。子ども
は他者と関わって遊ぶなかで、楽しいだけではなく、時には悲しい・くやしいなど、さま
ざまな感情を抱きます。遊びのなかで大人や友だちと関わり、悩みながらも困難を乗り
越え、子どもたちがどのように育っていくかを学んできます。

1.　遊びと子どもの育ち

　「遊びとは何か」と大人に聞くと、多くの人からは「仕事ではない
ときの気分転換」という答えが返ってくるでしょう。大人にとっての
「遊び」とは、毎日の労働から解放される休日の息抜きという要素が
大部分を占めます。しかし、子どもにとっての「遊び」とは、何かの
目的のために行うのではなく、遊び自体が魅力的だから夢中になるの
です。また、さまざまな能力の発達を促進する意義もあります。

　たとえば、乳児は、ハイハイをすることで、立つまでのバランス感覚
や筋力などを発達させます。しかし、赤ちゃんは「歩くまでの練習をし
よう」と考えてハイハイをしているわけではなく、自分が思ったところ
まで移動することを楽しむ一種の遊びとして行っています。このように、
乳幼児は、遊びのなかで、体を動かすことによる身体的発達、考えるこ
とによる知的発達、大人や友だちなどの人と関わることによる心や社会
性を発達させていくのです。

　それでは、保育現場では、ただ子どもたちを遊ばせてさえいれば、心
身ともに発達していくのでしょうか。そうではありません。保育者が一
人ひとりの子どもの発達をとらえ、実態を把握したうえで、どのような
遊びがその子どもの興味を引き、夢中にさせるかを考える必要がありま
す。そのためには、保育者自身が子どもの遊びに関わり、子どもと一緒
に楽しみを共感していくことが大切です。

📖人物
ミルドレッド・パーテン
(Parten, M.)
1902～1970年
アメリカの心理学者。遊び
の発達段階に関する研究で
知られる。

2.　年齢に応じた遊びのなかでの「人間関係」

　遊びの社会的発達において、**パーテン**＊は次のような段階があること

レッスン6　遊びで育つ人との関係性

図表6-1	自由遊びにおける社会的交渉
①何もしていない行動	・そのときどきに興味をひかれるものを眺め、それがなければふらふらとする行動
②一人遊び	・一人で遊ぶ
③傍観者的行動	・遊びに加わらず、他児の活動を眺め、口出しするなどの行動
④平行遊び	・同じようなおもちゃを用いて遊ぶが、交渉をもたない
⑤連合遊び	・ほかの子どもたちと同じような活動に参加し遊ぶ
⑥協同（共同）遊びまたは組織化された遊び	・ほかの子どもたちと一つの活動に取り組む。役割を担うなどの組織化された遊び

を示しています[1]（図表6-1）。

　乳児期には、愛着をもった大人への関心が強く、他児が近くにいても、一人遊びが多くなる傾向にあります。しかし、2歳ごろになると他児に関心が出てきて、ほかの子どもの遊びを観察する傍観者的行動がみられるようになってきます。そして、3〜5歳ごろになると、他児との関わりが深まり、並んで同じおもちゃで遊ぶ**平行遊び**や、一緒になって同じ活動をして遊ぶ**連合遊び**を経て、一つの遊びのなかで個々の役割をもって遊ぶ**協同（共同）遊び**へと発達していくのです。

　保育という集団生活の場で遊ぶとき、他児を意識し関わることは多々あります。そのとき、他児が自分の遊びを邪魔する存在ではなく、「一緒に遊ぶと楽しい」「関わり合って遊ぶことで、こんなにすばらしいことができる」など、遊びのなかで、他児に対して仲間意識が感じられる経験をたくさんしていくことが大切です。保育者はこのような遊びのなかでの子ども同士の関わり方を理解したうえで、一人ひとりの発達に応じた遊びを促していく必要があります。

1　0・1・2歳児の遊びと人との関わり

①0歳児の遊び

　0歳児は、聞く・見る・触れるなどの諸感覚を使って感覚遊びを楽しみます。一人で遊ぶこともあれば、他者を意識したやりとりを楽しむこともあります。この時期の子どもに大切なことは、特定の養育者や保護者との安心感のなかで築かれていく愛着関係のもと、人との関わりをもつことが心地よいと感じられるようにしていくことです。愛着をもった保育者に対して関わりをもつことで、ハイハイをしたり、**喃語**＊を話したりと意欲的に発達していきます。

　そのため、保育者は子どもの発達に合わせ、心身の成長を促すような

▶**出典**
[1]　高橋たまき『乳幼児の遊び――その発達プロセス』新曜社、1984年、61頁

✳**用語解説**
喃語
母音だけではなく、「バブ」など子音を含む多音節の声を発すること。

75

ふれあい遊びを取り入れることが大切です。具体的には、目と目を合わせて歌ったり、話しかけたりしながらスキンシップをとるなど、安心で楽しい雰囲気をつくりましょう。音や形や色に興味を示すようになれば、ガラガラなどの好奇心を刺激する遊びで、首や体を動かしたくなるような関わり合いをすることが、寝返りやはいはいなどの意欲につながり、身体的発達を促進させます。

ハイハイやつかまり立ちなどの移動する力が育つと、子どもたちは、**愛着**をもった保育者を基地にして**探索行動**という遊びを活発に始めます。まわりの世界へ興味をもち、**指差し行動***にもつながっていきます。そして、関わりたいという意欲が旺盛になることで、心も体も飛躍的に成長していくのです。

インシデント①　お片づけ　（0～1歳児）

保育者が、「お片づけするよ！　お片づけ～♪お片づけ～♪」と歌を歌うと、玩具を片づけられるようになったAちゃんは、ハイハイで玩具をとりに行き、「あい！」と保育者に一つひとつ渡してくれます。Bくんにとってはお片づけも楽しい遊びの1つです。残っている玩具を見つけてはうれしそうにもってきてくれます。また、クラスのなかでも月齢の高いCくんは片づける場所も覚えているので、ちゃんとそれぞれの場所に戻してくれます。BくんとCくんは友だちの分も手伝ってくれます。保育者も一緒に片づけたり、もってきてくれたら「ありがとう」と声をかけたりします。

ハイハイをしているAちゃんは、片づける意味をまだ知りません。「お片づけ」の楽しい歌が始まれば、おもちゃを箱の中に入れる遊びが始まると思っています。「あい！」という声には、保育者と楽しい遊びをしているといううれしさがこもっています。愛着関係をもった保育者との関わりのなかで、何度もおもちゃを渡したいという意欲が、ハイハイという行動につながっています。

Bくんは、片づけられていないおもちゃを探し、見つけ出すことができます。Cくんは、おもちゃの場所を記憶していて片づけることができます。つまり、子どもにとっての片づけは、楽しみながら、認識力や記

参照
愛着
→レッスン5

探索行動
→レッスン5

＊用語解説
指差し行動
人さし指を立てて興味関心の対象にむける行動のこと。対象に対する好奇心から起こるもので、確認・理解したいという意欲的な行動。

憶力を促進させるものなのです。

このように、この時期の子どもたちは、保育者との関わりをとおして遊ぶことで、身体・情緒・認知または脳機能などを発達させていきます。保育者自身が行ってしまえばただの作業である片づけも、楽しい関わりのなかでは遊びになり、子どもの発達を促していきます。保育者は、子どもとの遊びの一つひとつが、さまざまな育ちにつながっていることを意識しながら保育していきましょう。

② 1〜2歳児の遊び

1歳ごろからは、歩行だけでなく、少しずつ手指も発達し、ものを使った遊びを行うようになります。はじめのうちは、ものの変化を楽しんでいるので、積み木などは積むよりも、崩すことの音、感触、視覚的な変化を楽しむものです。やがて保育者や他児が、積み木を積んでいる様子を見て、自分もやってみようとする姿が徐々に出てきます。

このとき、保育者は子どもが楽しんでいる遊びに共感し、豊かな言葉と表情で、たくさんの関わりをもって充実した遊びを経験させることが大切です。保育者と一緒に、ままごとや積み木やブロックなどの遊びの楽しさがわかってくるうちに、1人で夢中になって遊ぶようになっていきます。

集団保育では、一人ひとりが安心して遊び込める環境づくりが大切です。しかし一方で、他児に関心をもち、遊びのなかでも関わりをもとうとする時期でもあります。1歳半ごろからは、自我が芽生え、自己主張も強くなり、遊びのなかでもぶつかり合いが頻発します。保育者は言葉でうまく伝えられない子どもの仲介役になりながら、遊びの空間で友だちと一緒にいることが楽しいと思える雰囲気づくりを行いましょう。

具体的な遊びとしては、ままごとなどの**見立て遊び**[*]が行われるようになります。たとえば1人が、ハンカチをかぶって楽しそうにお母さんのまねをすると、それを見た他児も、「ぼくも」「私も」と一緒のことがしたくなり、気づくとみんなでハンカチをかぶって笑い合っているような姿もよくみられます。このとき、保育者はハンカチの数に余裕をもって準備をしておき、取り合いにならないように間に入りながら、みんなが満足して楽しい遊びが共有できるように心がけることが必要となります。

インシデント② 行ってきまーす！（2歳児）

Dちゃんは自分のイメージしたものをおもちゃを使って表現することが大好きです。ウレタン積み木で車を、リングでハンドルを、

※ **用語解説**
見立て遊び
バナナを携帯電話の代わりにするなど、身近なものを何かに見立てて遊ぶこと。

筒でアクセルをつくり、人形を一緒に乗せて、イメージを具体化しています。それを友だちのEちゃんが見ています。Dちゃんは、出来上がった車に、「後ろに乗ってくださーい」と言って、Eちゃんを後部座席に乗せて満足げです。お出かけしたときのことを思い出しながら、2人は「行ってきまーす」と出発しました。リングを左右に動かし車を運転して遊んでいます。少しずつ、お互いのつくったものを意識して模倣したり認め合うようになり仲間意識が芽生えています。

　このころの子どもは、部屋にあるおもちゃを組み合わせて、別のものに見立てて遊ぶことが大好きです。たとえば、縄跳びを使った電車ごっこ遊びなどは、想像する力が育ってきている証拠です。Dちゃんは、座る部分やハンドルなど、さまざまなおもちゃを組み合わせて車をつくりました。そのイメージのもとは、家族とお出かけした楽しい思い出です。イメージをEちゃんと共有することで、クラスの友だちとのつながりも深まってきます。気の合う友だちをつくることで、園生活もより楽しいものとなっていくのです。

2 3歳児からの遊びと人との関わり

①言葉が未熟な子どもとの関わり

　3歳児になると言葉のコミュニケーションも徐々にうまくなり、他児と関わり合う遊びも多くなってきます。とはいえ、突然、協力して遊び始めるというわけではありません。3歳の時点では、思いを伝えたり、相手を理解する力はまだまだ未熟です。保育者も一緒に遊びに入りながら、子ども同士をつなぎ合わせたり、ぶつかり合う子ども同士の仲介役になる必要があります。しかし1～2歳児のときの仲介とは違い、暴力でのけんかになりそうなときや、どうしても言葉で伝えきれないときなどのあくまでもサポート役として、そばで見守るといった立場でいることが大切です。

インシデント③　私の！（3歳児）
　Fちゃんは、ほかの友だちに名前を呼ばれ、使っていた玩具を置きっぱなしにして、その場を離れてしまいました。それを知らずに、Gくんがその玩具で遊びだしました。戻ってきて、自分の玩具が取られたことに気づきどう説明していいか混乱したFちゃんは、「私の！　私の！」と玩具を引っぱって、取り返そうと泣き叫びます。

Gくんは、Fちゃんが横取りしようとしているように感じ、けんかになってしまいました。
　保育者は少しの間見守ったあと、子どもだけでの解決が難しそうだと判断し、仲介役としてお互いの話をよく聞きました。そして、状況を理解したうえで、「さっきまでFちゃんがこの玩具を使っていて、少しの間だけ、ここに置いていただけなのね」「Gくんは、Fちゃんが遊んでいたことを知らなかったんだね」と2人の伝えたいことを代弁し、落ち着いて相手に言葉で伝えればわかってもらえることを話しました。すると納得したようで、2人は仲よく遊び出しました。

　FちゃんとGくんのどちらも悪気はありません。Fちゃんは、突然のことで自分の思いを言葉で説明できず、「このままでは自分の使っていた玩具がGくんにとられてしまう」という焦りから、玩具を引っぱって取り返すという行動をとったのでしょう。
　3歳ごろになると、自分の気持ちを相手に伝える方法を人との関わりのなかで少しずつ学び始めます。まだうまく伝えられないので、自分の欲求が通らないときに、気持ちがぶつかり合い、けんかになることも頻繁にあります。
　ここで、インシデント③の下線「見守った」という部分に着目してみましょう。毎回、保育者がけんかになる前に止めに入ったのでは、自分たちで交渉したり、折り合いをつけたり、仲直りしたりする方法を身につけることができません。3歳ごろのけんかをとおして人との関わりを経験し、4歳ごろには相手の気持ちが少しずつわかるようになり、さまざまな人と関われる社会性を身につけていくのです。
　子ども同士の口げんかの場合は、保育者として、まずは状況を見守る余裕をもてるようにしましょう。そして、子どもだけでの解決が難しそうであれば、上手に伝わらないもどかしさから暴力に発展する前に仲介に入りましょう。仲介で大切なことは、双方の話を平等に聞くことです。たとえば、玩具を横取りするような子どもがいたとしても、横取りした側の子どもを一方的に責めて叱るだけのような終わらせ方は望ましくありません。取られた子どもには「遊んでいたのに、急に取られて悲しかっ

たね」、横取りした子どもにも「楽しそうな玩具だったから貸してほしかったんだね」などと、双方の子どもの気持ちに共感したうえで、子どもたちが主体的に解決策を導き出せるような言葉かけをしたり、子ども同士がゆっくり話し合える環境をつくったりすることが大切です。

②ほかの年齢の子どもとの関わり

　4〜5歳になるとお互いの気持ちを伝え合う力がどんどん発達してきます。遊びにおいては自分の遊びたいイメージがあったとしても、友だちのイメージがそれと異なるなら自分の思いを押し通すだけでなく、話し合ったり、妥協案を出したりと自分を抑制しながら柔軟な対応がとれるようになってきます。この時期の子どもたちは、協同遊びとして役割分担し、ともに協力しながら一つの遊びに集団で参加できるようにもなってきます。

インシデント④　川をつくろう　（4〜5歳児）

　園庭に、プールの水を流して川づくりをしました。5歳児のHくんは、太いホースから勢いよく出る水が、だんだん川の流れに変わっていくことに大興奮です。「こっちに流れるようにしよう！」と、足で地面に筋をつけていきます。「Ⅰも一緒にやって！」と友だちの5歳児のⅠくんにも手伝ってもらえるように頼みました。「わかった！」とスコップをもってきて、水の道をつくり始めるⅠくん。「おお、それいい！」とHくんもスコップをもってきて、一緒になって川をつくっていきます。

　そこに、4歳児のJくんとKくんも「一緒に入れて」と参加してきました。HくんとⅠくんは、もっていたスコップをJくんとKくんに貸してあげました。そして、4人で話し合い、川を分岐させることになりました。HくんとⅠくんの川の流れと、JくんとKくんの川の流れが分かれて流れ始めます。そして、すべり台の下にきたとき、「この下に流れるようにしよう」というHくんの新しいアイデアに、「いいねえ」とⅠくん。すべり台をトンネルにして、川が流れていく様子を見て、JくんとKくんは「HくんとⅠくん！やっぱりすごいなあ！」とお兄ちゃんたちのアイデアに驚きの声です。2つに分かれていた川は再び合流しました。そのとき、合流して1本になった川が思ってもいない方向に流れ出しました。「わー！大洪水だー！」と4人は、慌てました。「これ使ったらどう？」と石でせき止めようとするHくん。石だけでは漏れ出す水は止まりません。「じゃあこうしよう！」と石の間にどろを積み始めるⅠくん。

レッスン6　遊びで育つ人との関係性

ほかの3人も必死になってどろを集めてきて、ようやく川は思った方向に流れを戻しました。その後、川は園庭の低いところにたまり、「海になったなぁ」と満足そうな4人でした。

　5歳児クラスのHくんとIくんから始まった川遊びの事例です。Hくんは自分の考えをIくんに伝え、それをIくんは快く受け止めています。さらに、Iくんはスコップを使うというアイデアを出し、Hくんは、それを認めています。お互いに認め合い同じ目標をもった遊びを楽しんでいます。

　4歳児クラスのJくんとKくんは、年上の2人が行っている遊びに憧れをもって参加してきました。4人になってもお互いを認め合いながら話し合い、4人で役割を分担し、遊びを展開しています。同じ目標をもち、達成したときにその喜びを共有することで、協力することの心地よさを感じます。そして、一人でできないことも、みんなで力を合わせれば大きなことができると、仲間のすばらしさを実感していきます。石やどろで水をせき止めているとき、意見を出しながらも人の言葉にも耳を傾けている姿は、協同遊びのなかで、人と関わる力を育んでいることを表しています。

　この4・5歳の**異年齢***での遊びのなかで、4歳児はスコップを貸してもらうなど思いやりの気持ちを受けます。そして、すべり台の下に川を通すことや、石やどろを使って川を修復することなど、5歳児のアイデアに憧れをもち、自分たちも5歳児を目標にして成長したいと意欲的になっています。また一方で、5歳児は4歳児に教えたり、思いやったりすることで自信をもつことができ、年上としての自覚をもって意欲的に活動に取り組んでいます。このように異年齢で関わり遊ぶことにより、相乗的な育ちが期待できます。

　集団で1つの目標をもって遊ぶとき、バラバラな意見がぶつかり合うばかりでは楽しくありません。子どもたちは、協同遊びを繰り返すなかで、自分の意見を一方的に出すだけでなく、友だちの思いを受け入れ、互いに受容し合うことの大切さを学んでいくのです。そして、自分の考えを受け入れてもらえた喜びや、役割をもち仲間の役に立った満足感のなかで、友だちとともに達成する充実感を経験します。このように、集団のなかで人と関わることによって、「自分は人の役に立っている」、存在価値があると感じられることが**自己肯定感**につながり、さらには社会性を身につけることになります。

　保育者は、目立つ子どもばかりが活躍する協同遊びだけではなく、人

※ **用語解説**
異年齢
年齢が異なること。異なる年齢の子どもを一緒に保育することを異年齢保育という。
→レッスン5

参照
自己肯定感
→レッスン5

81

との関わりに自信のもてない子どもが役割をもてるような機会をつくることも大切です。人と関わることが苦手な子どもが、集団のなかで輝ける自分を感じ、存在価値や居場所を見いだせることは、就学後の人間関係においての大きな糧になります。

演 習 課 題

①実際に子どもが遊んでいる様子を見てみましょう。乳幼児同士の関わり方や様子、どんな話をしているか意識してみましょう。

②さまざまな遊びのなかで、子ども同士や保育者と子どもがどのように関わって成長しているのか、子どもの年齢それぞれに対してグループで話し合ってみましょう。

③協同遊びや自己肯定感を育む遊びとはどのようなものか、具体的な遊びをイメージして考えてみましょう。

参考文献………………………………………………………………………………

レッスン5

　岡本夏木　『幼児期』　岩波新書　2005年

　厚生労働省　「保育所保育指針解説書」　2018年

　文部科学省　「幼稚園教育要領解説」　2018年

　文部科学省　「幼保連携型こども園教育・保育要領解説」　2018年

レッスン6

　咲間まり子　『保育内容「人間関係」』　みらい　2013年

　森上史朗・小林紀子・渡辺英則　『保育内容「人間関係」』　ミネルヴァ書房　2009年

　矢野正・柏まり　『保育と人間関係』　嵯峨野書院　2012年

<u>おすすめの1冊</u>

神田英雄『育ちのきほん──0歳から0歳』　ひとなる書房　2008年

　本書では、乳幼児期の年齢ごとに、子どもの行動とその背景にある心の発達を大変わかりやすく解説している。保育者だけでなく、子育て中の親にもおすすめの1冊である。

第4章

「環境」と指導法

本章では、領域「環境」と指導法について学んでいきます。保育の環境には
人的環境・物的環境・自然環境があります。それぞれの環境がどのように子ど
もとかかわっていくのかについて理解しましょう。

レッスン7　発達にふさわしい人的・物的環境

レッスン8　自然環境と子どもの育ち

レッスン7

発達にふさわしい人的・物的環境

保育現場において、保育者は日々の子どもの発達を把握し、さらなる成長を促していきます。そのためには、保育者が子どもの育ちに見通しをもち設定した環境のうえで、保育を実践していくことが大切です。本レッスンでは、乳幼児の発達年齢にふさわしい人的・物的環境について学びます。

1. 領域においての「環境」のとらえ方

　近年、子育てをめぐる地域や家庭の状況が変化し、多くの3歳未満児が保育を必要とするようになっています。そのため、保育所や認定こども園では、とくにこの時期の保育を「保育所保育指針」において、より積極的に取り組んでいくことが必要とされています。特に、乳児から2歳児までは、周囲の人やもの、さまざまな環境との関わりのなかで、自己という感覚や自我を育てていく大切な時期です。

　2018（平成30）年施行の「保育所保育指針」「**幼稚園教育要領**」「幼保連携型認定こども園教育・保育要領」では、保育内容のなかで、身近な環境との関わりに関する領域「環境」として、乳児・満1歳以上3歳未満児・幼児の発達に応じて、それぞれに以下のような「ねらい」を定めています[†1]。

> **乳児（1歳未満児）の「身近なもの関わり感性が育つ」のねらい**
> ①身の回りのものに親しみ、様々なものに興味や関心をもつ。
> ②見る、触れる、探索するなど、身近な環境に自分から関わろうとする。
> ③身体の諸感覚による認識が豊かになり、表情や手足、体の動き等で表現する。
>
> **満1歳以上3歳未満児の「環境」のねらい**
> ①身近な環境に親しみ、触れ合う中で、様々なものに興味や関心をもつ。
> ②様々なものに関わる中で、発見を楽しんだり、考えたりしようとする。
> ③見る、聞く、触るなどの経験を通して、感覚の働きを豊かに

◆補足

幼稚園教育要領
幼稚園教育では、3歳以上児の環境のねらいのみになる。

乳児の「ねらい」
2018年施行の「保育所保育指針」より、乳児の「ねらい」に関しては5領域ではなく、「健やかに伸び伸びと育つ」「身近な人と気持ちが通じ合う」「身近なものと関わり感性が育つ」の3つの視点となった。そのため、ここでは「身近なものと関わり感性が育つ」（5領域の「環境」に対応）のねらいを紹介している。

▶出典

†1　内閣府「幼保連携型認定こども園教育・保育要領」第2章「ねらい及び内容並びに配慮事項」2017年

する。

3歳以上児の「環境」のねらい

①身近な環境に親しみ、自然と触れ合う中で様々な事象に興味や関心をもつ。

②身近な環境に自分から関わり、発見を楽しんだり、考えたりし、それを生活に取り入れようとする。

③身近な事象を見たり、考えたり、扱ったりする中で、物の性質や数量、文字などに対する感覚を豊かにする。

　このように、保育所・幼稚園・幼保連携型認定こども園の環境において大切なことは、生活をとおして園児がさまざまなことに興味をもち、充実感や満足感を体験できるような環境づくりをしていくことです。それぞれの年齢別のねらいをみると、"満1歳以上3歳未満児の環境のねらい"から「考えたり」という記載が、"3歳以上児"から「自分から関わり」という記載があります。これは、"乳児"から環境に興味・関心をもつことで、さまざまな事物に主体的に関わり思考する子どもを育てることを意味しています。特に、保育者が意識する必要がある保育環境には、人との関わりとしての人的環境・ものとの関わりとしての物的環境をはじめ、自然との関わりとしての自然環境があります。どれか1つが欠けるだけでも乳幼児の成長に大きな影響があります。それぞれの意義を理解したうえで、環境を設定し保育を計画することが重要です。本レッスンでは、人的・物的環境について学び、自然環境については次のレッスン8で学ぶことにします。

　さらに、「幼児教育において育みたい資質・能力」については、「知識及び技能の基礎」「思考力・判断力・表現力等の基礎」「学びに向かう力、人間性等」の3つの柱に分けられています。保育内容「環境」においても教育的な内容を踏まえ、子どもたちの主体的な活動である遊びや生活のなかで、こうした資質・能力を一体的に育んでいくことが必要です。

2. 乳幼児が関わる人的・物的環境

　子どもは、遊びや生活をとおしてさまざまなことを学び、成長していきます。まわりの環境に興味をもち関わることで、たくさんの経験をして、感じたり、考えたりすることが大切です。子どもたちが関わりをもつ対象としては、まず人としての環境（**人的環境***）である養育者や保

✳ 用語解説

人的環境
乳幼児に関わる人としての環境。保育者、保護者、友だちなどをいう。

第4章　「環境」と指導法

✳ 用語解説
物的環境
子どもが遊びや生活で使用
するものとしての環境。机、
ハサミ、粘土、靴箱などを
いう。

育者、そして、思いをぶつけ合ったり、けんかしたりする友だちなどで
す。道具などのものとしての環境（**物的環境**✳）は、子どもの好奇心や
探究心、創意工夫を促す遊び道具や主体的な生活につながる場である必
要があります。人的環境や物的環境は、保育者が目の前の子どもの年齢
に応じた発達や、そのときの子どもの様子、集団生活としての状況など、
さまざまなことを把握したうえで環境設定していく必要があります。こ
こからは、発達に応じた環境について、乳児と幼児に分けて説明してい
きます。

3.　3歳未満児の遊びと生活においての環境

1　人的環境としての保育者や他児

　生まれてまもない乳児は、自分のまわりの世界に接することでさまざ
まなことを理解していきます。人との関わりとしての養育者や保育者と
の直接的なやりとりをとおして、将来の土台となる情緒面が育つので
す。8か月ごろには、人を見分けることができるようになり「**人見知り**✳」
につながります。このころは**愛着**という信頼関係を育んだ特定の保育者
との間で育まれた情緒の安定をもとにしてさまざまなものに興味を示し
て**探索行動**を行います。この人的環境においての信頼感があることで積
極的にまわりの環境に関わっていくことができるのです。

✳ 用語解説
人見知り
生後6か月ごろから始ま
る見慣れない者が近づくと
微笑を示さなくなり、さら
に恐れを示すようになる反
応。

参照
愛着
→レッスン5

探索行動
→レッスン5

　1～2歳では自我が目覚め、他児に興味をもち関わろうとします。しかし、
関わり方が、まだ未熟なためトラブルも起こりやすい時期です。保育者は、
子ども同士のぶつかり合いを回避させながら他児と一緒にいる空間が、安
心で心地よい場所だと感じられる雰囲気づくりを心がけましょう。

2　物的環境を整える
①成長に合わせた玩具を用意

　乳児は生後3か月ごろになると、目の前にあるものに対して手を伸ば
し、つかんだり、口に入れたりして遊ぼうとするため、清潔な遊び道具
を用意しておく必要があります。特に0歳児においての遊び道具は、視
覚、聴覚、触覚などの感覚の発達を考慮したものがよいでしょう。さら
に、手指の発達を促すような「にぎる」「つまむ」などの動作が意欲的
に行えるような玩具で、保育者の関わりをとおして繰り返し遊ばせてあ
げることが大切です。また、乳児のころは取り合いにならないように玩
具の数を準備するなど一人ひとりが安心して遊び込めるような物的環境

86

レッスン7　発達にふさわしい人的・物的環境

を準備しておくことも必要です。

② 「動」と「静」の環境を分ける

　生活環境については、ハイハイをしていて心地よい床の素材や身体能力を高める斜面づくりなど、動きを楽しむ「動」の環境と、ゆっくり遊び込める「静」の環境を分けて設定するようにしましょう。そして、誤飲やぶつかって危険な箇所はないか、心地のよい気温・湿度であるかなど、乳児の保育に関しては特に安心と安全に心がけた環境設定が大切です。

インシデント①　ままごと遊び　（1歳児）

　Aちゃんは、エプロンと三角巾を身につけ、人形を寝かしつけ「ねんねしましょうね」と話しかけたり、一緒にお出かけしたり、お母さんにしてもらっていることを、まねして楽しんでいます。Bくんは料理をつくったり洗い物をし、積み木を携帯電話に見立てて電話をし、「ご飯は何にしますか」などと大人の口調をまねて会話をしています。

　1〜2歳ごろのごっこ遊びは、自分が記憶しているイメージを思い出して遊ぶことから始まります。Aちゃんは、自分が大好きなお母さんに憧れ、どんなことをしていたか思い出しながら、そのまねをすることを楽しんでいます。Bくんは、お父さんのまねをしているようです。

　この時期は、まだ友だちと一緒に遊ぶというよりも、他児のやっていることを意識し興味をもったことをまねします。友だちが楽しそうに遊んでいる見立て遊びをまねしたくなります。すると他児がもっている玩具がほしくなります。まだ、思いを伝える力も相手を理解する力も未熟なため、ほしい玩具を思いのまま奪い取ろうとしてしまうことがあります。このころにかみつきや引っかきが多くなるので、子ども同士で取り合いにならないように玩具の数に余裕をもたせるといった物的環境を設定します。そして、徐々に子ども同士が関わりをもって遊べるように、保育者が間に入りながら「友だちと一緒は楽しい」と思える時間を増やしていきます。

　このように、保育者からの仲介による手助けを受けながら他児を意識し、認め合い、遊ぶ経験を繰り返すことが、人と関わる遊びにつながっていきます。ものとしての玩具の環境として大切なことは、この事例のように、ままごと遊びで使えるようなエプロンや人形、料理の道具などの玩具をままごとのコーナーに集めて環境設定し、どんどん遊びが広が

るよう促すことです。そして、床に座って遊ぶ積み木やブロックをままごとと分けて遊べるようにすることも大切です。お母さん役を演じて動くごっこ遊びと、静かに積み上げる積み木遊びが邪魔し合う環境設定では、お互いの遊びに没頭することができないからです。

保育者、友だちなどの人的環境と、玩具などの物的環境を意識し、保育を計画していくことが、遊びのなかで子どものさまざまな育ちを促すことにつながります。

3　三項関係と保育者の関わり

神田は、子どもの発達にとって重要なことは三項関係の成立であると述べています[†2]（図表7-1）。子どもは、興味深いものを見つけると、養育者などの安心できる大人に、それを知らせるようになります。この興味をもった対象物・大人・子どもの三項関係をもとにして関わることで、発達のもとになるさまざまな能力や感情を身につけていくのです。

たとえば、言葉の獲得では、興味をもっているけれども、まだ言葉としては知らない対象物（車）を指差し、大人を振り返ります。そのときそばにいた大人が「ブーブーだね」と言うと、言葉を獲得する機会をもちます。さらに、そのものに対して、「ブーブー格好いいね」と子どもに伝えたとき、大人が笑顔であれば「ブーブーは素敵なものなのだ」と、その言葉においての感情も獲得することができます。また、対象物を見つけたとき、それを伝えようと大人を振り返ることで気持ちの落ち着きにもつながります。

このように、物的環境としての対象物と人的環境としての保育者と子どもの三項関係をもとにして言葉・感情・落ち着きを獲得します。保育現場で身近な大人である保育者は、子どものそばで同じものを見て、子

> **出典**
> [†2]　神田英雄『育ちのきほん――0歳から6歳』ひとなる書房、2013年

図表7-1　三項関係

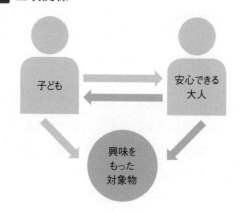

どもの興味と関心に共感することが大切です。

4 ▶ 0・1・2歳児の主体性を考えて

①子どもの意欲にこたえる環境づくり

遊具は、0・1・2歳児にとって、魅力的で思わず主体的に関わりたくなるような色や形・大きさであることを考えた物的環境として用意しましょう。また、徐々にですが、片づけが手伝えるようになったときには、入れやすく出しやすい大きさや形のおもちゃ箱を準備する必要があります。そして、人的環境である保育者が発達に合わせて環境を構成したり、一緒に遊んだりして、目の前の子どもたちの欲求にこたえ、意欲的に遊びたくなるようにすることが大切です。

②子どもが自分でできる環境づくり

生活において、保育現場の手洗い場やトイレなどが子どもにとって使いやすいサイズになっていることにも意味があります。できるだけ保育者の手助けなしで子どもたちが生活できるように環境が設定されているのです。そのうえで、子どもが自分でできたことへの達成感を感じられるように、保育者は手伝いすぎず見守りながら必要に応じて援助するようにします。このような保育者の関わりで、子どもは自分でできることを増やしていきます。そして、自分で考えて行動し意欲的に活動することで、主体性を育んでいくのです。

インシデント② 指先遊び （2歳児）

指先を器用に動かせるようになってくるこの時期、粘土やシール貼り、折り紙、糊付け、ハサミ、洗濯バサミなど指先を使った遊びを楽しんでいます。そのなかでも、子どもたちが興味津々なのは、スプーン・はし遊びです。スプーンの**三指持ち**ができている子どもから順にはしに挑戦します。最初は丸い玉をはしにのせて、人形の口に「あ～ん」と一つひとつ慎重に食べさせてあげるCちゃんです。しかし、途中で疲れたようで、おわんごと口に運ぶしぐさをみせてくれて担任2人で大笑いしました。遊びでスプーンを使って黙々と人形に食べさせているDくんは、はしに憧れています。給食中も「こう?」とスプーンのもち方を保育者に確認し、少しずつ三指持ちができるようになってきました。

◆補足
三指持ち
はしやスプーンをにぎるようにもつ持ち方に対して、正しく親指、人さし指、中指でもつこと。2歳くらいからこの持ち方ができる子どもが増えてくる。

この事例では、遊びをとおして子どもの指先の発達だけではなく、いすに座り集中して取り組む力や、ふだんの給食でスプーンを上手にもち

たいという意欲を促しました。まだ、はしを使い慣れていないＣちゃん
は、つまむことはできませんが、はしの先っぽに上手にのせた丸い玉の
玩具を１つずつていねいに運んでいきます。がんばりすぎて途中で集中
力がきれても遊びなら大丈夫です。

　急に給食にはしを取り入れるのではなく、まずは遊びのなかに取り入
れることで、子どものペースに合わせることができ、楽しみながらはし
の使い方を覚えていけるのです。はし遊びでつまむものはできるだけツ
ルツルすべるものではなく、つまみやすい形やさまざまな大きさのもの
を物的環境として準備することが大切です。

　Ｄくんは、はしを使って遊んでいるＣちゃんに憧れ、自分も早く使え
るようにと毎日の給食でのもち方も意識するようになっていきます。こ
のように、はしを遊びに取り入れるという物的環境や、保育者との関わ
りや他児を意識するという人的環境のなかで、子どもはさまざまな活動
に意欲をもち、主体的に取り組むようになります。

4．3歳以上児の遊びと生活においての環境

1 人的環境としての保育者や友だち

①保育者や友だちとの関わり

　保育者は毎日の保育のなかで、子どもたちと接することが多く、特に
担任は、クラスの雰囲気をつくる存在であるといっても過言ではないで
しょう。園生活に不安を感じている子どもに寄り添い、心の寄りどころ
になることも保育者として大切な役割です。

　子どもたちは、保育者の言動をよく見ています。大人としてよい見本
になるように日々意識する必要があります。また、３歳以上児ともなる
と、友だちとの言葉でのやりとりもできるようになります。言葉を使い、
自分の思いを伝えたり、友だちの思いを受け入れたりしながらともに遊
び、生活するようになっていきます。

　このように、友だちや保育者という人的環境のなかで、人格は形成さ
れます。そして、自分より年下の園児を思いやり、年上の園児に憧れを
もつなど、人との関わりのなかで心を育てていくのです。

②さまざまな人との関わり

　３歳以上になると、信頼関係のあるクラスの友だちや担任を自分の居
場所にしながら、新たな人と関わりをもつことが大切になります。クラ
スの限定した人間関係にとどまらず、さまざまな人と関わりをもつ機会

は、就学後に主体的に新しい友だちなどとのコミュニケーションのとり方を習得することにもつながります。

　クラス以外の関わりとしては、ほかのクラスの先生、園長先生、給食室の調理員、地域の人など、さまざまな人がいます。たとえば、毎日おいしい給食をつくってくれる給食室の調理員に今日の献立を聞きにいったり、園のリーダーとして全園児を見守ってくれている園長先生に避難訓練での注意事項を教えてもらったりするなどの機会をつくります。そして、さまざまな人の存在に気づき、自分たちだけで生活しているのではなく、さまざまな人に支えられているという感謝の心をもてるように促していきます。

　そのために、保育者は散歩で近所のお店の人と関わる機会や、ほかのクラスと異年齢で交流する機会、栽培物を給食で使ってもらうなど、クラス以外の人との関わりを考慮したうえで保育計画を立てていく必要があります。

2 物的環境を整える

①子どもの意欲を高める環境づくり

　子どもたちは遊びや生活のなかで、さまざまなものに出会います。伝承遊びや運動遊び、ごっこ遊びなどを仲間とともに行うなかで、道具の扱い方や応用して遊ぶ力も育っていきます。

　このようなことを考慮して、遊びのきっかけになるものや子どもの発達より少しだけ難しい遊び道具を用意することで、意欲や技能向上につながっていきます。また、仲間同士のコミュニケーション力を育てることに視点を置いて、道具の数を子どもの人数より少なめに用意して、道具の貸し借りをさせたり、使う場所を指定することで順番を決めたりするなど、話し合いが必要になる物的な環境を構成していくことが大切です。

　さらに、3歳以上になると手先が器用になり、使い方に注意する必要がある工作のハサミやクッキングの包丁、木工のトンカチなどの大人が使う道具が扱えるようになってきます。保育者と一緒に使い方を覚えるところから始め、徐々に使いこなせるようになっていくことで、さまざまな道具を使って自由な発想のもとで主体的にものづくりが楽しめるようになります。また、その道具の危険性を理解したうえで、使いこなす体験をすることで、その経験を糧に自分で考え危険を回避し行動できるようになります。そのような問題解決力を育てることは、その後の**生きる力***の基本を培っていきます。

✳ **用語解説**
生きる力
2011（平成23）年度から実施されている「学習指導要綱」で提示された基本理念。

インシデント③　廃材製作　（5歳児）

　子どもたちに、捨てるような廃材が家にあれば園にもってくるように伝えると、次の日からお菓子の紙箱や空き缶、プラスチックケースなど、いつもはごみとして扱っている廃材を毎日うれしそうに園にもってきます。集まった廃材を目の前に「これで、何がつくりたい？」と投げかけると、子どもたちで話し合いをし、「スーパーロボットがつくりたい！」とワクワクの表情です。「頭にアンテナをつくりたい」「目を丸くして望遠鏡みたいにしよう」「首が回るようにしたい」など子どもたちは、それぞれのイメージをもち、それを実現するには、どうすればよいか試行錯誤しながら完成させていきます。自分だけのスーパーロボットをつくり上げた子どもたちはとても満足げでした。

　洗濯バサミやハンカチなどの生活用品や空き箱や、ペットボトルのような廃材も、子どもたちの発想を広げるのに役立ちます。通常の使い方だけではなく、さまざまなアイデアで使い方を工夫したり、組み合わせて製作遊びをしたりすることで、想像力を育みます。

　事例では、まず家庭と園が、つながりをもつことで、子どもたちが日ごろの生活のなかで捨てていたものに興味をむける機会をつくっています。園で用意したものを指示された通りにつくる製作活動と違い、家から考えをめぐらせながら廃材をもち寄り、つくりたいものを自分たちで「ロボット」と決めました。すべてが用意された環境ではなく、自由度の高い環境のなかでは、子どもにとって思い通りにいかないこともたびたび起こります。そのとき、失敗したりしながらも、頭を悩ませて自分で解決しようとする意欲と、時間をかけて解決できたときの喜びと自信は、成長していくうえで大きな糧となります。

　このような活動は保育者にとって計画通りにいかなかったり、想定外な結果になることもあるので敬遠してしまいがちです。しかし、子ども自身が主体的に思考し行動することで、問題解決力を育むような環境を設定し保育を計画していくことが重要です。

②数量や文字などに関わる環境づくり

　遊びだけではなく、日常生活や社会のなかで数量や図形、簡単な標識や文字に興味・関心をもって意欲的に関わることができるように、環境を構成していくことも大切です。

　たとえば、横断歩道を渡る経験をすることで、道路に描かれているハ

シゴのような図形が「横断歩道」といって、人が渡れる場所だということを理解する機会をもちます。また、消防署などの施設に行く機会をもつことで、救急車や消防車がどのような模様で、どのような施設に待機しているかなど、近隣の生活環境に関心がわくような散歩も計画していきましょう。数量においては、給食で子どもたちが配膳当番をするときなどに、「おだんごは1人3つ」「牛乳はコップの半分くらいまで入れる」と声をかけるなど、食べ物の数や飲み物の量を意識する機会をつくったり、数量を使って遊べる玩具を用意したりすることもできます。

　ここで保育者として留意しておきたい重要なことは、数量や文字を勉強として教え込むわけではないということです。子どもが日常生活のなかで「数えたい」「読みたい」「知りたい」などと興味・関心をもった意欲にこたえるように、保育者が寄り添って伝えることが大切です。その知的好奇心をもとにした意欲が、のちの小学校での教科教育の学習意欲にもつながっていきます。

3　子どもの主体性を考えて

　3歳以上になると保育者の手助けなしで、子どもたちだけでできることも増えてきます。遊びであれば、自分がやりたいときに使いたい道具や材料、場所などが物的環境として用意され、夢中になって自由に遊び込めるようにすることが大切です。また、生活のなかでは食事の準備などを保育者の手助けを待つことなく、子どもたちだけで積極的に行えるような、道具の配置などの環境を設定することも、子どもに主体的な活動を促すことになります。

　遊びでも生活でも仲間と協力することができるようになってきます。クラスを班分けして、班の仲間と責任感をもって給食当番をすることなどで、自分の役割を意識し主体的に行動できるようになります。保育者が、このように物的環境と人的環境を意識して保育することで、子どもの主体性を育てていくことになります。

インシデント④　あこがれの竹馬　（5歳児）

　園庭で年長児が竹馬に取り組んでいます。昨年の年長児がしていた姿を見て、憧れを抱いていたのでしょう。竹馬を見ると「乗りたい！」「やりたい！」と大興奮の子どもたち。大人が竹馬を支えながら取り組みを始めています。はじめは、「足が痛い」といっていた子どもが、今は足が痛くても弱音を吐かず、「まだがんばる！」「もう一回したい！」と根気強く練習しています。少しずつ感覚をつか

み、大人が手を離すと何歩か1人で歩けるようにもなってきました。そのときの子どもたちの表情はとてもうれしそうで、自信に満ちあふれています。乗れるようになった子が、がんばっている友だちに「がんばれー！」「勇気をだしたらできるよ」と応援したりアドバイスしたりする姿もみられました。

この事例での、竹馬に乗りたいという意欲の源は、あこがれです。まだ、自分たちが4歳児クラスだったときに、あこがれの5歳児が乗っていたものが竹馬なのです。その竹馬を使うことができるようになった満足感は、最年長クラスになった証です。さらに、それを乗りこなすことができるようになれば達成感と自信を得ることができるのです。足をすりむいて痛くてもあきらめないのは、保育者の支えと、仲間も一緒にがんばっていること、そして何より今の自分よりもっと成長したいという目標をもっているからです。

5歳児にもなると、他児の気持ちが理解できるようになってきます。友だちが竹馬に乗れないときの気持ちと、自分が乗れなかったときの気持ちを重ね合わせ、相手に共感できるようになってきます。そして、応援したり、教えてあげたり、ともに喜んだりする心の育ちにつながっていくのです。

また「できなかったこともあきらめず、がんばればできるようになる」という経験は、小学生になったときの大きな糧になります。このように、身体的な成長を促すだけでなく、友だちとの関わりのなかで**非認知能力***を高める活動を多く取り入れていきましょう。さらに、他者に言われてやるのではなく、乗れるようになりたいという意欲のもとで主体的に取り組めるように、保育者の言葉かけや友だちとの関わり、竹馬の高さを子ども一人ひとりの難易度に合わせるなどの人的・物的環境を考慮していくことが大切です。

⊕ **用語解説**
非認知能力
文字が読める・計算ができるなどの知的な能力でなく、「目標にむかってがんばる力」「人とうまく関わる力」「感情をコントロールする力」などの内面的な能力。

レッスン7　発達にふさわしい人的・物的環境

演 習 課 題

①本章で習った人的環境（保育者・友だちなど）、物的環境（玩具や道
具など）と乳幼児がどのような関わりをもっているか、関わることで
どのような育ちがあるか、実習の際などに子どもの様子を観察し考え
てみましょう。

②それぞれの年齢に応じた、よりよい人的環境と物的環境をグループで
話し合ってみましょう。

③主体性を育む人的環境と物的環境とはどのようなものでしょうか。具
体的な活動をイメージして考えてみましょう。

95

レッスン8

自然環境と子どもの育ち

諸感覚を使って自然と関わる自然体験は、感受性や心情を育て、思考力、身体能力などを高めるとともに生きる力の源になります。しかし、今の子どもたちは、自然との接触が極端に少なくなっています。自然に直接的に関わり、多くの体験ができる時間と環境を保育現場に用意することは、大変重要なことです。

◆補足
中央教育審議会
中央教育審議会は、文部科学大臣の諮問機関のことで、文部科学省に置かれている。

◆補足
青少年の現状等について
全国の公立小学校の小学生に調査した資料。

▶出典
†1　中央教育審議会「青少年の現状等について」3「青少年の体験活動等について」の「青少年の自然体験活動への取組状況①」2008年

†2　山本竜隆『自然欠乏症候群』ワニブックス、2014年

1.　子どもと自然との関わりの現状

　中央教育審議会が「青少年の現状等について」という調査で、子どもたちの自然体験活動の実態を1998（平成10）年と2005（平成17）年で比較しています。そのなかで「チョウやトンボ、バッタなどの昆虫をつかまえたことがほとんどない」子どもの比率は、19％から35％に増加しています[1]。このデータから現代の子どもたちの遊びから虫とりといった自然と関わる遊びが減少していることが読み取れます。

　さらに、昔はどろんこになって日が暮れるまで遊ぶ子どもの姿が多くみられたことに対し、山本竜隆は、「現代、外で遊ぶ子どもはまれ。また、安全面から子どもが外で遊ぶのを危険視する親もいるため、ますます子どもが外で遊ぶ機会がなくなります。こうなると子どもたちは家の中に閉じこもって、スナック菓子を食べながらスマートフォンやタブレットで遊ぶしかありません」と述べています[2]。そして、こうした状況を「**自然欠乏症候群**」として、自然から遠ざかった現代の子どもたちに「集中力がない」「落ち着きがない」「忍耐力がない」のような症状が表れたことを示しています。

　これらの要因が、自然と関わらなくなったことであると断定はできません。しかし、自然との直接体験がデジタルメディアに取って代わられつつあることが、子どもたちに何らかの悪影響を及ぼしていることを、保育者として危険視しておく必要があります。

2.　保育内容「環境」における自然

　「幼稚園教育要領」「保育所保育指針」「幼保連携型認定こども園教育・

保育要領」の「環境」のねらいと内容において、特に「自然」に関する文言を抜き出すと次のように記載されています[3]。

> ・自然に触れて生活し、その大きさ、美しさ、不思議さなどに気付く。
> ・季節により自然や人間の生活に変化のあることに気付く。
> ・自然などの身近な事象に関心をもち、取り入れて遊ぶ。
> ・身近な動植物に親しみをもって接し、生命の尊さに気付き、いたわったり、大切にしたりする。

　これらは、好奇心や探究心の旺盛な乳幼児期に自然などの身近な事象に興味・関心をもって関わりをもつことが、子どもたちの豊かな心情や思考力の基礎を培うともに、心身を調和的に発達させるうえで重要であることを示しています。

3. 動物と子ども

1 身近な小動物と関わることの意義

　子どもが日々の生活のなかで、虫などの身近な小動物に関わり、興味深く観察したり、親しみをもったりできるような環境づくりをめざしていく必要があります。そのためには、「春には、オタマジャクシをこの田んぼに見つけに行こう」「夏には、この公園にセミがたくさんいる」など、保育者自身が園内や園周辺の身近な生き物に興味をもち、子どもたちにどのように関わりをもたせられるかを考えたうえで計画的に保育していくことが望まれます。

インシデント① 「先生！　見て見て！」（1歳児）

　Aくんがダンゴムシを見つけました。Aくんにとってダンゴムシは未知の生き物でした。おもしろいものを見つけたと思ったAくんは、大好きな保育士Tに「先生！　見て見て！」と笑顔で見せに行きました。虫が苦手な保育士Bは「きゃー！」とその場から逃げてしまいました。Aくんも驚いてもっていたダンゴムシを投げ捨てました。

　Aくんは、保育士Tを困らせようとしたわけではなく、おもしろいも

▶**出典**

[3] 「幼稚園教育要領」第2章「ねらい及び内容」「環境」3「内容の取り扱い」、「保育所保育指針」第2章「保育の内容」3「3歳以上児の保育に関するねらい及び内容」(2) ねらい及び内容　ウ「環境」、「幼保連携型認定こども園教育・保育要領」第2章「ねらい及び内容並びに配慮事項」第3　満3歳以上の園児の教育及び保育に関するねらい及び内容「環境」2017年

のを見せて喜んでもらおうと思ったのでしょう。しかし、自分が信頼している大好きな保育者が嫌がれば、Aくんはそのダンゴムシを悪い生き物と認識してしまうこともあるのです。子どもたちが身近な生き物との関わりをもつためには、保育者がその生き物に触れることができないとしても、危険な生き物でなければ、そばで共感することが大切です。そのため、虫などの生き物が苦手な保育者は、少しでも慣れようとする努力が必要です。

また、毒をもっていて、子どもたちに触らせないように注意しなければならない生き物の特徴と、刺されたり、かまれたりするなど被害にあったときの応急処置法を知っておくようにしましょう。

2 飼育活動と保育

①保育者が生き物との関わりをつくる

個人差はありますが、乳幼児は動きのある身近な生き物に興味を示します。その興味をなくしてしまうのも、広げてさらに深めるのも、保育者の言葉かけや活動内容に関わってきます。

ダンゴムシをコップなどにたくさん集めている子どもをよく見かけます。この興味をさらに深めるために、「こうやって丸まるんだね」「模様があるダンゴムシもいるね」などと言葉をかけて、1匹の虫をよく観察できるようにします。そして、図鑑や絵本を見せることで、その虫のことをもっとよく知ることになり、実物の生き物への興味や知的好奇心がさらに深まります。

また、園内の生き物だけでなく、保育者が季節の生き物を意識して、地域での生息場所を事前に調べておきましょう。そして春の散歩で田んぼへオタマジャクシを見に行ったり、夏には公園へセミとりにいったり、秋には草むらにコオロギを探しに出かけたり、冬には今までたくさんいた生き物が少なくなってしまったことを感じたりするのもよいでしょう。このように、園内に自然環境が少なくても散歩などで、さまざまな生き物に実体験で関わりをもてるようにすることが大切です。

②野生の生き物を飼育する

野生の生き物を育てるときには、どんな環境で何を食べるかなど、飼育対象のことをしっかり調べます。たとえば大きいために飼うことが困難な生き物は、少し観察したあとで、「狭いケースに食べ物もなく閉じ込められたら、どんな気持ちだと思う？」などと、子どもと話し合いの時間をもち、逃がすように促すことも大切です。このように命と向き合い、小さな生き物も懸命に生きていることを伝えるのも、保育者として

の重要な役割です。

　チョウの場合、卵から飼えば、幼虫→さなぎ→成虫の変化を観察できます。日々の変化への驚きと喜びに保育者も共感し、成虫（チョウ）になったときには、えさをあげることが難しいので、すぐに逃がしてあげるように促しましょう。皆で、愛情をもって大切に育てたチョウと子どもたちがお別れするときは、寂しさのなかにも命に責任をもって飼育した達成感を味わう機会にもなります。

インシデント②　寝てるのかな？　（3歳児）
　3歳児クラスでは、保護者からもらったカブトムシの幼虫を飼育しています。透明なケースの端っこに幼虫が見えるたび興味津々の子どもたちです。あるとき、幼虫が土の上にあがってきていたので、子どもたちはとても心配そうに見守っていました。少しすると、幼虫も落ち着き、土の中でじっとするようになりました。動かない幼虫を見てBくんは「寝てるのかな？」と思い「おーい！」と大きな声を出しました。するとCちゃんは「カブトムシの赤ちゃんが安心して寝てるから、静かにしてー」とカブトムシの幼虫を気遣って言いました。

　野生で自由に動き回る生き物を園内で飼育することの利点は、生き物のさまざまな変化に気づくことができることです。この事例では、普通は土の中にいるはずの幼虫が土の上にいるという変化に気づいて、子どもたちは心配しています。さらに土の中で静かにしている幼虫に、動きを要求するBくんに対し、カブトムシの幼虫に愛着をもって「静かにしてー」と気遣うCちゃん。Cちゃんの生き物に対する優しい言動は、思いやりの心も育っている証です。

　さらに成虫になってからの関わりも大切です。カブトムシを絵本やテレビ画面の映像で見て、「カブトムシ」という言葉と知識を得ていても、それは現実の体験ではありません。幼虫の成長を直接見て、幼虫がカブトムシになることを知り、成虫に直接ふれることで足をバタバタさせるときの振動や、足のトゲのチクッとする感触などを子どもたちは経験し

ます。その直接体験後の「カブトムシ」という言葉には、感じ取った多くの思いがつまっています。

③「生」と「死」の違いを体験させる

　このような身近な生き物の「命」を保育に取り入れるときは、「生」と「死」の違いを、直接体験をもって感じ取ることが大切です。たとえば、幼虫から愛情をもって育て、成虫に直接ふれて力強さを感じたカブトムシが、まったく動かなくなることを実体験するということです。直接的な感触と感情で「生」と「死」の違いを感じ取ることが、現実的な感覚で、「命」というものを心に刻みこんで、理解することになります。

　カブトムシの場合、寿命は1年で秋には死んでしまいます。このように、年間計画を立てる保育の飼育では、1年に一度、死と向き合う機会がもてる生き物を選ぶといいでしょう。また、子どもたちに、この「死」はどの生き物も経験することで、飼育方法に問題があったわけではなく、「カブトムシさんは、おじいちゃん（おばあちゃん）になって死んじゃったんだよ」と伝えて、命のはかなさを感じられるようにします。また、雄と雌を飼育して卵を産んだなら、自分たちが親から産まれたように、さまざまな生き物が次の世代へと命をつなげていることを伝えることもできます。

4. 植物と子ども

1 植物の変化を感じ取る

　植物は動物と違い自分で移動しません。特に木はいつも同じ場所に立っています。公園や園庭の定位置で動かないので、その変化を感じ取りやすい自然物といえます。季節を感じる保育を考えるとき、日本特有の四季の変化を、体験をもとに感じ取れるように活動や環境を考慮することが大切です。また、地域や季節によって、さまざまな自然物を使った遊びができます。園庭に咲く花で色水遊びをしたり、木の実を砂のケーキの飾りに使ったり、シロツメクサで花の冠を編んだりするなど、自然物を使った自由遊びは子どもたちの発想力を豊かにします。

　さらに、主体的に遊びが広がるように色水用に採取してよい花びらのスペースを確保したり、すり鉢や透明のコップを事前に用意して色水遊びやままごとなどの道具として自由に使えるような物的環境を整える必要もあります。落ち葉や枝、花、ドングリなどを製作に使うこともあります。園内で手に入れることのできない自然物の場合は、季節に合わせ

て行く散歩や遠足のときに、子どもたちが旬の自然物に関わる機会をもてるよう保育計画を立てる必要があります。

インシデント③　冬の自然　（3歳児）

　毎日遊ぶ園庭で、子どもたちが冬の自然を感じるようになりました。手が冷たくなると、Dちゃんが自分のほっぺに手を当てて「冷たい！　Eちゃんもやってみてー」といって、ほっぺの触り合いっこをしています。Fくんは園庭をぐるぐる走り回って体が温まると、「見てー」と口から出る白い息を指で差しています。「ハァーッてして！」というと、みんなで「ハァーッ。ハァー！」をして、最後は大笑いになりました。

　また、たくさん落ちている落ち葉を集め、ままごとに使ったり、空にむけて放り投げヒラヒラ落ちてくる様子をキャーキャーいいながら楽しんだり、葉っぱを踏んで音や感触を楽しんだりしています。子どもたちが見つけた落ち葉を大切にもち歩いてうれしそうにする姿は、大人にとって見慣れた落ち葉などでも子どもたちにとっては、一つひとつが新鮮な発見なのだと改めて気づかせてくれます。

　子どもたちが遊び慣れたいつもの園庭が、季節によってその姿を変えていきます。この事例では、子どもたちが冬の寒さを全身で感じ取っています。冷たくなった手を自分のほおで体感したり、口からでる息の白さを目で見て気づいたり、それを友だちと共有することで冬の寒さを楽しんでいます。また、落ち葉の色やヒラヒラ落ちる様子を楽しんだり、触ったり踏んだりして感触を感じ取ることで、子どもたちの感受性は育ちます。さらに、季節ごとの空気の温度、におい、聞こえてくる音の違いなど、諸感覚を使って直接的に季節を体感できるようにしましょう。

　ここで、桜の木に焦点を当ててみましょう。桜は日本で代表的な春の花として有名ですが、花の咲く季節だけ散歩で見に行くのではなく、年間をとおして変化を感じることで子どもたちは桜の木のさまざまな様子をみることができます。花が散ると、初夏の若葉は徐々に色を変化させて力強い緑になり、秋には紅葉し、冬には葉を落として枝だけになり、

そして春になるとつぼみをふくらませ、また花を咲かせます。

1年が経ち、また同じ季節が巡ってきたときに、季節が繰り返されていることを感じ取ることができるのです。無計画に自然と関わるための散歩や遠足に行くのではなく、まず保育者自身が季節の変化に感動する心をもち、子どもたちに自然のなかで何を感じてもらいたいかという目的意識をもって保育することが大切です。

2 栽培活動と保育

①充実した栽培活動

園外の植物とは違い、園内の栽培物は、子どもたちが身近な自然物に興味をもちながら自分たちの力で責任をもって「育てる」というところに大きなポイントがあります。期待感をもち、日々の成長を観察しながら、花を咲かせたり、収穫物を得たりしたときには大きな喜びと達成感があります。

特に、**食農**[*]としての栽培は、食と自然のつながりを実体験することです。まずは、保育者が栽培に興味をもち、変化に気づく感性をもつことが大切です。種をまいたり、苗を植えたりするときに、「早く芽が出たらいいね」「実がなったらどうやって食べようか」などと、保育者が一緒に期待しながら栽培することで、子どもたちの興味や関心は深まります。

栽培計画のなかで大切なことは、無計画に育てるのではなく、事前に栽培方法を調べ、できるだけ子どもたちにとって感動的な収穫体験につながるように下準備を行うことです。しかし、自然が相手の栽培活動は計画通りにいかないことが多々あります。もし、途中で枯れてしまっても、次の期待につなげたり、枯れてしまった理由を子どもたちと考えたりして、充実した保育実践につなげましょう。そして、結果より大切なことは、栽培の過程で子どもたちが植物の日々の変化に感動する機会を多くもつことです。

②保育計画における栽培活動

収穫物を食べるときは、年齢に応じた安全な調理内容を設定し子どもたちが主体的に取り組めるクッキング活動を心がけましょう。さらに、植物の命を自分たちの栄養として食べているという「いただきます」の心を意識できるようにすることなどが食育につながります。たくさん収穫できた野菜は、給食で使ってもらうこともできます。給食室の調理員さんとのつながりができ、自分たちの育てた野菜が、皆の食べている給食に入っているという喜びになります。

✳用語解説
食農
子どもたちが土にふれながら作物を栽培し、収穫したものを調理して食べる体験をすること。

レッスン 8 自然環境と子どもの育ち

さらに、食べるだけでなく、花が咲くブロッコリーであれば食べきれなかったつぼみを花として咲かせたり、種をとったりすることもできます。また、ナスやオクラなどはヘタの部分を使って野菜スタンプができます。このように、保育実践においての栽培は、「育てる」「調理する」「食べる」にとどまらず、製作活動を行ったり、関連のある歌を歌ったり、豆を育てて「ジャックと豆の木」などの劇遊びの導入に活用したりすることもできます。栽培活動だけでなく、さまざまな活動が、つながり合うように見通しをもった保育計画が大切です。

③食への意欲を高める栽培活動

インシデント④　ピーマンクッキング（2歳児）

保育者は、苦手な子が多いこの野菜を食べられるようになってほしいという願いを込めて、栽培物にピーマンを含めました。「ピーマンのお世話してくれる人いますか？」と保育者が声をかけるとわれ先にと子どもたちが集まってきて、ジョウロを手に水やりしていました。そのうち実がつき始めると「先生！　ピーマンの赤ちゃんいたよ！」「ここにもいた！」とうれしそうに教えてくれます。一度実がつき始めると、毎日収穫できるくらいたくさんのピーマンが次々となっていき、「ピーマンクッキングするよ！」と保育者が伝えると子どもたちの期待もぐんぐん高まっていきます。より盛り上げるために、それぞれの家庭からおすすめのピーマン料理のレシピを募集してクッキングをしました。自分たちで育てて収穫し種とりの調理を手伝ったピーマンだからか、ふだん苦手な子どもも、その日はパクッと食べてくれて保育者も手を叩いて喜びました。

後日、保護者から「以前はピーマンをよけていましたが、クッキング以来、ピーマンを集めて食べるようになりました」と言われて、栽培、調理活動が食への意欲を高めてくれることを改めて感じました。

この事例のなかには、苦手なピーマンが食べられるようにとの保育者の意図が込められています。いつもは苦手なピーマンを食べられるようになった子どもは、友だちと一緒に育てたという特別な体験をもとに、その特別な体験の味を心で味わっているのです。実際に子どもたちは、栽培活動のなかでピーマンの育つ姿を見て、成長過程を観察し、さまざまな変化を感じ取ることで愛着をもっていきます。小さな苗から立派に

103

成長し、花が咲き、実がなったときの子どもたちの喜びは何ものにも代えがたい経験になるのです。また、仲間とともに栽培活動をしたことや、家庭も連携して自分たちで調理したことが大きな喜びにつながっていきます。

このように、栽培計画のなかに子どもが苦手意識をもった栽培物を意図的に入れる場合もあります。しかし、幼児クラスでは子どもたちに栽培してみたいものやクッキングしてみたいものを聞き、クラス全員で話し合い、子どもが主体的に栽培活動を展開していけるようにすることも必要です。このように栽培活動はただ植物を育てるだけでなく、その活動のなかで子どもたちにどのようなことを感じさせたいかに視点を置いて活動の計画を立てていくことが大切です。

昨今では、大きな菜園などのない園が増えているのが現状です。そのような場合には、プランターなどで栽培を行い、子どもたちが変化を確認できるような場所に配置しておく必要があります。

栽培活動は、日々の変化を感じとる観察眼や、気持ちを込めて世話をしようとする思いやりの心を育みます。このような育みを引き出すためには、まず保育者が栽培物の変化に気づき、子どもと一緒に感動することを心がけましょう。

5. 砂・土・泥遊びと子ども

■1 砂場での物的・人的環境づくり

砂は泥ほど汚れないうえ、手を払うだけでパラパラと落ちます。このことから汚れることに慣れていない子どもの砂・土・泥遊びに対する感触遊びは、砂遊びから始めることが多いのです。

砂場の環境設定としては、型抜きなどがしやすいように砂をほどよく湿らせておく必要があります。また、物的環境としてカップやスコップなどの遊び道具を用意することで、砂でケーキの形をつくるなどの想像力を育み、道具の使い方を工夫することで、手指の機能を発達させます。さらに、幼児になると友だち同士で協力して、大きな山をつくって遊んだり、ままごとなどのごっこ遊びをしたりします。保育者が砂場での物的・人的環境を設定することで、子どもたちの遊びの発展や意欲につながります。そして、興味と好奇心をもって思考力を使い遊び込むことで、さまざまな発達を促進することになるのです。

レッスン 8　自然環境と子どもの育ち

2　泥遊びの発展

　泥だらけになって遊ぶことは、免疫向上につながる（**衛生仮説**[＊]）といわれています。はじめは汚れることに抵抗があった子どもでも、少しずつ慣れていくことで満面の笑みで夢中になって泥遊びをします。さらに遊びこむと、ただ泥の感触を楽しむだけでなく、高いところから低いところへ水を流したり、泥で水をせき止めてダムをつくったりと試行錯誤して遊ぶことで、考える力を遊びのなかで育んでいきます。

　特に、泥だんごづくりは、子どもが夢中になる遊びのひとつです。もし、泥だんごづくりがない園では、保育者が環境を考えてきっかけをつくることが必要になってきます。保育者自身が、泥だんごづくりの魅力を知り、子どもと一緒になって遊び込むことで、その楽しさを共有することができます。自分の泥だんごを育てていく過程で「もっと真ん丸に」「もっとピカピカに」など、意欲と愛着がわいてきます。

　さらに、発展した泥だんごを使った遊びとしては、雨どいや坂で転がして遊ぶこともできます。子どもたちにとって、大切につくった自分だけの泥だんごが坂の下まで壊れずに転がれば大成功です。もし、壊れてしまっても、「もう一度つくり直そう」「あきらめずにチャレンジしよう」という気持ちが生まれ、試行錯誤を繰り返して壊れない頑丈な泥だんごをつくったり、友だち同士で教え合ったりします。泥だんごに限らず、自然物で遊ぶことの魅力は、一定の遊び方が決まった**既成遊具**[＊]と違い、子どもたちの発想によりさまざまな遊び方ができることです。

　また、思い通りにいかない自然体験を通して、感じて→考えて→予測して→試すことを繰り返すことも大切です。このように考えて行動することが、問題解決能力や、その後の**生きる力**につながっていくのです。

3　泥遊びと人的環境

インシデント⑤　広がる泥遊び　（3歳児）

　園庭に水をまき始めると子どもたちが集まってきます。そこから、泥んこ遊びが始まります。地面が軟らかくなると泥を手に取り、「チョコレート」とうれしそうなGくんがいる一方で、にゅるっとする感触に「いやー！」と泥のない場所に避難するHちゃんもいます。

　泥が苦手な子どもは最初は、指先にチョンとつけるだけですが、徐々にダイナミックになり、手も足も泥だらけ！　1人の子が、「おーばーけーだーぞー！」と、泥おばけに変身すると、みるみるうちにクラスの皆が、おばけになって遊んでいました。そのうち「こ

✳ 用語解説

衛生仮説
潔癖すぎる環境にいると、免疫力が弱り、アレルギー疾患を発症しやすくするという仮説。

✳ 用語解説

既成遊具
商品として作られた遊具のこと。

105

うやったらおだんごできる」と言いながら、両手でギュッギュッと握り、泥の感触を楽しみながら、丸いだんごの形にしていき、乾いている土をかけ磨いています。Iくんは「小さいほうが割れない！」といって、小さいだんごをつくっています。Jくんは、夢中になって何度も土をかけていました。

　泥遊びは、この事例にもあるように夏の園庭での水遊びから始まり、それが泥遊びに発展していくことがよくあります。水遊びや泥遊びは、子どもたちにとって楽しい夏の遊びの一つです。泥遊びは、泥の感触や土の変化を楽しむという感触遊びから始まります。サラサラの乾いた土とは違い、水分を含んだ土はトロトロの泥へと変化し、その感触を子どもたちは直接的に体感します。はじめは手が汚れることを嫌がる子どもも、慣れてくると楽しさや気持ちよさに変わってきます。泥おばけは、1人が始めたことを、ほかの子どもたちがまねすることで、楽しさを友だち同士で共有する充実した遊びとなります。

　もし、泥遊びで子どもたちが盛り上がりに欠ける場合には、保育者も参加して率先して泥だらけになりましょう。大人自身が泥遊びを楽しんでいる様子を見せることで、子どもたちもその雰囲気に引き込まれ、安心して自分たちもやってみようと思うのです。

　しかし、汚れるのが苦手な子どもに無理やり泥を触らせる必要はありません。指先一本から徐々に子どもたちが触ってみたいという意欲がわくように働きかけていくことが大切です。そして、泥に慣れ親しむうちに、徐々に泥の感触遊びだけではなく、その泥で造形物をつくってみたいと思うようになります。それが子どもたちの泥だんごづくりや、泥のケーキづくり、泥山づくりへの意欲につながっていきます。

4　保護者と連携する

　泥遊びをするときには、家庭との連携も重要です。ふだん、服を汚して遊ぶ経験がない子どもたちは、服が汚れることに対し、大きな抵抗感をもっています。保護者には、汚れてもよい泥遊び専用のシャツやズボンを用意してもらいましょう。保育園で泥まみれになったあとは、その場で水洗いします。物的環境を整えることによって、子どもたちは泥遊

びを心から楽しむことができるのです。

　ただし、1歳児の予防接種で**破傷風***の免疫がついていることを確認したうえで、深い切り傷を負ったあと、体調不良で免疫が落ちているときなどには泥遊びをさせないように、安全面にも留意しておきましょう。

6.　園外保育

　本来なら園内に、動植物などの季節の移り変わりを体感できる自然環境を多く用意することが望ましいのですが、そのような環境に恵まれない園では、散歩などの園外保育を取り入れていく必要があります。園児の年齢に合わせて安全を確保しながら、地域の自然にふれ、興味・関心をもつ機会をつくります。公園の木々、虫や鳥の姿や鳴き声、土手に生えている草や花などの変化など、地域の散歩コースを事前に保育者が下調べをしておきましょう。そうすることで子どもたちに、何を見て何を感じてもらいたいかが明確になり、それを前もって伝えることで散歩に対する期待感が増します。

　新しい散歩コースを巡ることを子どもたちは喜びますが、同じコースを散歩することで、四季の変化に気づくことができます。保育者が意識して、季節ごとに同じ場所を巡りながら、「春には草むらではなかったところが、夏にはうっそうとした虫たちのすみかになり、虫とりができたり、秋には虫たちの鳴き声を聞いたり、冬には生き物の気配がなくなり、鮮やかだった草や花の色が寂しげな茶色へと変化していく」などの変化を散歩の機会に伝えることで、子どもたちは自然環境の変化を体感できるのです。

　ここで大切なことは、保育者が室内で**素話***や絵本などを使って季節を伝えるだけではなく、実際の散歩先で自然に直接ふれ、見て、空気の温度やにおいを体感することです。それが日本特有の四季を感じ、子どもたちの感受性を育てることになるのです。

7.　自然事象

　自然環境は動物や植物だけではなく空の色や雲の形、太陽の色や温度、風のにおいや力強さ、影の形や長さ、雨や雪などの自然事象も含みます。そして、自然にはさまざまな表情があります。木漏れ日やそよ風の心地

✳ 用語解説
破傷風
土の中にいる破傷風菌が、傷口などから体内に入り、その毒素によって、口が開きにくくなる開口障害やけいれんなどの症状がでる病気。

✳ 用語解説
素話
絵本などを見せずに、子どもの顔を見ながら、お話だけをすること。

第4章　「環境」と指導法

よさや、夕焼けの美しさが感じられるときもあれば、極寒や酷暑の厳しさや台風や地震の怖さなどを感じさせることもあります。子どもが自然事象を季節の変化のなかで主体的に体感したり、保育者の言葉から心に刻みつけたりすることが大切です。

　ここで重要なことは、目の前の子どもが自然に対して何を感じ取っているかを意識し、そこにある驚きやおもしろさ、美しさなどに保育者がともに感動したり、ドキドキワクワクしながら探求したりすることです。そのような身近にいる大人の共感が子どもたちのさらなる意欲や好奇心につながります。

8.　自然体験のなかで育つ力

　自然をとおして育つ力は、身体的な力やコミュニケーション力など、多岐にわたりますが、ここでは特に脳と心の育ちをとりあげて説明します。

　自然との関わりで大切なことは、肌身をもって直接的に体験することです。その経験において、飼育物が死んでしまったり栽培物が枯れてしまったり、つくっていた泥だんごが壊れてしまったりなどと、思い通りにいかないことが起きるものです。その思い通りにいかない問題に立ち向かい、試行錯誤して行動することが大切なのです。たとえば、泥遊びで川をつくっているとします。子どもは、水が上から下に向かって流れることなどの自然の**因果関係***を体験します。また、自分がイメージする通りに水を流したいと考えるとき、子どもは思考力を使い「どうしたらよいだろう」と頭を働かせます。水が横にもれてしまって思い通り流れないという問題が発生したときは、「水がもれているところに、泥を入れてみよう」「石を置いたらどうか」と、思考を巡らせることが問題解決力を養うことにつながります。そして、主体的に考え行動することが生きる力の源になっていきます。

　さらに、動物や植物の命に関わることは、自然への親しみや命への慈しみの心などの情緒面を育てていくことになります。さまざまに移り変わる季節に対して、諸感覚を研ぎ澄まし体感することは、感受性や表現力・想像力を育てていきます。

　昨今、親が注目している早期教育よりもこうした自然体験活動は、重要で、**原体験***として人格形成にもつながります。このように乳幼児期に自然のなかでどっぷりと直接的な感動体験をすることが、就学後の子

✳ 用語解説
因果関係
　２つ以上のものの間に原因と結果の関係があること。

✳ 用語解説
原体験
　人の生き方や考え方に大きな影響を与える幼少期の体験。火や水、石、土、木、草、動物などの自然物を対象にした五感による直接体験。

108

どもたちの学びの土台になり、将来へと自分の足でしっかりと歩んでいく原動力になっていきます。

演 習 課 題

①子どもに自然の楽しさが伝えられるよう、日常生活のなかで散歩をして、季節の変化を観察し、気づいたことをあげてみましょう。
②子どもたちに共感するために、身近な虫・植物・砂・土・泥などに実際にふれあって遊び、子どもの楽しみを自分で感じてみましょう。
③子どもたちにとって、よりよい自然体験活動は何か（生き物、植物、土・砂、自然事象などのそれぞれについて）を、グループで話し合ってみましょう。

参考文献……………………………………………………………………………
レッスン7
　秋田喜代美・増田時枝・安見克夫　『保育内容「環境」』　みらい　2011年
　神田英雄　『育ちのきほん』　ひとなる書房　2013年
　岸井勇雄・無藤隆・柴崎正行　『保育内容・環境』　同文書院　2012年
　酒井幸子・守巧　『保育内容 環境』　萌文書林　2016年
　三宅茂夫・大森雅人・爾寛明　『保育内容「環境」論』　ミネルヴァ書房　2010年
　矢野正・小川圭子　『保育と環境』　嵯峨野書院　2014年
レッスン8
　柴崎正行・若月芳浩　『保育内容「環境」』　ミネルヴァ書房　2009年
　田尻由美子・無藤隆　『子どもと環境』　同文書院　2012年
　水山光春　『よくわかる環境教育』　ミネルヴァ書房　2013年
　無藤隆・福元真由美　『環境』　萌文書林　2013年
　文部科学省　「青少年の現状等について」　中央教育審議会　2008年
　山本竜隆　『自然欠乏症候群』　ワニブックス　2014年

おすすめの1冊

井上美智子、神田浩行、無藤隆『むすんでみよう 子どもと自然』── 保育現場での環境教育実践ガイド　北大路書房　2010年
　幼児期の自然との関わりがなぜ必要かという基本理念を示すとともに、体験をとおして自然観を育み、人間の生活が自然を基盤としていることなどをわかりやすく解説している。

第5章

「言葉」と指導法

本章では、領域「言葉」について学んでいきます。乳幼児が言葉を獲得していくうえで、保育者との関わりがとても重要になります。適切な援助の方法を学んでいきましょう。

レッスン9　対話のある生活から育まれる言葉

レッスン10　言葉遊びと絵本教材

レッスン**9**

対話のある生活から育まれる言葉

本レッスンでは、生活のなかで育まれる言葉について学びます。乳幼児は、安心できる環境のもと、信頼できる大人や子ども同士の関わりのなかで言葉を育んでいきます。子どもたちが言葉をどのように獲得していくのか、その過程を実践例から学んでいきましょう。

▶ 出典

†1 「幼稚園教育要領」第2章「ねらい及び内容」2017年、「保育所保育指針」第2章「保育の内容」2017年、「幼保連携型認定こども園教育・保育要領」第2章「ねらい及び内容並びに配慮事項」第2「満1歳以上満3歳未満の園児の保育に関するねらい及び内容」、第3「満3歳以上の園児の教育及び保育に関するねらい及び内容」2017年

†2 「幼稚園教育要領」第II章「幼稚園教育の内容」(1956年)

◆ 補足

幼児語

マンマ、ワンワン、アンヨ、クックというように、幼児に特有の言葉を幼児語とよぶ。これは、大人が、子どもに合わせて使う育児語でもある。繰り返しが多く喃語に近いという特徴をもち、立つをタッチなどのように幼児語からの転用である場合もある。また、地域や家庭によって特有の幼児語もある。2歳前後の語彙が増える時期から徐々に大人と共通の語りに切り替えていくと、3歳前後には消えていく(森上史朗・柏女霊峰編『保育用語辞典 第8版』ミネルヴァ書房、2015年)。

1. 保育内容 領域「言葉」とは

1 領域「言語」から領域「言葉」への変遷

現在の「幼稚園教育要領」「保育所保育指針」「幼保連携型認定こども園教育・保育要領」では、子どもの言葉の獲得に関する内容は、領域「言葉」として位置づけられています[†1]。しかし、1989(平成元)年改訂(定)までは、「幼稚園教育要領」「保育所保育指針」ともに、領域「言語」でした。

この変化の背景には、保育における内容に関する発想の転換があったようです。領域「言語」となっていた1989年改訂(定)までの「幼稚園教育要領」では、「保育内容は、小学校以上の学校における教科とは、その性格を大いに異にするということである」と述べられてはいますが[†2]、ここでは幼稚園の「領域」と小学校の「教科」との違いは明らかにされていません。そのため、幼児の「望ましい経験」として、小学校以上の教科にむかって領域から指導する内容(幼児に何を与えたらよいか)としてとらえられていた経緯があり、文言のなかでも、「教師の指導(表現意欲を害しない程度)に従い、正しいことばや語調で話す」「**幼児語**・方言・なまりや下品なことばと正常なことばとの区別をだんだんに聞き分ける」などと記述されていました。

これに対して、領域「言葉」と変化した1989年改訂以降の「幼稚園教育要領」では、第2章「ねらい及び内容」に「経験したことや考えたことなどを自分なりの言葉で表現し」「言葉に対する感覚や言葉で表現する力を養う」と示されているように、幼児自身が生活体験のなかから、生きた言葉を育てることをめざすようなあり方へと発想が転換されています。

次に、2008(平成20)年改訂(定)では、「他人の話をよく聞き、伝

え合いができるようにすること」という、「聞く・話す・伝える」が絡み合う指導の項目と、「思考のための言葉を養うこと」、この２項目が追加されました。つまり、言葉を獲得することだけでなく、子ども自身が、言葉を聞きたい、言葉を使って伝えたいと思える環境を準備すること、そして、考えるための言葉が大切だと明記されています。

さらに、2017（平成29）年改訂（定）では、「主体的・対話的で深い学びの実現」「言語活動の充実」が、指導計画の作成上での留意事項としてあげられ、「幼児期の終わりまでに育ってほしい姿」として、「数量や図形・標識や文字などへの関心・感覚」「言葉による伝え合い」が明確化されました[†3]。

2 2017年改訂（定）「幼稚園教育要領」「保育所保育指針」「幼保連携型認定こども園教育・保育要領」を比較して

まず、2017年改訂（定）のポイントとして、近年の社会情勢の変化を踏まえたうえで、幼児教育をより充実させていくために、「幼稚園教育要領」「保育所保育指針」「幼保連携型認定こども園教育・保育要領」において、「幼児教育で育みたい資質・能力」「幼児期の終わりまでに育ってほしい姿」が共通の内容として記載されました。そのため、法令の各領域「言葉」を見てみると、「３歳以上児の保育に関するねらい及び内容」、「満３歳以上の園児の教育及び保育に関するねらい及び内容」について、すべて同じ内容であることがわかります（図表9-1）[†4]。

図表9-1　満３歳以上の領域「言葉」のねらい及び内容

ねらい	(1) 言葉遊びや言葉で表現する楽しさを感じる。 (2) 人の言葉や話などを聞き、自分でも思ったことを伝えようとする。 (3) 絵本や物語等に親しむとともに、言葉のやり取りを通じて身近な人と気持ちを通わせる。
内容	(1) 保育教諭等の応答的な関わりや話しかけにより、自ら言葉を使おうとする。 (2) 生活に必要な簡単な言葉に気付き、聞き分ける。 (3) 親しみをもって日常の挨拶に応じる。 (4) 絵本や紙芝居を楽しみ、簡単な言葉を繰り返したり、模倣をしたりして遊ぶ。 (5) 保育教諭等とごっこ遊びをする中で、言葉のやり取りを楽しむ。 (6) 保育教諭等を仲立ちとして、生活や遊びの中で友達との言葉のやり取りを楽しむ。 (7) 保育教諭等や友達の言葉や話に興味や関心をもって、聞いたり、話したりする。

１歳以上３歳未満児についても、「保育所保育指針」の「１歳以上３歳未満児の保育に関わるねらい及び内容」と、「幼保連携型認定こども園教育・保育要領」の「満１歳以上満３歳未満の園児の保育に関する

▶ **出典**

†3 「幼稚園教育要領」第1章「総則」第2「幼稚園教育において育みたい資質・能力及び『幼児期の終わりまでに育ってほしい姿』」、第4「指導計画の作成と幼児理解に基づいた評価」3「指導計画の作成上の留意事項」2017年

▶ **出典**

†4 「幼稚園教育要領」第2章「ねらい及び内容」2017年、「保育所保育指針」第2章「保育の内容」3「3歳以上児の保育に関わるねらい及び内容」2017年、「幼保連携型認定こども園教育・保育要領」第2章「ねらい及び内容並びに配慮事項」第3「満3歳以上の園児の教育及び保育に関するねらい及び内容」2017年

◆ **補足**

下線部について、「幼稚園教育要領」では「先生」、「保育所保育指針」では「保育士等」となっている。

第5章 「言葉」と指導法

▶出典

†5 「保育所保育指針」
第2章「保育の内容」2「1
歳以上3歳未満児の保育
に関わるねらい及び内容」
2017年、「幼保連携型認定
こども園教育・保育要領」
第2章「ねらい及び内容
並びに配慮事項」第2「満
1歳以上満3歳未満の園児
の保育に関するねらい及び
内容」2017年

✦補足

下線部について、「幼稚園
教育要領」では「先生」、「保
育所保育指針」では「保育
士等」となっている。

参照

3つの視点
→レッスン14

▶出典

†6 「保育所保育指針」
第2章「保育の内容」1「乳
児保育に関わるねらい及び
内容」2017年、「幼保連携
型認定こども園教育・保育
要領」第2章「ねらい及び
内容並びに配慮事項」第1
「乳児期の園児の保育に関
するねらい及び内容」2017
年

✦補足

波線部について、「保育所
保育指針」では子どもとな
っている。
下線部について、「幼稚園
教育要領」では「先生」、「保
育士等」となっている。

ねらい及び内容」も、同じ内容です（図表9-2）†5。

図表9-2 満1歳以上満3歳未満の領域「言葉」のねらい及び内容

ねらい	(1) 言葉遊びや言葉で表現する楽しさを感じる。 (2) 人の言葉や話などを聞き、自分でも思ったことを伝えようとする。 (3) 絵本や物語等に親しむとともに、言葉のやり取りを通じて身近な人と気持ちを通わせる。
内容	(1) 保育教諭等の応答的な関わりや話しかけにより、自ら言葉を使おうとする。 (2) 生活に必要な簡単な言葉に気付き、聞き分ける。 (3) 親しみをもって日常の挨拶に応じる。 (4) 絵本や紙芝居を楽しみ、簡単な言葉を繰り返したり、模倣をしたりして遊ぶ。 (5) 保育教諭等とごっこ遊びをする中で、言葉のやり取りを楽しむ。 (6) 保育教諭等を仲立ちとして、生活や遊びの中で友達との言葉のやり取りを楽しむ。 (7) 保育教諭等や友達の言葉や話に興味や関心をもって、聞いたり、話したりする。

また、今回の改訂（定）より新たに、乳児（1歳未満児）のねらいと内容に関しては、5領域ではなく3つの視点という区分になりました。ここでは領域「言葉」と対応する「身近な人と気持ちが通じ合う」のねらい及び内容を見ていきます（図表9-3）†6。

図表9-3 乳児期の「身近な人と気持ちが通じ合う」のねらい及び内容

ねらい	(1) 安心できる関係の下で、身近な人と共に過ごす喜びを感じる。 (2) 体の動きや表情、発声等により、保育教諭等と気持ちを通わせようとする。 (3) 身近な人と親しみ、関わりを深め、愛情や信頼感が芽生える。
内容	(1) 園児からの働きかけを踏まえた、応答的な触れ合いや言葉がけによって、欲求が満たされ、安定感をもって過ごす。 (2) 体の動きや表情、発声、喃語等を優しく受け止めてもらい、保育教諭等とのやり取りを楽しむ。 (3) 生活や遊びの中で、自分の身近な人の存在に気付き、親しみの気持ちを表す。 (4) 保育教諭等による語りかけや歌いかけ、発声や喃語等への応答を通じて、言葉の理解や発語の意欲が育つ。 (5) 温かく、受容的な関わりを通じて、自分を肯定する気持ちが芽生える。

以上のように「ねらい」について、乳児期では、「体の動きや表情、発声等により、**気持ちを通わせようとする**」、満1歳以上満3歳未満児では、「言葉で表現する**楽しさを感じる**」、3歳以上児では、「言葉で表現する**楽しさを味わう**」といった、それぞれの時期の発達の特徴を踏まえたものになっていることがわかります。

「内容」については、乳児期は、「言葉の理解や発語の意欲が育つ」、満1歳以上満3歳未満児は、「遊びの中で言葉のやり取りを楽しむ」「言葉に気付き、聞き分ける」、満3歳以上児は、「言葉で表現する」など、「言

レッスン9　対話のある生活から育まれる言葉

葉による伝え合いができるようにすること」と、幼児の発達に即した主
体的・対話的で深い学びの実現を示唆しています。

2. 乳幼児の言葉を育む環境

1 乳児期（体で感じる言葉）

　赤ちゃんは産まれる前からお母さんのおなかの中で、たくさんの音を
聞いています。両親や身近な人たちの話し声を聞いて、声を出す準備を
しています。そして、何かを伝えたいと感じることで本能的に声が口か
ら発せられます。たとえば、快や不快の感情を笑ったり、泣いたりして
表現します。まだ、言葉は話しませんが、お母さんが応答してくれるこ
とで、言葉を理解していきます。この時期、生理的な音として、大人の
ような大きなげっぷをしてお母さんを驚かせることもあります。新生児
は基本的に鼻から息をしているので、ミルクや母乳を飲むのと同時に空
気も一緒に飲み込んでしまいます。そのため、あとから大きなげっぷが
出ることがあるのです。口から発するはじめての音ともいえます。

　生後2か月ごろになると、あやされて笑ったりします。時には声を
出して笑い返すこともあります。**クーイング***とよばれる発声練習をし
はじめているからです。体全体で感じたことを感情によって表現しよう
としているので、たくさん話しかけてあげましょう。

　生後5か月ごろになると首もすわり、人やものの動きを目で追い、感
情表現が豊かになってきます。うれしいことがあると、手足をバタバタ
と動かし、声の変化で要求を表現できるようになります。これが**喃語**で
す。「アー」「ウー」といった母音を出すクーイングの時期から、「ブー」
「プー」といった子音が出せるようになる声遊びの時期になります。

　お座りやはいはいが始まる生後6〜7か月ごろになると、手足を使っ
た活動がより活発になり、「ナンナン」「ダダダダ」といった、同じ音
を繰り返す**反復喃語**が始まります。この時期は、急に高い声を出したり、
うなったりして驚くことがありますが、いろいろな音を出して遊んでい
るので見守ってあげましょう。

　生後9か月ごろになると、「アップアップ」「バブバブ」などの複雑
な音も出せるようになってきます。ものと言葉が一致してくるころで、
「あー」と指をさして教えてくれる（**指差し**）ようになります。

＊用語解説
クーイング
「アー」「ウー」など、泣き
声とも言葉ともつかない声
を発すること。

参照
喃語
→レッスン6

　インシデント①　Aくんの声「あー」の変化（Aくん／7か月）

115

ボールプールの枠を乗り越えて、お母さんのところに行きたいAくん。何度も足をふんばり前に行こうとしますが、ボールが邪魔になって動けませんでした。すると、ボールのほうをむき、足でボールをけとばしました。足に力を入れるたび、「あーあー」と、声を出して気合いを入れていたAくん。お母さんも、「がんばれ！」「もう少し」と、声をかけていました。

しかし、途中から、気合いのかけ声だった「あーあー」が、「ボールが邪魔してイライラ」の「あーあー」になり、お母さんも「大丈夫だよ」と声をかけましたが、最後は、もうダメの「あー」に変わっていきました。その声の変化には、お母さんもつい笑ってしまうほど、ストーリーがあり、見守っていた保育者も、つい「"あー"の意味は深い！」と、いってしまいました。

このように、同じ"あー"でも、気持ちを感じ、その意味がわかって、お母さんがこたえていることで、Aくんは「言葉」の意味を理解し、そのときの感情とともに「生きた言葉」としてためています。このように感じることで、やりとりしていることを**感性的コミュニケーション***といいます。

言葉はまず、耳から入ります。子どもたちは、大人からの言葉を聞いて、そこに込められた気持ちも一緒に受け取っていきます。何度も繰り返し、たくさんの言葉、豊かな言葉にふれることで、自分の言葉として体に刻まれていきます。

こうした子どもの言葉の育ちを支えるために、保育者は日ごろ、次のような点に留意しておくことが大切です[†7]。

※ **用語解説**
感性的コミュニケーション
距離の近い関係において「気持ちのつながりやその共有」が問題になるようなコミュニケーションのこと（鯨岡峻『原初的コミュニケーションの諸相』ミネルヴァ書房、1997年）。

▶ **出典**
†7　秋田喜代美・中坪史典・砂上史子編『保育内容・領域「言葉」——言葉の育ちと広がりを求めて』みらい、2009年

---

①子どもが安心して園生活を送れるような温かい人間関係（保育者と子ども、子ども同士など）を構築すること。
②子どもが自分の思い、感じたこと、考えたことを言葉で表現したくなるように、日々の遊びや活動のなかで、子どもに豊かな経験を与えるような環境を構築すること。
③保育者が用いる言葉は、子どもにとってモデルになるなど、言葉の発達に多大な影響を及ぼすことから、日ごろから美しい日本語を話したり、聞かせたりすることに留意すること。

2 満1歳以上3歳未満（人との関わりのなかから生まれる言葉）

　1歳ごろになり、歩き始めると人やものへの興味がでてきます。少しずつ喃語のなかに意味のある言葉が混ざるようになり、コミュニケーションもできるようになってきます。たとえば、「マンマン」が「ママ」へ、「パッパッ」が「パパ」へといった**初語***が聞かれるようになります。また、まわりの人の言葉をまねするようになり、**一語文***の「ワンワン」、「ニャンニャン」や「ブーブー」などの言葉が、意味を理解して使えるようになります。しかし、すべてが理解できているわけではないので、「何を言っているのかな？」と思ったら、言葉だけでなく、表情やしぐさから子どもの気持ちを理解してあげましょう。

　1歳半ごろになると、「マンマ」「スル」（＝ご飯が食べたい）など、**二語文**になり、単語を組み合わせて使えるようになります。

　2歳ごろになると、行動の範囲が広がり自分でできることも増えてくると、なんでも自分でやろうと挑戦し始めます。この時期になると、急激に語彙が増加し、好奇心も旺盛になります。これが、**言葉の爆発期**です。また、「これは？」と、身近にあるものや興味のあることを盛んに聞いてくるので、まわりの大人たちは答えるのが大変になってきます。

　2歳半ごろになると、時間を表す言葉もわかるようになり、「昨日行った」「今日する」といった会話もできるようになります。また、自己主張も見られるようになり、「いや」「だめ」が生活のなかで頻繁に聞かれるようになります。

* **用語解説**

初語
はじめて発する意味のある言葉のこと。

一語文
1つの単語のみからなる文のこと。

インシデント②[†8]　まねっこ（Ｂちゃん／2歳4か月、Ｃちゃん／2歳5か月）

　Ｃちゃんは、その日はじめてＢちゃんと遊ぶことになりました。Ｂちゃんが気になるＣちゃんは、Ｂちゃんの行動をまねします。Ｂちゃんがバギーに人形を乗せて押し始めると、Ｃちゃんもまねて一緒にお散歩を始めました。途中、Ｃちゃんは別のことに気をとられ、Ｂちゃんを見失いますが、無事に見つけて、安心したようにＢちゃんのとなりに座ってお話を始めました。

　Ｃちゃんは、「散歩に行ってきたよ」と、ちょっと帰りが遅くなった理由を、Ｂちゃんに報告すると、「どこまでお散歩に行ってたの？」と、Ｂちゃんが聞いてきました。Ｃちゃんは、ちょっと困ったように下をむき、「この車でね、行ってきたの」と、バギーを触

▶ **出典**

†8　礒野久美子・名須川知子・髙畑芳美「子育て支援ルームにおける『プレイストーリー』の試み」『兵庫教育大学研究紀要』(48)、2016年

ると、Bちゃんは、「へーこれで……」と、考え込み、2人の沈黙が続きました。

しばらくすると、Bちゃんが手元をゴソゴソ触って、「おにぎりもってね、お散歩行く？」とCちゃんに聞きました。そして、「にぎって、にぎって……」と、Bちゃんが、色紙を丸めておにぎりをつくって

いると、隣で見ていたCちゃんも、色紙を丸め始め、2人で「にぎって、にぎって……」と、口ずさみながら、色紙を丸めては広げ、また丸めて……と、何度も繰り返し、おにぎりづくりを楽しんでいました。

　Cちゃんは、以前から積極的に行動するBちゃんに憧れていました。この時期の子どもは、身近な大人だけでなく他児の行動もよく観察しています。そして、自分もやってみようとまねることから、いろいろな経験を積み重ねていきます。

　このように、友だちとごっこ遊びを楽しむようになると、おもちゃの貸し借りや、順番待ちなど簡単なルールを理解できるようになります。そして、友だちとの関わりを通じて、相手の気持ちを感じるようになると、感情を言葉で伝えようとし、人との関わり方を徐々に学んでいきます。そのなかでの子ども同士のやりとりが、生活のなかの生きた言葉として育まれていきます。友だちと遊べるようになるという社会性の発達と、言葉の発達とは深い関係があるのです。

3　満3歳以上（遊びのなかから生まれる言葉）

　3歳を過ぎると言葉の獲得はもちろん、生活面での自立もすすんできます。自分でやってみたいという意欲と自信が、「見て！」という言葉となり、大人から認めてもらおうとします。また、話す内容も誰もが理解できるようになり、質問に答えることもできるようになります。

インシデント③　一緒にお買い物（Dちゃん／3歳2か月、Eちゃん／3歳）

　お店やさんごっこの日、DちゃんとEちゃんが一緒に行動していました。「今日の火曜市は、イチゴが安かったね」と、2人で話しながら歩いていました。

　そのとき、様子を見守っていた保育者に気づいたDちゃんは、「ほ

ら、こんなに大きいよ」と、イチゴを見せにきてくれました。隣から、「あまーいよ。1パック、287円」と、Eちゃんがいったリアルな値段に、思わず保育者は、「300円しかないんですが、おつりはありますか？」と、3歳にとっては、難しい問いを投げかけてしまいました。

　すると、Dちゃんのほうが、「お待ちください」といって、壁にかかっているアンパンマンの顔をレジに見立てて、「ピッ、ピッ」と、バーコードを読み取るまねをし始めました。しかし、おつりがわからなかったDちゃんは、「ちょっと待って」といって、部屋を出て行こうとしました。

　そこで、ごっこ遊びを続けたいEちゃんは、「そのお金もって、ショッピングセンターに行く？」と、話を変えました。すると、Dちゃんは、「ショッピングセンターで何買う？」と、すぐに、ごっこ遊びの世界に戻ったのです。そして、また、「赤ちゃんの服でも買う？」「もう着れなくなったから」と、2人の新しい物語が始まりました。

　最近の子どもたちは、買い物に連れて行ってもらう機会が多く、代金を支払った後に、お金が戻ってくる不思議な大人のやり取りに興味を持つようです。そこで、「おつり」という言葉は、ままごと遊びでも聞かれるようになっています。ただ、287円の商品に300円支払い、おつりは13円という事はわかりません。そのため、Eちゃんが話を変えてくれたのです。上記のインシデントは、身近な大人が話している言葉に興味を持ち、まねることを楽しんでいるエピソードです。

　3歳を迎えると、コミュニケーションも急に盛んになり、友だちと関わることを楽しんでいる姿がみられます。子どもの遊びを見ていたお母さんは、「赤ちゃんの服なんて、一緒に買いに行ったことがないのに、よく知っているのはなぜでしょうね？」「大人の会話をよく聞いているから、変なことは言えませんね」と、話していました。

　この年齢は、自分の経験したことや思ったことを言葉で伝えられるのがうれしくて、とてもおしゃべりになる時期です。特に、身近な大人が話している言葉やはじめて聞く言葉に興味をもち、まねることを楽しみながら使っています。

　さらに、4～5歳になると、「こうしたい」と、自分なりの見通しをもって行動できるようになってきます。その反面、周囲の目が気になり始め、自分を発揮できない場面がみられることもあります。

第5章　「言葉」と指導法

　6歳になると、言葉の発達とともに、他者の思いにも気づくことができるようになり、折り合いをつけながら、成し遂げようとする態度が備わってきます。

　このような様子を、干潟でのお泊まり保育を経験した、5歳児と6歳児のインシデント④、⑤で紹介します。

インシデント④　絵本体験から生きた言葉へ　（Fくん・Gくん／5歳）

　お泊まり保育にむかうバスの中でFくんが、「なんか、臭いな」と、突然席を立ちました。隣に座っていたGくんが、「おれ、オナラなんかしてないで」と、恥ずかしそうに答えますが、「そんなにおい違う。みそ汁のワカメみたいなにおいや」と、Fくんがいうと、Gくんが得意そうに、「ははーん、わかったで、干潟博士のおれによると、海が近づいてきたっていうことや」「もうすぐ着くで」と、ソワソワしだす2人。

　林を抜けると窓の外には砂浜と打ち寄せられた大量のワカメが見えてきました。Gくんが、「見てみ、干潟やろ！」というと、Fくんも負けじと、「干潟は海の水が遠くまで引いて、砂やどろの広い陸が現れるところ」と、2人の自慢合戦が始まりました。

　部屋に入り、着替えながら、「もう出てきとうかな？」「いや、まだ太陽が照り過ぎとうから、もぐっとうやろ」と、話は続きます。担任が、「2人ともよく知ってるね」と言うと、「だって、『ひがたでみつけた』[†9]の本、大好きやもん」「ハクセンシオマネキやチゴガニも一緒にすんでんねんで。すごいやん」「おれら、砂でトンネルつくったらすぐ壊れるのに、そこにもぐってすんでんねんで」「海の下になってもつぶれてないねんで」「めっちゃすごいわ」と、教えてくれました。

▶出典
†9　吉崎正巳作「ひがたでみつけた」『かがくのとも』6月号、1986年

　干潟に行ったことがなかった5歳の2人にとって、絵本の世界は驚きの連続だったのでしょう。自分たちは、砂場でトンネルをつくっても壊れてしまうのに、干潟の生きものは、壊れない砂のトンネルがつくれる。さらに、「そこにもぐって生活している」という、驚きの技をもっていることへの憧れと感動を、絵本の言葉を使ってうまく表現しています。また、絵本体験では感じられない、五感から言葉をイメージしている様子がみられます。

120

レッスン 9 対話のある生活から育まれる言葉

インシデント⑤ 2人の挑戦「なんか違う」（Hくん／6歳、Iくん／5歳）

　もうカニと遊んでいるころかと干潟に行くと、「Fくん、Gくん、まだー？　男なんやろ。早くおいで」と、Hくんの声が聞こえました。2人を探すと、まだ岸のところで、「『足が埋まりそうだけど平気だよ』なんて嘘やん。めっちゃ気持ち悪いやん」と、ブツブツいいながら、ビーチサンダルについたワカメを取っていました。

　そのとき、「オサガニ見つけた！　早くー」と、手を振って叫んでいるIくんの姿が見えました。途端にはだしになり、ワカメを足につけたまま、2人はIくんのところまで走っていきました。2人が、「見つけた？」とIくんに聞くと、「逃げられた。どこに隠れたかもわからへん。早すぎや」と、あきらめきれずにまわりに開いている穴を注意深く見ていました。

　すると、Hくんが、「丸じゃなくて、横長の穴やからな」と教えていました。「どうして横長なの？」というIくんの問いに、Hくんは、「オサガニは体が横長やから穴も同じ形なんや」と教えていました。

　インシデント⑤では、Iくんの質問に、Hくんが絵本の言葉だけでなく、自分の体験と知識のなかから、「オサガニは体が横長やから穴も同じ形なんや」というように、「〜だから、〜である」と、理論的に話しているところから、5歳から6歳への成長がみられます。

　このように、子どもたちは生活体験のなかから生きた言葉を獲得し、育んでいます。言葉には表面的な意味があるだけでなく、言葉が生まれる背景としての経験や思いによって、生かされていくものであるということを踏まえて、保育環境を準備しましょう。

121

第5章 「言葉」と指導法

演 習 課 題

①実習中、子どもが生活しているなかで、「おもしろいな」「次は、どんなことをするのかな？」と、心ひかれた場面を記録し、そのとき、子どもが発した言葉を書きためておきましょう。それらをグループで読み返したとき、最初に感じた思いと違ったところはあったでしょうか。もし、違った思いがあれば、どのように変化したのか話し合ってみましょう。

②育児語（112頁参照）・幼児語にはどのようなものがあるのか、調べてみましょう。

③次の語句の読み方を書き、その意味を簡単に説明してみましょう。

（1）喃語…[　　　　　　　　　　]

（2）初語…[　　　　　　　　　　]

（3）言葉の爆発期…[　　　　　　　　　　　]

122

レッスン **10**

言葉遊びと絵本教材

本レッスンでは、乳幼児の言葉を育む環境との関わりについて、児童文化財としての「絵本」を中心に学びます。子どもたちは、絵本の世界と自分の生活体験とが結びついたとき、感情が揺り動かされ、伝え合う喜びを知り、豊かな言葉を育んでいきます。そのことを保育の実践例とともに学びましょう。

1. 児童文化財としての「絵本」

1 絵本とは何か

「幼稚園教育要領」において、「絵本や物語などで、その内容と自分の経験とを結び付けたり、想像を巡らせたりするなど、楽しみを十分に味わうことによって、次第に豊かなイメージをもち、言葉に対する感覚が養われるようにすること」と示されているように[†1]、絵本の内容からの子ども理解に視点を置く項目があります。また、「幼稚園教育要領解説」には、「読み聞かせを通して、幼児と教師との心の交流が図られ（中略）一緒に見ている幼児同士も共感し合い、皆で見る楽しさを味わっている」と示されているように[†2]、読み聞かせの役割を重視し、人との関係性に視点を置いている項目があります。

このように、絵本は、読み聞かせる体験により、保育内容「言葉」の領域だけでなく、「人間関係」をはじめ「表現」「環境」「健康」の他領域に広がる保育実践となります。

そこで、言葉と絵による児童文化財である絵本の言葉を大切にした読み聞かせをすることが必要です。読み聞かせることにより、耳から聞く言葉と、絵から想像する言葉が一つになる体験（絵本体験）を、保育のなかに積極的に取り入れましょう。

2 読み継がれる絵本

次ページに、日本で繰り返し読み継がれている、さまざまな国の代表的な絵本を紹介します。これらの絵本がなぜ選ばれているのか、各国の作家たちは、どのようなことを子どもたちに伝えようとしているのか考えながら読んでみましょう。

▶ **出典**
†1 「幼稚園教育要領」第2章「ねらい及び内容」の「言葉」3「内容の取扱い」2017年

▶ **出典**
†2 「幼稚園教育要領解説」第2章「ねらい及び内容」第2節「各領域に示す事項」4「言葉の獲得に関する領域『言葉』」2018年

123

第5章 「言葉」と指導法

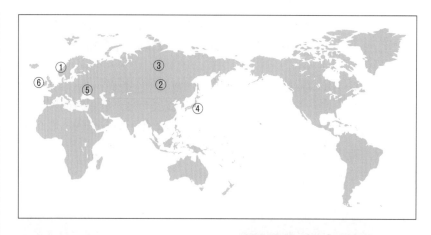

✱ 用語解説
民話
昔話や伝説、世間話などのことをいい、民衆のなかで、口伝えで伝承されてきた説話のこと。「民間説話」ともいう。

①ノルウェーの昔話
『三びきのやぎのがらがらどん』4歳ごろ～
マーシャ・ブラウン：絵、瀬田貞二：訳
福音館書店、1965年

②モンゴルの民話＊
『スーホの白い馬』4歳ごろ～
大塚勇三：再話、赤羽末吉：画
福音館書店、1967年

③ロシアの昔話
『おおきなかぶ』3歳ごろ～
A・トルストイ：再話、
内田莉莎子：訳、佐藤忠良：絵
福音館書店、1966年

④日本の昔話
『ももたろう』5歳ごろ～
松居直：文、赤羽末吉：画
福音館書店、1965年

◆ 補足
再話
昔から伝わる昔話や伝説などを、そのままではなく、現在の表現にするなど、子どもにわかりやすく書き直したもののこと。

⑤ウクライナ民話
『てぶくろ』3歳ごろ～
エウゲーニー・M・ラチョフ：絵、
内田莉莎子：訳、福音館書店、1965年

⑥イギリスの昔話
『三びきのこぶた』3歳ごろ～
山田三郎：絵、瀬田貞二：訳
福音館書店、1967年

2. 絵本の読み聞かせについて

1 読み聞かせの効果

　世界ではじめて脳の働きを科学的に実証した日本大学大学院の研究によると、子どもの脳は、母親の言葉を聞くと、感情や情動に関わる部分が反応しているため、喜怒哀楽を生み出し、その感情に基づいて基本的な行動をつかさどる大脳辺縁系が活発に働いているとしています[3]。また、母親の脳は、子どもの表情や動作を見て相手のことを考えながら読み聞かせているため、思考や創造力、コミュニケーション、感情のコントロールをつかさどる部分が働いているとあります。

　このように、絵本の読み聞かせは、信頼できる大人から読み聞かせてもらうことで、子どもの豊かな感情を養い、「心の脳*」が育つために役立っていると考えられています。

2 読み聞かせの5つのポイント

　読み聞かせの5つのポイントは、以下の通りです。

①絵本がみんなに見えるように工夫する

　開いたページを子どもたち全員が見えるようにむけて、絵本をもつ手で絵が隠れないように注意しましょう。子どもたちが座る位置にも配慮しましょう。

②愛情を込めて読み聞かせる

　大好きな大人に読んでもらうことは、子どもたちにとって一番うれしいことです。それが、お気に入りの絵本であれば、こんなに楽しいことはありません。

③繰り返し読んであげる

　子どもたちは、大好きな場面に何度も出会いたいため、「もう1回！」と、同じ絵本を何度ももってきます。また、繰り返し読むことで、新しい出会いや発見もあります。対話を楽しみ、絵本の楽しさをじっくり味わううえでも繰り返し読むことが大切です。

④読み終わったら、裏表紙までていねいに見せる

　絵本は表紙から裏表紙まで、物語が続いていることも多くあります。文章のないページでも子どもたちは自由にその世界観を楽しみ、想像をふくらませることができます。しっかりと表紙から裏表紙まで見せてあげるようにしましょう。

⑤読み終わった絵本は部屋の絵本棚へ

▶ **出典**

†3　泰羅雅登『読み聞かせは心の脳に届く』くもん出版、2009年

✴ **用語解説**

心の脳

大脳辺縁系のことで、喜怒哀楽を感じるだけでなく、こわい・悲しいことやうれしい・楽しいことの意味がしっかりわかるという役割をもつ。わが身を「たくましく生かしていく」心の脳を育てることを担うのが読み聞かせである。

読み聞かせてもらうだけでなく、自分の好きなページを手に取ってじっくり見ることもあります。子どもが自由に取り出せる場所に、絵本が用意されている環境や、落ち着いた雰囲気で絵本と向き合える環境をつくりましょう。

3 読み聞かせの５つのタブー

読み聞かせのときに避けたほうがよい５つのタブーは以下の通りです。

①子どもの想像力を邪魔するような表現は抑える

大げさに声色を変え、身振り手振りを加えた表現は、子どもの絵本への興味が中断され現実に引き戻されてしまいます。子どもの想像力を途切れさせない読み方をしましょう。

②途中で言葉の説明は入れないように

絵本に書かれた文章は絵と言葉がうまく合うように考えられています。たとえ難しい言葉があっても説明したり、言い換えたりすることなく、言葉のリズムを楽しみましょう。話の前後から、子どもたち自身が言葉の意味を想像していきます。また、わからないであろう言葉が出てきたときには、そっとその言葉が示す絵を指さしてあげるなど、読み聞かせを中断しなくても理解できる環境をつくってあげることがポイントです。

③質問や問いかけに答えるために絵本を中断しない

読み聞かせの途中に子どもから質問があったときは、その子にうなずく程度にし、読み終わったときに、答えてあげるようにしましょう。ただし、②であげたように、絵をさりげなく指し示すなど、読み聞かせを中断しなくても理解できるような環境をつくることも大切です。

④読み終わったあとに感想を聞かない

読み聞かせでは心の中に広がった絵本の世界を大切にしましょう。子どもたちから感想を聞くことはなるべく避け、物語の余韻を楽しむようにしましょう。

⑤無意識の早口に注意

緊張すると無意識のうちに早口になっていることはありませんか。子どもたちが物語に集中できるよう、読み聞かせる前には、何度も練習し、はっきり、ゆっくり、心を込めて読んであげましょう。また、絵をじっくり見せるため、ページはゆっくりめくるとよいでしょう。

3. 子どもの成長と絵本

　絵本は子どもが生まれてはじめて出会う"本"です。そして、乳幼児にとっては、大人が読んであげる本です。では、赤ちゃんから就学前までの子どもには、どんな絵本を読んであげればよいのでしょう。

　まず、絵本を選ぶときは、子どもの成長（言葉や遊び体験）にともなっていることが大切です。ここでは、絵本選びのポイントと参考になる絵本の一例を紹介します。

1　0歳児の読み聞かせ

　赤ちゃんは、一人ひとりの発育に個人差がありますが、生後6か月ごろから絵本に興味をもち始めます。言葉を覚える前の読み聞かせでは、安心できる大人からの心地よい声を聞いて、絵本の世界に入っていけるようになります（図表10-1）。

図表 10-1　0歳児の読み聞かせ

	0か月から	6か月から
言葉	・**クーイング**（2〜3か月ごろ） ・**喃語がでる**（4〜5か月ごろ） ・お母さんの声がわかるようになる	・反復喃語（6〜7か月ごろ） ・指さしが始まる（8〜9か月ごろ） ・名前を呼ばれたら振り向く
遊び	・あやしてもらうと喜ぶ ・指しゃぶり ・動くものを見る ・くすぐると大喜び	・探索活動が活発 ・模倣し始める ・つまむ・叩くなど手や指を使って遊ぶ
絵本選びのポイントと絵本	・**ファーストブック**は6か月から ・この時期は大人の心地よい声の体験と肌のふれあいが大切 【わらべうた】 顔遊び、しぐさ遊び ・めんめんすーすー ・じーかいて　ぽん ・じーじーばあ　など	・オノマトペや言葉にリズムがあるもの ・絵柄がシンプルで、絵の色彩がはっきりしているもの ・身近なものや遊びに関係するもの 【絵本】 『ごぶごぶ　ごぼごぼ』（駒形克己：作、福音館書店、1999年） 『あがりめ　さがりめ——おかあさんと子どもの　あそびうた』（ましませつこ：絵、こぐま社、1994年）

2　1歳児の読み聞かせ

　言葉の獲得や自我の目覚めなど発達が著しい時期です。生活に密着した絵本や、簡単なストーリーのあるものを選んであげると、絵本をめくる楽しさを感じることができます（図表10-2）。

参照

クーイング
→レッスン9

喃語
→レッスン6

三項関係
→レッスン7

用語解説

ファーストブック
「人生で初めて出会う本」「生まれて初めて出会う本」のこと。生まれたばかりの赤ちゃんの視力は0.01程度と言われている。そのため、絵本の読み聞かせをするなら、視力が0.1程度になり、形や色の変化が認識できる生後6か月以降の方が楽しめる。

図表 10-2 1歳児の読み聞かせ

	1歳から	1歳半から
言葉	・初語 ・一語文を話す ・大人に対してイヤイヤが始まる	・二語文を話す ・大人の言葉をオウム返しする ・友だちの名前がわかる
遊び	・ものを出したり入れたりする ・押して歩く遊びを好む ・すべり台をすべる	・積み木を積んだり崩したり繰り返し遊ぶ ・簡単なひも通しができる
絵本選びのポイントと絵本	・言葉を獲得する時期なので、シンプルな言葉の繰り返しがでてくるもの 【絵本】 『がたんごとん がたんごとん』（安西水丸：作、福音館書店、1987年） 『ころころころ』（元永定正：作、福音館書店、1984年） 『きゅっ きゅっ きゅっ』（林 明子：作、福音館書店、1986年）	・イメージを育むもの（たとえば、果物の名前が並べられているだけでなく、おいしさを目で味わえるもの） 【絵本】 『くだもの』（平山和子：作、福音館書店、1981年） 『いただきまあす』（渡辺茂男・作、大友康夫：絵、福音館書店、1980年） 『どうぶつのおやこ』薮内正幸：作・絵、福音館書店、1966年）

3 2歳児の読み聞かせ

発声が明瞭になり、語彙が著しく増加してくる時期です。また、自分の意思や欲求を言葉で表現しようとするので、絵本のなかで会話を楽しむことができます（図表10-3）。

図表 10-3 2歳児の読み聞かせ

	2歳から	2歳半から
言葉	・簡単な文章を話す ・発声が明瞭になり語彙が著しく増加する ・自分のことを名前で呼び始める	・意思や欲求を言葉で表す ・赤ちゃん言葉が出なくなる
遊び	・見立て、ふり遊び ・手遊び、指遊びを喜ぶ	・ごっこ遊びが始まる ・粘土でおだんごをつくる ・簡単なルール遊びができる
絵本選びのポイントと絵本	・基本的な運動機能や指先の発達にともなったもの ・模倣が盛んになるので、共通性を見いだせるもの 【絵本】 『どろんこ どろんこ！』（渡辺茂男：文、大友康夫：絵、福音館書店、1983年） 『ぼくのくれよん』（長 新太：作・絵、講談社、1993年）	・行動範囲が広がり探索活動が盛んになるので、生活体験できるもの 【絵本】 『さんぽのしるし』（五味太郎：文・絵、福音館書店、1989年） 『はけたよ はけたよ』（神沢利子：文、西巻茅子：絵、偕成社、1970年）

レッスン 10　言葉遊びと絵本教材

『おかあさんといっしょ』（薮内正幸：作、福音館書店、1985年） 『おにぎり』（平山英三：文、平山和子：絵、福音館書店、1992年） 『しろくまちゃんのほっとけーき』（わかやまけん：作、こぐま社、1972年）	『ちいさなうさこちゃん』（ディック・ブルーナ：文・絵、石井桃子：訳、福音館書店、1964年）

4　3歳児の読み聞かせ

　友だちを意識し始め、同じものを好み、同じ遊びをそれぞれが楽しむ平行遊びが多くなる時期です。また、話し言葉の基礎ができ、「なに？」「どうして？」などの知的好奇心も高まり、簡単なストーリーを理解し始めます（図表10-4）。

図表 10-4　3歳児の読み聞かせ

	3歳から	3歳半から
言葉	・話し言葉の基礎ができる ・自分の気持ちが伝えられる ・自分のことを一人称で話す	・「なぜ？」「どうして？」といろいろなことに興味をもつ ・時間の表現ができる
遊び	・役割遊びが始まる ・目的をもった積み木遊びができる ・日常生活を再現したごっこ遊びができる	・ルールのある遊びができるようになる ・手先を使った遊びをし始める
絵本選びのポイントと絵本	・生活に密着し、簡単なストーリーが楽しめるもの 【絵本】 『かばくん』（岸田衿子：作、中谷千代子：絵、福音館書店、1966年） 『ぐりとぐら』（中川李枝子：作、大村百合子：絵、福音館書店、1967年） 『ぞうくんのさんぽ』（なかのひろたか：作・絵、なかのまさたか：レタリング、福音館書店、1977年）	・大人をまねたり、生活で経験したことを予想しながら楽しめるもの ・「もう1回読んで！」と言われる絵本との出会いをつくる 【絵本】 『おでかけのまえに』（筒井頼子：作、林明子：絵、福音館書店、1981年） 『ぼくはあるいた　まっすぐまっすぐ』（マーガレット・ワイズ・ブラウン：作、坪井郁美：訳、林明子：絵、ペンギン社、1984年）

◆補足

『ちいさなうさこちゃん』
主人公のうさぎは、オランダ語では、ナインチェ・プラウスという名前です。ナインチェがうさぎちゃん、プラウスはふわふわの意味。オランダ語から日本語に訳したときに、「うさこちゃん」となり、英語に訳したときに、「ミッフィー」と名づけたことにより、同じキャラクターでも、名前が異なる形となった。

129

第5章　「言葉」と指導法

5　4歳児の読み聞かせ

　想像力が豊かになり、目的をもって行動しながら試したりもしますが、結果を予測して不安になるなどの葛藤も経験する時期です。感情が豊かになり、身近な人の気持ちを察することもるようになるので、絵本の主人公になってさまざまな体験を楽しむことができます（図表10-5）。

図表10-5　4歳児の読み聞かせ

	4歳から	4歳半から
言葉	・話し言葉の完成 ・自分と他人の区別がはっきりとわかり、相手のことを二人称で話す ・わざと汚い言葉を使いだす	・自分の意思表示が理由とともにできる ・幼児語がほぼなくなる
遊び	・同性で遊ぶことが増える ・ジャンケンを理解して遊ぶことができる ・ゲーム遊びを喜ぶ	・遊びをとおして、数や記号、文字に興味をもつ ・けんかをすることも増える
絵本選びのポイントと絵本	・身近な生活から生まれた、ファンタジーの世界が楽しめるもの ・葛藤の経験がうかがえるもの 【絵本】 『そらいろのたね』（中川李枝子：文、大村百合子：絵、福音館書店、1967年） 『こんとあき』（林明子：作、福音館書店、1989年） 『かいじゅうたちのいるところ』（モーリス・センダック：作、じんぐうてるお：訳、冨山房、1975年）	・社会性の育ちがめばえるもの 【絵本】 『こすずめのぼうけん』（ルース・エインズワース：作、石井桃子：訳、堀内誠一：画、福音館書店、1977年） 『はじめてのおつかい』（筒井頼子：作、林明子：絵、福音館書店、1977年） 『わたしのワンピース』（西巻茅子：作・絵、こぐま社、1969年）

6　5歳児の読み聞かせ

　友だちと言葉によって共通のイメージをもって遊ぶなど、集団で行動することが増える時期です。また、自分なりに考えて判断する力が生まれ、社会生活に必要な力を身につけています。そのため、少し長めの作品でも落ち着いて聞けるようになり、物語絵本が最も必要になる時期です（図表10-6）。

図表10-6　5歳児の読み聞かせ

	5歳から	5歳半から
言葉	・順序だてて話ができる ・経験したことを思い出しながら話せる ・助詞を正しく使える	・会話に文脈がみられる ・相手や状況に応じた言葉が使える ・体験をもとにそのときの感情を言葉にできる
遊び	・役割遊びの充実・探険遊びが始まる ・自分たちでルールを決めて集団遊びができる	・自分で話をつくる ・折り紙を楽しむ ・集中して遊び込める

◆補足
行きて帰りし物語
ファンタジーの類型の一つ。物語中で登場人物が、異世界など、どこかへ行って、物語の最後で戻ってくる。『はてしない物語』（ミヒャエル・エンデ作／岩波書店）などが代表。ファンタジーに限らず神話など物語そのものの原点ともよべる安定した形式である。

| 絵本選びのポイントと絵本 | ・自尊心を育むもの
・思考力を育むもの
【絵本】
『あやちゃんのうまれたひ』（浜田桂子：作・絵、福音館書店、1999年）
『きょうはなんのひ？』（瀬田貞二：作、林明子：絵、福音館書店、1979年）
『おしいれのぼうけん』（ふるたたるひ・たばたせいいち：作、童心社、1974年） | ・物語の世界が楽しめるもの
【絵本】
『てんのくぎをうちにいったはりっこ』（かんざわとしこ：作、ほりうちせいいち：絵、福音館書店、2003年）
『すてきな三にんぐみ』（トミー・アンゲラー：作、今江祥智：訳、偕成社、1969年）
『おおかみと七ひきのこやぎ』（グリム：作、フェリクス・ホフマン：絵、瀬田貞二：訳、福音館書店、1967年） |

4. 絵本の世界を楽しむ

　自分の生活体験をとおして絵本の世界に浸っている子どもは、同じ絵本であっても、感じる内容は日々変化しているようです。その日の絵本を見る状態や、気持ちの変化によっても違っています。また、反対に、繰り返し読んでも、同じ場面を同じ思いで見ることもあります。

　このような絵本体験をクラスの友だちと共有することで、遊びが深まり、遊び込む楽しさを実感するのでしょう。

　ここでは、絵本をもとに遊びが広がった事例をいくつか紹介します。

1 言葉遊びへの広がり

インシデント①　絵本の内容と生活体験が結びつく　（5歳児）

❻『なこちゃんとカータロウ』
（安江リエ：作、織茂恭子：絵、福音館書店、2004年）

　園庭で遊んでいたAくんとBくんが、「これは？」といいながら、交代で鉄棒にぶら下がっていました。そこへCくんが、「何してるの？」と聞きに行くと、2人は、「なこちゃんとカータロウごっこ」と答えました。意味がわからなかったCくんが、「え？」とふしぎそうに聞くと、「鉄棒にぶら下がって逆さむきで見たら、名前も逆さまになるんやで」と、教えてくれました。Cくんも参加し、「ばなすは？」「すなば」、「うぼつては？」「てつぼう」と、遊具名の逆さ言葉遊びを楽しんでいました。

　しかし、「ジャングルジム」だけは難しかったのか、Bくんが考えた末に、「ジャム」というと、Aくんたちも、「みじか（＝短い）言

葉や」といって、自分たちの言葉遊びを楽しんでいました。

　Aくんたちが逆さ言葉遊びを始めたきっかけは、幼稚園の発表会で、絵本『なこちゃんとカータロウ』の内容をもとにした表現遊びをしたことだったようです。それが楽しい思い出となって残り、遊びに取り入れたのです。絵本の登場人物は、遊具を逆さ言葉にして遊ぶのですが、Aくんたちは、遊具だけでなく、身のまわりの「はしばこ」「ぼうし」「たいそうふく」という言葉や、友だちの名前も逆さまに読むなど、言葉遊びが広がっていきました。

　このように、遊びが鮮明な記憶として残っている背景には、身近な生活のなかで時間や場所の制限もなく、夢中で友だちと遊ぶことができた充実感があり、友だちが考えていることを感じ取りながら遊んだことだったりするようです。絵本はそうした遊びを生み出すきっかけになります。

2　言葉の繰り返しとリズム

　絵本を読み聞かせていると、自然と声に抑揚やリズムがついて、言葉が生き生きとしてきた体験はありませんか。目で読むだけでは感じられなかった、声の響きや息づかいには、語り手の感情も自然に表れてきます。子どもは、耳で言葉を聞いてリズムをとり、響きが身体に伝わって、手足を動かして楽しみます。

　たとえば、次のような事例があります。

インシデント②　あじのひらき　（2歳児）

『あじのひらき』
（井上洋介：作、福音館書店、2002年）

　読み聞かせの時間に、絵本『あじのひらき』を読みました。Dくんはかなり気に入ったようで、お迎えに来られたお母さんにむかって、「あじのひらき」と叫んだ。お母さんは、何のことだかわからず、「○○のひらき？」（＝自宅近くにある食品会社名）と、聞き返しましたが、Dくんは、「違う、あじのひらきや！」というなり、手を真横に広げ、「あじのひらき」とポーズを決めました。体全体であじのひらきを表現していた姿と、言葉のリズムがおもしろかったのか、一緒にお迎えを待っていたEちゃんやFくんもDくんをまねて、あじのひらきポーズを楽しんでいました。

そのうち、同じ場所だけでは満足できなかった3人は、両手を広げたまま、横にギャロップをし、♪あじ、あじあじ、あじのひらきー、ひらき！　と、歌いながら、動きと言葉のリズムを楽しんでいました。

3 絵本から生まれたわらべうた遊び

次のインシデントは、ある保育士が、自分が幼少のころの絵本体験と、実習時代の担当のクラスの子どもの絵本体験を重ねたものです。

インシデント③　母親の言葉からよみがえる記憶　（保育士）

『めっきらもっきら　どおんどん』（長谷川摂子：作、ふりやなな：画、福音館書店、1990年）

わたしが保育所実習で読む絵本を探して『めっきらもっきらどおんどん』を出したとき、お母さんが横から、「この本、ずーっと読まされたんやで。寝る前になったら、この本読んで！　って、何日続いたか」と言って笑ってました。ボロボロになっていたから、「これどうしたん？」って聞いたら、「Gが好きで、ずーっと読んでたからやん」とか、いろいろ教えてくれました。

わたしは、『めっきらもっきら　どおんどん』のなかに出てくる、「ちんぷくまんぷく」の歌が大好きで、保育士になった現在も、クラスの子どもたちに読んであげるときは、つい歌ってしまいます。すると、子どもたちも、いつの間にか口ずさむようになりました。

絵本のなかの言葉は、**語り手***によって、生きた言葉として**聞き手***に伝わります。Gの子どものころの記憶に残る心地よさが、クラスの子どもたちに読み聞かせるときにも表れて、子どもたちも「ちんぷくまんぷく」の歌を口ずさむようになったようです。

```
＜子どもたちがつくった　わらべうた＞

ちんぷくまんぷく
あっぺらこのきんぴらこ    ……せっせっせの手合わせ
じょんがらぴこたこ

めっきらもっきら          ……場所交代

どおんどん              ……後ろ向き
```

※ **用語解説**
語り手
絵本を読み聞かせる者。

聞き手
絵本を聞いている者。

第5章　「言葉」と指導法

　　Gが幼稚園に通っていたときのクラスでは、♪ちんぷくまんぷく〜のフレーズから、わらべうた遊びを自分たちで考えてつくっていました。
　このように、絵本を読み聞かせてもらうことで、耳から聞く言葉そのものを楽しむ（インシデント①）、言葉のリズムを楽しむ（インシデント②）、記憶に残っている言葉のリズムから感情がよみがえる（インシデント③）など、それぞれの楽しみ方があるようです。また、読み聞かせるだけでなく、絵本を楽しんだ子どもたちは、逆さ言葉遊び、リズム遊び、わらべうた遊びへと発展させています。こうした子どもたちの発想を保育のなかに生かしていきましょう。

演 習 課 題

①次の絵本作家の作品を2冊ずつ探してみましょう。
　　（1）林　　明子［　　　　　　　　　　］［　　　　　　　　　　］
　　（2）加古　里子［　　　　　　　　　　］［　　　　　　　　　　］
　　（3）元永　定正［　　　　　　　　　　］［　　　　　　　　　　］
　　（4）中川李枝子［　　　　　　　　　　］［　　　　　　　　　　］
　　（5）渡辺　茂男［　　　　　　　　　　］［　　　　　　　　　　］
　　（6）平山　和子［　　　　　　　　　　］［　　　　　　　　　　］
　　（7）中川ひろたか［　　　　　　　　　］［　　　　　　　　　　］
　　（8）長　　新太［　　　　　　　　　　］［　　　　　　　　　　］
　　（9）五味　太郎［　　　　　　　　　　］［　　　　　　　　　　］
　　（10）片山　　健［　　　　　　　　　　］［　　　　　　　　　　］
②5歳児の担任になりました。はじめて子どもたちの前で読み聞かせる
　絵本のタイトルを書き、選んだ理由も書いてみましょう。

レッスン 10　言葉遊びと絵本教材

③『ことばあそびうた』（谷川俊太郎：詩、瀬川康男：絵）から、好き
　な詩を１つ選んで、手遊びやわらべうた遊びを考えてみましょう。

参考文献………………………………………………………………………

レッスン9

　秋田喜代美・中坪史典・砂上史子『保育内容領域「言葉」——言葉の育ちと広がりを
　　求めて』みらい　2009年

　磯野久美子・名須川知子・髙畑芳美「子育て支援ルームにおける「プレイストーリー」
　　の試み」『兵庫教育大学研究紀要』48　2016年

　鯨岡峻『原初的コミュニケーションの諸相』ミネルヴァ書房　1997年

　戸田雅美『演習 保育内容 言葉』建帛社　2009年

　室田一樹『保育の場で子どもを理解するということ』ミネルヴァ書房　2016年

　文部省「幼稚園教育要領」1964年

　『幼保連携型認定こども園教育・保育要領、幼稚園教育要領、保育所保育指針＜原本＞』
　　チャイルド本社　2014年

　森上史朗・柏女霊峰編『保育用語辞典（第8版）』ミネルヴァ書房　2015年

レッスン10

　梅本妙子『ほんとの読み聞かせしてますか』エイデル研究所　1989年

　佐々木宏子『絵本の心理学——子どもの心を理解するために』新曜社　2000年

　泰羅雅登『読み聞かせは心の脳に届く』くもん出版　2009年

　瀧薫『保育と絵本 発達の道すじにそった絵本の選び方』エイデル研究所　2010年

　室田一樹『保育の場に子どもが自分を開くとき』ミネルヴァ書房　2013年

　松居直『松居直自伝——軍国少年から児童文学の世界へ』ミネルヴァ書房　2012年

　松居直『松居直と「こどものとも」——創刊号から149号まで』ミネルヴァ書房
　　2013年

　福岡貞子・伊丹弥生・伊東正子ほか編著『多文化絵本を楽しむ』ミネルヴァ書房
　　2014年

おすすめの1冊

室田一樹『保育の場に子どもが自分を開くとき』ミネルヴァ書房　2013年

保育者が目指すところは何か？　と難しく考える前に、子どもと一緒に遊びを楽しむこ
と、遊びは子どもや保育者の気持ちをほどいてくれる。そのヒントがエピソード記述と
して詰まっている1冊。

135

第6章

「表現」と指導法

本章では、保育内容「表現」と指導法について学んでいきます。保育における表現活動は歌やリズム遊び、絵などさまざまな方法があります。子どもたちがいきいきと表現するためにはどのような援助が必要かを学びましょう。

レッスン11　生活における感性と表現

レッスン12　音・もの・身体の動きによる表現

レッスン **11**

生活における感性と表現

本レッスンでは、子どもの感性の育ちと表現につながる基本的な考え方について学びます。保育における表現活動は、歌やリズム遊び、絵などさまざまな方法があり、これらは「心の動き」を相手に伝達する手段でもあります。子どもたちの表現が素直に表れるためには、どのように導くのかを学びましょう。

1. 保育内容 領域「表現」について

1 領域「表現」とは

「幼稚園教育要領」「保育所保育指針」および「幼保連携型認定こども園教育・保育要領」では、感性と表現に関する領域を「表現」と位置づけています。「表現」の目標には、子どもたちが、感じたことや考えたことを自分なりに表現することを通して、生活のなかで感性や表現する力を養い、創造性を豊かにすることが示されています。「内容の取扱い」と

▶ **出典**

†1 「幼稚園教育要領」第2章「ねらい及び内容」2017年、「保育所保育指針」第2章「保育の内容」3「3歳以上児の保育に関するねらい及び内容」2017年、「幼保連携型認定こども園教育・保育要領」第2章「ねらい及び内容並びに配慮事項」第3「表現」2017年

◆ **補足**

下線部について、「幼稚園教育要領」では「幼児」「教師」、「幼保連携型認定こども園教育・保育要領」では「園児」または「幼児期」「保育教諭」となっている。

なお、「幼保連携型認定こども園教育・保育要領」では、「内容の取扱い」に文言が追記されている。

(1)豊かな感性は、身近な環境と十分に関わる中で美しいもの、優れたもの、心を動かす出来事などに出会い、そこから得た感動を他の子どもや保育士等と共有し、様々に表現することなどを通して養われるようにすること。その際、風の音や雨の音、身近にある草や花の形や色など自然のなかにある音、形、色などに気づくようにすること。

(2)子どもの自己表現は素朴な形で行われることが多いので、保育士等はそのような表現を受容し、子ども自身の表現しようとする意欲を受け止めて、子どもが生活の中で子どもらしい様々な表現を楽しむことができるようにすること。

(3)生活経験や発達に応じ、自ら様々な表現を楽しみ、表現する意欲を十分に発揮させることができるように、遊具や用具などを整えたり、さまざまな素材や表現のしかたに親しんだり、他の子どもの表現に触れられるよう配慮したりし、表現する過程を大切にして自己表現を楽しめるように工夫すること。

レッスン 11　生活における感性と表現

して、それぞれ前ページの3項目があげられています[†1]。

2　領域「表現」に至る経緯

このような領域「表現」に至った歴史的経緯について、学びましょう。

①1948〜1956年

1948（昭和23）年制定の幼稚園教育要領試案「保育要領」における幼児の経験12項目には、「**リズム**」と「音楽」が示されていました。当時の「リズム」の目的は、幼児一人ひとりに共同の音楽的な感情やリズム感を満足させ、子どもの考えていることを身体の運動に表させ、いきいきと生活を楽しませることとありました。

「リズム」は、「唱歌遊び」と「リズム遊び」の2つに分類されています。「唱歌遊び」は、子どもの自由な表現を重んじた歌唱をともなう動きの表現であり、「リズム遊び」は、直接経験したことや自然現象などを身体をとおして表すことです。

一方、「音楽」の内容は、「旋律の美しく明るい単純な歌を歌う」「最初に曲を十分よく聞かせたうえで、幼児に自由な楽器を選択させて演奏させる」「よい音楽を聞く」といった、小学校音楽科に準じたものといえます。

②1956〜1989年

1956（昭和31）年から1989（平成元）年改訂までの「幼稚園教育要領」「保育所保育指針」においては、音楽活動と動きのリズム表現を示す「音楽リズム」と「絵画製作」という項目になりました。

「音楽リズム」では、幼児の発達上の特質として「節のくり返しを喜ぶ」「身体的なリズムを通して、周囲の音やリズムを模倣的に表現したり、自分の感じたこと、考えたことなどを創造的に表現したりする」と示されました。そのうえで、「望ましい経験」として、「歌を歌う」「歌曲を聞く」「楽器をひく」「動きのリズムで表現する」という4項目をあげています。

「音楽リズム」の特徴として、「指導」という言葉が頻繁に使用され、指導計画の作成や評価を保育者に求めたことから、保育の場では教科的な考え方に傾倒していきました。コンクールや鼓笛隊が流行し、そのための練習に保育の時間を多く費やす園もありました。そこで、幼児の生活経験を大切にするという幼児教育としての基本的な考え方に立ち返る必要性に迫られ、改訂となりました。

③1989年以降

「幼稚園教育要領」「保育所保育指針」および「幼保連携型認定こども

◆ 補足

「リズム」
この「リズム」という言葉は、狭義の音楽用語の意味としてとらえるのではなく、音楽に合わせた身体表現なども含む広義の意味で使用されるようになった（日本保育学会編『日本幼児保育史第六巻』フレーベル館、1985年、258頁）。

第6章 「表現」と指導法

園教育・保育要領」では、感性と表現に関する領域「表現」と示されています。「音楽リズム」や「絵画製作」を含む保育内容が、「表現」へと変更した理由について、「総合的な遊びや活動を通して、楽しく生活するなかで領域のねらいがそれぞれ達成されるとする『領域』の本来の意義からかけ離れるきらいがあった」と記されています[2]。その背景に、一部の幼稚園では、あたかも小学校の教科指導のように扱われ、幼児の活動としてふさわしくない、技術的に高度なものを求める傾向への指摘といえます。

　そこで、「表現」では、子どもの発達に応じた「あらわし全般」を指すように改められました。幼児の自己表現は素朴な形で行われることが多いことから、保育者は幼児自身の表現しようとする意欲を受け止めることが大切です。さらに、幼児が生活のなかで幼児らしいさまざまな表現を楽しむことができるように環境を設定し援助するとともに、その過程やほかの幼児の表現にふれられるような配慮を大切にしています。

> **出典**
> [2] 民秋言編『保育原理』
> 萌文書林、2006年、75頁

2. 感性について

1 感性とは何か

　「感性が豊かだね」といった言葉を耳にすることがあります。これは、リズム感がよかったり、音の高低を聞き分けたりする能力をもつ場合に使用されます。また、人は同じ絵を見ても、感性の違いにより感動の度合いに個人差が出ることがあります。

　感性については、多くの実践者や研究者によりさまざまな解釈がありますが、知性や感情の働きを起こさせる初発の心の動きであり、刺激に対する敏感さ、感じ方ともいえるでしょう。

2 乳幼児の感性を育むために

　喜怒哀楽をはじめ、子どもの感性を豊かに育てるためには、保育者自身の感性を日ごろから磨くことが大切です。そこで、保育者は日常生活における美的なものや心動かす出来事に敏感に気づく感覚を養いましょう。

　保育者は、刺激や体験のなかで感動する心の動きを発信するとともに、子どもの感情に共感することが求められます。子どもがみずからの発見によって心を動かされている場面で、保育者も一緒に感動する姿は、感性の共有という点で大切です。子どもの感性を豊かに育むことは、豊か

な表現へとつながります。

3. 表現について

1 表現とは何か

　表現とは、心の状態や過程、指向、意味などを感性的な形で表に出すことを意味しています。自己の内的な思いや考えを外に表すことにより、自分で意識化したり、誰かに伝えようとしたりする行為でもあります。これらの行為には、表情、身振り、動作、言語、声、絵、音など、さまざまあげられます。つまり人の生活には、どこにでも表現があるといえます。

　黒川は、「表現を受け止めてくれる人（保育者や仲間たち）との間の、安定した信頼関係や、周囲の環境との、新鮮で創造的な応答関係などと連動する」と述べ、表現を他者に伝える手段として位置づけています[3]。

　ただし表現が育つ過程はさまざまで、同じ道筋をたどるわけではありません。生育環境、遊び、体験、音楽、絵画、ダンスなどの経験、また表現を楽しむ大人やきょうだいの存在などにも影響されるといえるでしょう。

　保育者は、個々の子どもの表現の育ちを、何気ない日常生活の流れのなかで、ていねいに読み取ることが必要になります。また、さまざまな経験をとおして子どもの感性が豊かになり、表現したいという意欲が育つよう、保育者が共感し援助することが大切でしょう。

> **▶出典**
> †3　黒川建一・小林美実編著『保育内容・表現（第2版）』建帛社、1989年、6頁

2 表出から表現へのプロセス

　人間が外界との接触により生じた心の動きを外に表そうとするのは、自分の存在を確認したいからであるといわれています[4]。

　子どもの表現には、日常生活のなかで無意識に出る「表出」と、意識してあらわす「表現」に分けることができます。

　では、「表出」から「表現」に至る過程を段階別にみていきましょう。

①第一段階（0〜1歳ごろ）

　乳児期の子どもは、おなかがすいた、眠い、心地よいといった、快・不快による生理的な現象をまわりの人に伝えます。このような無意識に表れ出る表出的要求に保育者がこたえることで、子どもとの関係性が生まれます。また、保育者が子どもに歌いかけたり、体を揺らしたりすることにより、子どもは感覚的な心地よさや他者の存在に気づくようにな

> **▶出典**
> †4　小島律子・澤田篤子編『音楽による表現の教育──継承から創造』晃洋書房、1998年

第6章 「表現」と指導法

ります。

②第二段階（1～2歳ごろ）

　子どもは音楽の拍に合わせて体を動かすというように、外界からの刺激に対して無意識的に体で合わせるようになります。その際に、周囲の人が、喜びや励ましの反応をすることにより、子どもは自分の表現に意味があることに気づきます。また、保育者が子どもと一緒に体を動かしたり、声で合わせたりすることで、応答的なやりとりに発展します。

　インシデント①　いないいないばあ　（1歳児）

　　保育者が「いないいないばあ」といって自身の顔をスカーフで隠すと、Ａちゃんは「ばあ」でスカーフを取ろうとします。保育者の顔が見えると喜びの表情を表し、次に自分の顔にスカーフをかけて顔を隠そうとし、保育者にスカーフを取ってもらって「ばあ」の表情をつくります。そうして保育者とほほえみを共有する遊びを繰り返しました。

③第三段階（3～4歳ごろ）

　子どもは映像や実演から刺激を受けて、音楽に合わせて繰り返し身体表現を行うことを楽しむようになります。その表現方法は、段階的に広がりをみせるようになります。また、子どもは、自分の感じたことや思ったことを誰かと共有したいという共感の気持ちをもつようになります。表現の過程を楽しむとともに、他児の模倣なども行います。

　インシデント②　ヒーローになりたい　（3歳児）

　　Ｂくんは自宅で青レンジャー（ヒーロー）の映像を見ながら、音楽に合わせて踊ろうと、手足を動かし始めていました。園では、レンジャーの動きを確実に表現している他児の姿を見て、自分も同じ動きをとろうと他児の横で見ながら模倣するようになりました。

　3歳ごろの子どもは、強いものへの憧れの気持ちや、好みのリズム表現遊びが、自己表現として表れます。また、他児の模倣を行うことで、共通の意識をもっていることを自覚できるなど、パフォーマンスやごっこ遊びにつながります。

④第四段階（4～6歳ごろ）

　年齢が上がるに従って、「忍者」など目の前にないものや行為を思い

レッスン 11　生活における感性と表現

浮かべて、イメージをもつことができるようになります。また、日々の生活のなかで出会う事象に対するイメージをお互いに出し合いながら、他児と共有することができるようになってきます。そこで、子どもたちから好みの音楽を保育者に要求することもあります。

　動きに関しては自分たちの意見を積極的に出し、見せ合いながら仲間と協力して表現しようとします。

　意図をもった表現が明確にみられるようになると、子どもたちは表現したものを誰かに見てもらいたい、認められたい、褒められたいといった意識が芽生えてきます。その目的が、生活発表会や運動会などにおいて達成されることが多くあります。

３▶ 表現を豊かにするために

　子どもの表現は、素朴な形で表されます。そのためには、子ども自身が感じたり考えていることを、のびのびと表すことができる環境が必要です。また、表現は順序よく表されるわけではないため、保育者は子どものわずかな動きや表情を読み取って、その背景にある子どもの心の動きを推察します。そのうえで、言葉がけや態度で支えていくことが大切です。

4.　生き物の観察から表現へ

　子どもたちは生き物の観察をとおして、新たな表現を生むことがしばしばあります。それには、保育者の援助も大切になります。

　たとえば、子どもが生き物をつかまえて園にもってきた場合、保育者はどのようなリアクションをし、次にどのような活動につなげていくとよいでしょうか。ある幼稚園の事例をみてみましょう。

インシデント③　カエルの飼育（年長クラス）

　ある子どもが、池でつかまえたカエルを持参したので、保育者はカエルがいた池の絵を描いてもらいました。その絵には、大きな石によってできる高いところと、水のある低いところがありました。また周辺には草も生えているようです。そこで、保育者は子どもたちと絵のような環境をどのようにしたら保育室で再現できるかを相談しました。

　そこでまず、子どもたちは大きな水槽を園内で探すことから始め、

143

次に、砂利や池の中の草もとりに行って用意することになりました。また、カエルを飼育するために何が必要なのか、子どもたちと保育者とで一緒に図鑑などを見たところ、エサはミミズなどの生きた虫でないといけないことがわかりました。子どもたちは、ベランダの植木鉢の下にいたなど、意見を出し合い、エサはできるだけ皆でみつけて園に持参することになりました。

　カエルのすみかは、できるだけこれまでの環境と同じようにと考え、子どもたちと相談しながら、大きな石と砂利のあるところ、そして水がある低いところに配置しました。

　実際にカエルのいる池を見てみたいという子どもたちの声から、翌日クラス全員で見に行くことになりました。池に行くと、大小多数のカエルがいます。子どもたちがカエルをつかまえようとそばに行くと、池の中に入ってしまいます。それでも何とか大小5匹のカエルをつかまえて、エサとなるミミズとともに園に戻りました。水槽の中では、石の上でじっとするカエルや、人の声に驚いて水に潜るカエルなどいろいろな動きがみられました。

　子どもたちは、友だちが持参したカエルを飼育するために、まず図鑑を使って、エサのつかまえ方から飼育環境に至るまでを調べています。そして、子どもたちの希望で池にカエルの生態も見にいっています。保育者は、子どもたちがカエルを飼育するうえでの共通の知識がもてるように、たびたび話し合いの機会をもつことを心がけているのがわかります。

　次に、カエルを飼育することによって、子どもたちに表現が生まれていく様子をみてみましょう。

インシデント④　カエルを身体で表現

　子どもたちのなかからカエルごっこ遊びが展開されました。そこで保育者は、カエルごっこの身体表現活動と、画用紙を切ってカエルを製作する活動へとつなげていきました。

　身体表現活動では、子ども役とカエル役に分かれ、子どもたちは「こーい、こーい、カエル」とはやし立てます。するとそれまで石

の上に座っていたカエル役の子どもたちは一目散に池の中にザブンと入り、泳ぐまねをして遠くに離れていきます。

　カエルを画用紙で製作する活動では、実際にカエルを手にもって観察している子どももいます。そこでは、カエルの足について「真ん中で曲がっているね」「足は意外と長い」など、カエルを見た感想を話しながら、製作への意欲を駆り立てている様子がみられます。保育者は「長い間カエルをつかまえておくと体が疲れてかわいそうだから、あと少しで水槽に戻してあげてね」と声かけをしています。

　子どもたちが画用紙でつくったカエルのなかには、足を折り曲げてジャンプができそうな形に仕上げようとしている作品もありました。

　カエルの飼育から発展した、「動く」「つくる」表現活動では、実際にカエルが跳び出す瞬間を間近に見ることができる環境があり、そのまま身体で表現しています。保育においてカエルの表現となると、音楽に合わせて皆で一斉的に同じ表現を行うことが多くなりがちですが、ここでは、個々に異なった表現方法が大事にされています。

　また、多くの子どもたちがカエルを手にもち、伸びた足の形をそのまま製作において再現しようとするなど、実際に命ある生き物と直接ふれあう経験は、観察に基づいた感性豊かな表現を生み出しています。

5. 遊びのなかで育つ感性と表現

1 保育者の役割

①子どもたちの要求にこたえる

　発達初期の子どもの表現は、無意識に出る表現か意図した表現か分別しにくいことがあります。後者は、人との関わりを重ねるなかで、自分の思いが伝わることに気づくようになるときに出る「要求の表現」です。乳児は他者とのやりとりのなかで、ほしいものを指でさして「アーアー」という声をだすことで、大人が気づき、そのものを手渡すことで要求が満たされるという経験を何度も繰り返します。年齢や個々の発達により

ますが、言葉がうまく伝わらない乳児の場合、子どもの要求がどこにあるかを保育者がよく察して要求にこたえてあげる必要があるといえるでしょう。そのような繰り返しのなかから、子どもたちは自発的な表現へとつなげていきます。

幼児の生活の中心は遊びであり、遊びは本来、自由で楽しい自発的なものです[5]。子どもが「この遊びをしてみたい」と思うような素材を用意し、環境として準備しておくことが保育者の役割といえます。一方、子どもたちは、実物を見たり飼育したりする体験、絵本や紙芝居による読み聞かせ、映像を鑑賞するなかで事物を理解し、これらの刺激により心が動く感性を育み、イメージを共有しながら表現への意欲をかき立てていきます。

②子どもたちの創作過程を援助する

表現のイメージを共有するという点で、「ごっこ遊び」は、その代表的なものといえるでしょう。お姫様ごっこ、動物ごっこ、妖怪ごっこ、忍者ごっこ、お店屋さんごっこ、電車ごっこ、宝探しごっこなど、日々の生活のなかで見聞きするものから、空想の世界までさまざまな種類があります。このような「ごっこ遊び」のなかで、子どもたちは自由にイメージをふくらませることができます。他児の表現する姿を見て、かっこいいと感じた部分を自分も模倣することもあります。また何かに変身したい願望をもち、変身しようと試みた結果、表現できるようになることもあります。

また、自分のイメージに近づくことができるような役になりきるだけではなく、ときには役になりきるために使うものを本物そっくりにつくりたいと思うこともあります。このようなときに、保育者の材料を提供し、創作過程を支えることが役割といえるでしょう。

ごっこ遊びは、遊びのメンバーによってさまざまに変化していきます。そのなかで自分自身が柔軟に対応していくことは、子どもにとって大切な成長です。「何かになりきる」経験から、創造的な表現へとつなげていくことが可能になります。

2 保育者による環境整備

子どもたちの感性や表現を育むために、保育者はどのような環境を整備し、援助をすればよいのか、図表11-1でみていきましょう。

①動作による表現

（1）模倣（声をともなう動作）

発達初期段階では、他者とのさまざまな経験のなかで、模倣したり言

▶ **出典**

[5] ヨハン・ホイジンガ、里見元一郎訳『ホモ・ルーデンス——文化のもつ遊びの要素についてのある定義づけの試み』河出書房新社、1971年

第6章 「表現」と指導法

図表 11-1 創造的な表現を生み出すための環境整備

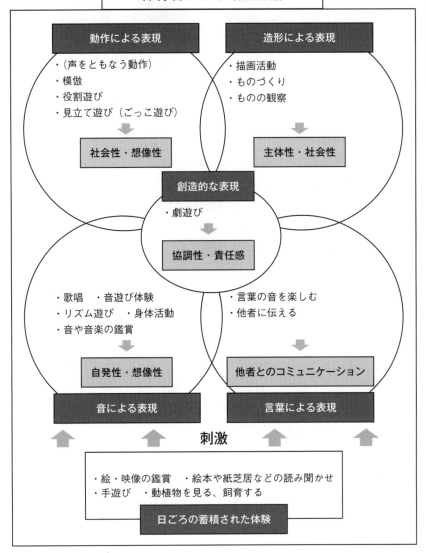

語化できない表現を表情や行動で表したりしてきましたが、それに加えて、声と身振りでイメージを詳細に表現するような行動が行われます。

たとえば、母親から静かにしなさいといわれた子どもが、幼い弟妹に対して、1本指を立てて「シー」と言う動きを行うなどがあります。

（2）役割遊び（何かになりきる）

役割遊びは、模倣の延長上にある行為ですが、単に自分が憧れている存在の模倣をするのではなく、模倣する行為自体が独立したものとして、創造的に発展していきます。

たとえば、布を頭や腰に巻いてお姫様になりきって、しずしずと歩いたりすることです（図表11-2）。ごっこ遊びに近いものといえるでしょう。

図表11-2　お姫様になりきる

（3）見立て遊び（ごっこ遊び）

日常生活におけるこれまでのさまざまな体験をもとに、ものを何かに見立てたごっこ遊びに発展していきます。

たとえば、砂場で山をシャベルでつくったり、トンネルを掘って、そこに玩具の車を走らせたり、あるいはケーキ屋さんごっこと称してお店屋さんとお客さん役を演じたりと、男女関係なくごっこ遊びを自主的に楽しむようになります。これらの動作による表現をとおして、子どもたちは社会性や創造性を育んでいきます。

②音による表現「歌う、踊る、演奏する」

子どもの生活や遊びのなかには、音楽的表現が多く表れます。日々の生活のなかで母親や保育者が歌う歌声を模倣することから始まり、お花に水をあげながら、自然と口ずさむようなつぶやき歌が生まれることもあります。このような創造的な表現を大切に見守りたいものです。

たとえば、子どもたちが紙箱で手づくりギターをつくったとき、保育者が踏み台などを並べた舞台を用意します。すると、子どもたちは、そこで音楽に合わせて手づくりギターをかき鳴らしながら歌ったり、その歌に合わせて踊ったりするなど、いろいろな表現を楽しむ様子がみられます。

③造形による表現「描く、作る」

はじめは丸や細かな密集した図形をいくつも描くというなぐり描きから始まります。そのうちに、丸や線を使って自分が描きたい人や動物に見立てた形を描くようになり、また色のついたクレヨンや絵の具を使うことを好みます。さらにハサミを使えるようになると、紙を切ったり、空き箱やゴム、セロハンテープを使って、試行錯誤をしながら立体的な形をつくったりできるようになります。

④言葉による表現

（1）言葉の音を楽しむ

最初のころは、誰かに伝えるための言葉というより、言葉自体の音を楽しみ、特に、「パ・ピ・プ」などの息を吐き出して出す音や、「ガ・ギ・グ」などの音声のおもしろさや、「ピーポー」など擬音の響きを楽しむようになります。そこで、保育者が子どもの言葉をリズミカルに模倣す

ることで、子どもは応答的に返すことにつながり、擬音のやりとりなどに発展します。このようななかで子どもは、自分の口や舌の使い方を知るようになり、言葉による表現へとつながっていきます。

（2）他者に伝えることを目的とした言葉

言葉を話し始めたころは、「ありがとう」を「あーと」とたどたどしく話したり、ほかにも覚えた言葉を繰り返して言うなど、言葉を操ることがうれしくてたまらない様子がみられます。そのうち、自分の思いや感情をなんとか言葉で伝えたいという気持ちが募り、表現としての言葉へとつながっていきます。さらに、他者に理解してもらいたいという思いは、伝えるための語彙数が増えることにつながり、その対象はさまざまな人にむけられ、広がりをみせます。

⑤創造的な表現

①〜④までの表現は単体としての活動だけでなく、総合し劇遊びとして大きな活動につなげることができます。そのためには、日々生活のなかでの事柄や自分自身の体験を子どもたちが楽しめるリズム遊びなどをとおして、豊かに表現する機会が必要です。

最初は比較的単純な音楽に合わせて子どもたちが歩く、ジャンプ、スキップ、ギャロップなど単一の動きができるような基本的な動きを行います。これを定型リズム（formal rhythm）といいます。次の段階では、象がのしのし歩いているように聞こえる曲や小鳥が軽やかに飛んでいるような曲を聞いて、子どもたちが自由に身体を動かす不定型リズム（informal rhythms）を行います。また歌遊び（手を叩きましょう）などの替え歌をつくり、適当な動作をつける手法もあります。最終段階の創造リズム（creative rhythms）では、音楽の雰囲気やリズムを感じて子どもたちが思うまま自由に身体で表現したり、子ども自身の動きから音楽を要求したりしてくることもあるでしょう[6]。

このような身体表現を子どもたちの発達段階を考慮しながら、適切に日々のリズム活動に組み込むことが望ましいでしょう。身体を動かすことから、お互いを意識することや協調性が生まれ、自分の役割を認識しながら責任感の芽生えにもつながる大切な活動となります。

▶ **出典**
[6] 山浦菊子・徳田泰伸編『保育におけるムーブメント』みらい、1996年、75-90頁

6. 他者とのやりとりによる表現の発展

表現は、さまざまな感動体験とともに起こる、喜び、うれしさ、楽しさ、悲しさ、怒りなどのさまざまな感情を表します。これは、個によっ

て生まれるものだけでなく、他者との共感ややりとりのなかからも生まれます。

たとえば、積み木を高く重ねていく遊びを保育者と2人で行うことから、他児とお城をつくっていくというようなグループ活動へと発展することがあります。そのなかで、自分の意図した表現を表すようになり、その心地よさや楽しさと同時に、うまくできない場合には怒りを身体で表現する場合もあります。さらに、言葉の獲得にともない、子どもは考えたことや思いを言葉で表現するようになります。

表現には、生活のなかでうれしい場面に遭遇し、思わず飛び上がって喜ぶような感情に直結した表出的なものから、音楽、舞踊、美術、文学といった形で意識的に表される表現まで、多様にあります。

人は生まれたときからさまざまな感情が存在しています。乳児期は、おもに空腹感や眠気など生理現象によって起こる不快感を訴え、そこでミルクを与えられたり、養育者に抱かれたりすることで、快感を覚えるようになります。また、聞こえてくる声や音を聞きわけたり、視界に入る人の顔を識別したり、ものへの興味などの感情がしだいに備わってきます。そこで、声をあげてうれしい表情をしたり、ぐずることで相手に感情を伝えたりします。また、身体いっぱいに表す表情が顕著になり、他者に自分の気持ちを読み取ってもらい共感してもらうことで、満足感を覚えるようになります。さらに、周囲の環境のなかでさまざまなものや現象にはじめて出会うことにより、喜びや驚き、また悲しみなどの感情を経験することで、自己の芽生えへとつながってきます[†7]。

幼児期初期の子どもは、人形などあらゆる事物を自分と同じように命があると考え、「ちゃん」づけで呼ぶ時期があります。それをピアジェはアニミズムとよび、自分と外界のものとの区別がついていない自己中心的な存在であると述べています。このような感情は、認知の発達と相互作用しながら、分化していくのです。おおよそ5歳くらいまでに基本的な感情のほとんどが獲得できるといわれています。認知の発達も作用し、好き嫌いや快不快などの感情の分化が活発になると、感性がさらに豊かに発達します。

▶ 出典

†7　ジャン・ピアジェ、ベルベル・イネルデ共著、波多野完次・須賀哲夫・周郷博共訳『新しい児童心理学』白水社、1969年

演 習 課 題

①子どもの表現の種類について、具体的に書き出してみましょう。

②保育の場において観察した表現の事例を調べましょう。また、まわり
　の人と事例をもち寄り、子どもがいきいきと表現するためには、何が
　必要かを考えてみましょう。

③保育者は表現活動において、どのようなことに配慮しているのか、話
　し合いましょう。

レッスン **12**

音・もの・身体の動きによる表現

本レッスンでは、音・もの・身体の動きを使った表現活動における基本的な考え方について学びます。表現の方法は、歌うこと、音を出すこと、楽器の演奏、ダンスなど身体による表現、絵画と多岐にわたります。保育者はこれらの活動をいかに展開し、援助するのかを考えましょう。

1. 音の探索

　人は表現をとおして、他者へ自分の思いを伝えたり訴えたりします。また、表現を他者と楽しんだり工夫したりするなかで、独自性のある表現に展開させたりします。ではまず、音の探索の側面から考えていきましょう。

　保育の場でカスタネットや木琴などの楽器を使用する場合、「きらきら星」など楽曲を中心に楽器活動を考えたくなりますが、まず子どもの興味をひくような音色、おもしろい操作、触覚に訴える振動楽器類を用いて音を探索することが、音への感性を育むうえで大切でしょう。次の図表12-1にある「世界の民族楽器」を保育室に用意しておくと、子どもたちは思い思いに楽器を触って動かしながら、どのような音が出るのか耳を澄まして聴きます。このような原初的な打楽器類との関わりから、力の入れ方や動かし方により音色が変わることに気づいて、音の探索を他児と共有すると音楽表現が楽しくより豊かになります。

　最初はドレミに縛られずに、子どもたちがふしぎな感覚の音がする楽器に親しみ、音を集中して聴くことから始めましょう。

2. 歌うこと

1 生活のなかの歌遊び

　子どもは日ごろ、生活のなかで聞く音声をいつの間にか覚えて、声で再現します。そこから遊びへと発展した歌遊びがあります。

レッスン 12　音・もの・身体の動きによる表現

| 図表 12-1 | 世界の民族楽器

カリンバ

箱に並んだ金属棒を親指ではじくと長く響く音が出るアフリカの楽器。金属棒が震える感触と音の余韻に、集中力が増します。

恐竜形ささら

竹の板を重ね合わせた日本の民俗芸能楽器。シャンと出る音が心地よく、持ち手が恐竜になっていることに興味をもちます。

マルチトーンターン

バチで木の板を1つずつ叩いたり、内側をかきまぜるとコロコロとした音が出ます。意外性に富んだ音に癒されます。

レインスティック

雨の効果音が楽しめる中南米の楽器。上下を逆さまにすると筒の内側に刺した突起に種が当たり、ザザーッという音が響きます。

オーシャンドラム

両面張りのドラムに入れた豆や玉のサラサラと転がる音が波のように聞こえ、玉が転がる様子と音の一致に関心をもちます。

スプリングドラム

太鼓を揺らすと打面から伸びたバネの振動が筒に反響して、雷や嵐のような音が鳴り、響きが持続します。

インシデント①　声を合わせる

　夏の盆踊りに参加した2人の兄弟（小学3年生と幼稚園年長児）は、お囃子のリズムを覚えました。兄が口で「ドンドン・ドンドコドン・ドンドコドンドコ・ドンドコドン」と言うと、弟が「チーン・チン」と繰り返し言いながら川のほとりを歩いています。兄は太鼓の音を声で再現し、弟は鐘の音を表しています。

　しばらく歩いたあとに、兄が弟に「一緒に言おう」と言い出し、2人の異なるリズムがうまく重なりました。しばらく2人は顔を見合わせて楽しんでいましたが、弟が止めたことで終わりになりました。

第6章 「表現」と指導法

兄弟は「盆踊り」という体験から、印象に残ったお囃子のリズムを口で再現しています。最初は、1人ずつが交代に歌う声でしたが、兄弟が一緒に歌うようになっても、しばらく2人の息がぴったりと合っていました。その理由に、お互いの呼吸をよく知っていることと、2人の歩くステップがそろうことで、「ドン」と「チン」の拍が合ったと考えられます。

このように、子どもたちは遊びや生活のなかで無意識に、また偶発的にいろいろな音遊びをしていることがあります。わらべうた〈おーちたおちた〉など、知っている曲に、自分が考えた歌詞を入れて替え歌にして歌う姿も見られます。歌うことで心が解放され、満足感を得ているといえるでしょう。

2 わらべうた遊び

幼児期の子どもの歌唱教材は、大きく分けて「**童謡***」「**唱歌***」「わらべうた」があります。「童謡」と「唱歌」は、大人が子どものために作詞作曲したものであるのに対して、「わらべうた」は、子どもたちの遊びのなかから生まれた遊び歌で、作者不詳です。小島は遊び歌について「乳児期の育児歌としてよく用いられるものに〈いないいないばあ〉がある。大人側からの働きかけによって始まるこの身体の動きを伴う遊びの歌は、リズムや抑揚という音楽的要素を媒介として成り立ち、やがて子ども自身がそのことばの音と動きとを楽しむ遊び歌として機能する」と述べています[†1]。遊び歌やわらべうたは、子どもの遊びとは切り離して考えることができない歌といえます。

①わらべうた遊びの特徴

「わらべうた遊び」は、乳児期から用いることができます。近年は子どもの数が減少し、育児環境においても人とふれあう遊びの機会が少なくなってきました。この遊びは、子ども同士または大人と肌をふれあいながら、心を通わせる経験ができる、歌をともなった貴重な遊びといえます。歌に合わせて楽しく体を動かすわらべうた遊びをとおして、人との関わりに寄与するだけでなく、子どもの音楽的感性や言葉の発達の促進も期待できます。

わらべうたの特徴は、人が歌いやすい音程1点イ（真ん中のラ）を中心に、一音低い1点ト（ソ）や四音低い1点ホ（ミ）など、人が自然な発声で歌える音程からできています。3〜4歳児の声域（レ〜ラ）が、わらべうたの音域とほぼ重なることから、歌いやすいといえるのです。〈いっぽんばし〉のように遊ばせ歌で、大人に体を動かしてもらったり、

✴用語解説

童謡
大正期に著名な作家が子ども向けの詩をつくり、それに芸術的な曲がつけられた歌のこと。たとえば、野口雨情作詞、中山晋平作曲の「しゃぼん玉」などがある。

唱歌
明治期に文部省（現在の文部科学省）により音楽教育用（徳育や情操教育を目的）として作曲された歌。「鳩」（作曲者不詳）など。

▶出典
†1 小島律子・澤田篤子編『音楽による表現の教育——継承から創造へ』晃洋書房、1998年、217頁

〈はないちもんめ〉のようにグループで動いたりするなど、遊びのなかでさまざまな動きを経験することから、身体的な発達を促進します。

　子どもは楽しそうな遊びに入れてもらいたいという思いから、歌や動作を自然に覚えよるようになります。また遊び方を、自分たちで自由につくりかえることができるため、創造力の育成にもつながります。親子や友だち同士で肌をふれあいながら、遊びをつくりだすなかで社会性が培われるなど、遊びをとおしていろいろな経験ができます。

②わらべうた遊びの年齢別特徴

　わが国におけるわらべうたは、子どもたちの間でいつのころからか歌われてきた遊び歌です。1958（昭和33）年の「学習指導要領」音楽科では、わらべうたによる音楽教育が見直され、小学校低学年の教科書の共通教材に、わらべうたが取り入れられるようになりました。近年、保育の場でも、わらべうた遊びが見直されています。わらべうた遊びは、音楽教育のみならず、上記に述べたように人格形成においても多面的な発達を促します。子どもの成長や発達に即した、わらべうた遊びの年齢別特徴とその年齢に合ったわらべうたの曲名を図表12-2に示していますので、参考にしてください。

　0・1歳児は、保育者が歌いかけながら手足を動かしてあげるわらべうた遊びが多くありますが、成長するに従い、お互いにやり合うことができるもの、体を大きく使って遊ぶもの、子ども同士で遊べるものへと変化していきます。年齢が上がるに従い年下の子どもの面倒をみるなど、

図表12-2　年齢別の特徴とわらべうた

	特徴	わらべうた
0・1歳児	・大人が歌いかけると、子どもは聞いて反応する。 ・歌とともに子どもの手足を動かしてあげると、心地よさを感じる。 ・歌を聞くことを楽しんだり、保育者をまねて参加しようとしたり、やりとりに発展する。 ・テンポはゆっくり、♩＝60くらいが適当。	・にぎりぱっちり ・おせんべやけたかな ・だるまさん ・げんこつやまのたぬきさん
2・3歳児	・歌いながら動いて、鼓動を感じて表そうとする。 ・すぐに疲れたり、力が入って怒鳴り声になってしまったりすることもある。まずは、少人数のグループで行う。	・おおかみさんいまなんじ ・くつかくし ・ゆびきりげんまん ・なべなべ
3・4歳児	・技術的、ルールのうえでも、進歩したものを選ぶことができる。 ・遊びをやさしいものから、順次積み上げていくことが大切。	・せんべせんべ ・どうどうめぐり ・かりかりわたれ ・ずくぼんじょ
4・5歳児	・自分たちだけで、わらべうた遊びができる。 ・歌や動作、テンポを変化させて、楽しめる。 ・さまざまな歌を子どもたちは覚える。	・あんたがたどこさ ・ちゃちゃつぼ ・ふるさともとめて

155

第6章 「表現」と指導法

関わり方も異なってきます。現代社会におけるわらべうた遊びは、子どもの成長・発達の観点から見直される保育教材のひとつです。

③コダーイによるわらべうた教育

ハンガリーでは、幼児期から**コダーイ***が提唱した「コダーイシステム」に基づいて音楽教育が行われています。コダーイシステムの特徴は、音楽教育の基盤が民謡（わらべうた）にあることです。コダーイが民謡にこだわり続けた理由は2つあり、その1つは、話し言葉の抑揚が民謡の旋律と同じであるため、歌いやすいことがあげられます。もう1つは、幼いころから民謡を歌いこんできた人々は、自国の民謡の価値やすばらしさを理解することができるからです。民謡は子どもに自国のメロディーや言葉の抑揚を教えるうえでも、わかりやすいという特徴があります。

インシデント②わらべうた遊びを幼稚園・保育所で観察した学生の記述

A.＜おちゃをのみに＞

　年少児は遊び方を知らない子どもが多かったのですが、年長児の動きを目で追いながらまねをして、遊びを覚えていきました。年長児は年少児をリードし、子どもの手を取って遊びながら教えています。歌えなくても、手をつないで回ったり、向かい合って友だちにおじぎをしたりなど、動きを楽しむ様子がみられます。

B.＜いちばちとまった＞

　歌の対象目安は3歳くらいですが、Y保育園では0歳児クラスで行われています。最初は保育者が1人の子どもと向かい合い、1対1で遊んでいますが、保育者の歌声を聴いた子どもが寄ってきて保育者の声に耳を傾け、保育者がその子どもと遊んでいるのをじっと見ています。最後の「ぶんぶん……」のところになると、ほかの子どもたちも大喜びします。

　自分も一緒に遊んでほしいと言わんばかりに保育者のもとに駆け寄り、まだ言葉を理解できないものの、最後の「ぶんぶん……」のところを楽しみに待って遊んでいるように見えます。わらべうた遊びが始まると、0歳児の子どもたち全員が保育者の美しい歌声に耳を傾け、保育者に注目したのが最も印象的です。

　どの子どもたちも、言葉の理解度や年齢に関係なく、見ているだけで、自然に覚えて、歌ったり動いたりすることを楽しむことができています。インシデント②のB.の0歳児は言葉の意味を理解したり、言葉を発し

■人物
コダーイ・ゾルターン
（Kodály Zoltán）
1882～1967年
ハンガリーの作曲家、民族音楽学者、教育家など。民謡の研究で、音楽教育に大きな影響を与えた。

レッスン 12　音・もの・身体の動きによる表現

たりすることはできないものの、まわりの音や声に敏感であることが観察をとおしてわかります。

④子どもの歌が生まれる

　子どもは生活のなかでリズムに合わせていう「アーアー」という**喃語**に始まり、歌の一編や小曲を即興的につくって歌い出すことがあります。リズムに乗って歌うことは、子どもにとって解放的な気持ちを味わい、情緒的に安定する源にもなります。また、旋律の流れやリズミックな言葉のまとまりが理解できると、心が浮き立つような楽しい経験となります。声を出すことは人にとって感情表出の手段であり、意味をもつ言葉とメロディーの調和により、歌が生まれ始めます。

　豊かな表現を引き出すために、たとえば〈あめふりくまのこ〉では、「誰かにお話を聞かせてあげるように歌ってね」といった、保育者の言葉かけにより、子どもたちの歌の表情は豊かになっていきます。また、絵本の内容に関連した歌〈はらぺこあおむし〉などは、子どもにイメージがあることから、歌詞を理解して楽しく歌うことができます。子どもの声域を考えた選曲も大切ですが、いきいきと楽しみながら歌うことを目標に、保育者は子どもの豊かな表現を引き出すための導入や援助を心がけましょう。子どもは園での日々新しい体験として、手遊び歌、絵描き歌、ゲーム遊び歌（〈ロンドン橋落ちた〉など）を心から楽しんで行います。

参照

喃語
→レッスン 6

3.　楽器を使った表現

　保育における楽器の種類は、カスタネットやタンバリンなどの打楽器類と、木琴・鉄琴、鍵盤ハーモニカなどの音程を有する楽器があります。打楽器は、リズム打ちとして演奏することができますが、木琴・鉄琴、鍵盤ハーモニカで旋律を演奏する場合、音名がわからない子どもにとっては難しい楽器といえるでしょう。

　子どもたちが好むいろいろな種類の楽器は、音楽会やお誕生会などの行事前には出されますが、日ごろの保育で使用されることは少ない場合があります。まずは、原始的に音を感じる楽器をじっくり触っていろいろな音色があることを知ることから始めましょう。

　楽器演奏は、音楽的・非音楽的の両側面から自己表現ができます。特に、非言語的コミュニケーション手段としての意味があり、発達初期の子どもにとって参加しやすい活動といえるでしょう。また加藤は楽器でのやりとりや集団活動での交流を含め、「音楽活動はことばの発達にとっ

157

第6章 「表現」と指導法

▶出典
†2 加藤博之『子どもの世界をよみとく音楽療法──特別支援教育の発達的視点を踏まえて』明治図書、2007年、86頁

✳用語解説
粗大運動
歩く、走る、飛ぶなど、胴体や腕、足の筋肉を使って大きな動きをする全身運動のこと。

微細運動
絵を描いたり、ものをつまむなど、腕や手先を使った運動のこと。

👤人物
カール・オルフ
(Orff, C.)
1895〜1982年
ドイツの作曲家、教育者。オルフは、音楽はテクニックや理論ではなく、音楽を通じて自分や周囲のことを知り、演奏や音楽をつくるなかで自分を育て、生き方を見つけていくことを目標とした。オルフは、論文や指導方法を多くは執筆しなかったが、『オルフ・シュールベルク──子どものための音楽』を5冊出版した。オルフは、子どものための音楽の理想は、"elementare musik"（エレメンタールな音楽：入門的な音楽）とし、原初的な音楽は、身体の動きや言葉と結びついたもので、誰もが参加できる音楽が理想であると示した。

てたいへん有意義な場といえる」と説いています†2。楽器を用いた演奏は、子どもの情動を刺激して満足感をもたらすとともに、**粗大運動**✳・**微細運動**✳の協応性により、聴覚的、視覚的、触覚的な知覚を発達させることにつながります。

オルフ✳は、身体の動きからのリズム音として、拍手、足踏み、指鳴らし、膝叩きの4種類を、人が出会う最初の楽器としています。まず、十分に身体の動きによってリズムを知覚したあとに、楽器に出会うことをすすめています。

オルフは、打楽器はリズムや音をより拡大して表現するために、人間から生み出された原始的な楽器であるとしています。また、鍵盤の取り外しが可能でソプラノ、アルト、バスといった種類がある木琴、鉄琴、小さな鉄琴グロッケンシュピール等、子どもでも簡単に演奏できる楽器を開発しました。オルフによる演奏方法を紹介します。

実践例（1）

わらべうた《ゆうやけこやけ》を使ったリズム遊びです。8小節からなる楽譜を次のようにA〜Dの4パートに分けます。

①歌に合わせて楽器や手づくり楽器を使って、思い思いに演奏しましょう。

②A〜Dの4つのリズムパターンを、保育者、子どもたちの順に手拍子でまねします。

③子どもたちを4グループに分けて、Aトライアングル、Bすず、Cカスタネット、Dタンバリン、でそれぞれのリズムで演奏します。

④最初からそれぞれ担当のリズムを全員で演奏を始め、1パートずつ減らします。だんだん音が弱くなっていくことを聴いて楽しみましょう。

⑤保育者が指揮者となり、グループごとに音をだす、止めるを手で指示します。子どもたちも指揮者になって楽しみましょう。

4. ものを使った表現

　保育では、透けた色つきスカーフやフープなどを使って表現すると、子どもたちの気持ちがワクワクして楽しくなります。ものを媒介にすることで体の動きがしなやかになります。

1　スカーフ（やわらかい布）を使った遊び

　音楽に合わせてスカーフを丸めて飛ばし合ったり、ゆらゆら揺らしたり、体につけて走ったりして、柔軟な素材の性質に慣れましょう。身体の動き以上のふしぎな表現の世界が広がります。やわらかい布は大きく広げたり、小さくして手の中にすっぽりと納めたりできます。また、1人、もしくは2人以上で布をもってやわらかい動きを楽しむこともできるのが特徴です。ここでは、年齢別に歌に合わせた布遊びを紹介します。

遊び方例①にぎりぱっちり（対象年齢：1～3歳）

　布を両手の中からはみでないようにおさめます。手を縦に振りながら歌を歌い、最後の「ピヨピヨ」のところでひよこが出てくるようにゆっくりと手を開きます。2番の「ひつじ」もひよこと同様に行います。3番の「うさぎ」では、最後の「ピョーン」で布を上に飛ばしましょう。

遊び方例②ゆらりゆらり（対象年齢：3〜5歳）

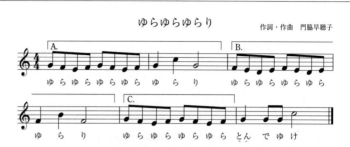

　この曲は「ゆらゆらゆらゆら」という歌詞が3回出てくる即興曲です。全体をとおして、両手で布の端をもって縦・横に揺らします。できればAとC部分は頭より高いところで、B部分は低いところで揺らしてみましょう。最後の「とんでゆけ」の「とんでゆ」部分でしゃがみ「け」の部分でジャンプしながら布を上に跳ばし、手でキャッチします。キャッチするときのほかの方法は、①布を飛ばすときに、クルンと体を一周させてからキャッチする、②キャッチするのではなく、自分の頭の上に乗るようにする、③2人組になって相手の布をキャッチする、などいろいろな表現を考えてみましょう。

　集団で行う場合は大きめの布を使い、みんなで布の端をもち、上記と同じように揺らします。最後の「とんでゆけ」の箇所では、パラバルーンのように全員で布の中に潜り込んでみましょう。

2　新聞紙を使った遊び

　新聞紙は、スカーフに比べて少しかたい感触ですが、いろいろな形状にして見立てたり、切ったりすることもできる素材です。新聞を裂いてみたり、丸めたりするときの音にも注目してみましょう。

遊び方例③

（1）新聞を使ってどのようなことができるのか、試してみましょう。そのときの音や様子を副詞、形容動詞で表現して、言葉を集めましょう。
　　例：裂く（ビリビリ）、丸める（クシャクシャ）、叩く（ビシバシ）、絞る（ギュー）、新聞紙をもって揺らす（ヒラヒラ）
（2）新聞紙は、どのようなものに見立てることができるでしょうか。

例：旗、じゅうたん、服、ほうき
（3）新聞紙を使って動いてみましょう。
　　例：新聞紙を丸めて2人でキャッチ、高く投げて空中で
　　キャッチ、もって走る、2人組になりおなかに乗せて動く
（4）人型に切った新聞紙の手足の動きを模倣しましょう。
　　例：新聞紙を大きな人型に切り抜いて手足を動かし、その
　　動きをほかの人たちが模倣します。クルクル回転してもお
　　もしろいです。

3　そのほかのもの

　保育のなかで身近な素材として、フープや風船などがあります。また
ゴムホースを丸めてビニールテープでつなぐと、大小さまざまな大きさ
の丸ができ、スカーフと組み合わせて冠に見立てたり、バスのハンドル
に見立てたりして、子どもたちは工夫して遊ぶことができます。
　ものを使って体を動かすことで、自分の身体部位やこれまで経験した
ことがないような動きが知覚でき、身体表現の世界が広がります。ただ
し子どもたちは、ものの操作に集中してしまいがちになるので、ものは
補助的なものとしてとらえ、保育者は身体の表現に着目するように、声
かけをしましょう。

5.　身体の動き

1　動きのリズム方法論

　動きのリズムの方法論としては、定型的、不定形、創造的リズムの3
種類があります。
①定型的リズムでは、3歳ごろから、歩く、走る、両足跳び、片足跳び
　を始め、4歳ごろからギャロップ、スキップ、揺れるなどの基本的な
　全身運動を行います。保育者の演奏を聴いてテンポや強弱を合わせま
　しょう。
②不定形リズムでは、保育者の演奏の流れを感じて子ども自身が考えて
　動きをつくることができます。たとえば、曲〈ケンパで遊ぼう〉（阪
　田寛夫作詞、越部信義作曲）のアクションソングを用いて、ケンケン
　パーの方向を前後・斜めに移動したり、高く・低く跳んでみるなど、

さまざまな動きが考えられるでしょう。

③創造的リズムとは、音楽を聞いて子どもが創造性豊かな身体表現を行う自由な表現です。ごっこ遊びや絵本、子どもの経験からさまざまな動きが出現し、劇遊びへの進展も可能な表現のことで、保育者の励ましが大切です。

身体表現では、身体を素材にして内面的な思いを、動きで表しましょう。子どもの身体表現を広義にとらえると、動きの型が決まった〈むすんでひらいて〉などの遊び歌、スキップなどの定型的リズムから、曲は決まっているが自由な動きの不定形リズム、そして心の動きを表す創造的リズムによる表現まで高次化します。幼児期の子どもは、心の動きと体の動きとが結びついた表現が自然なので、それらを大切にしましょう。

2 生活のなかにある題材をヒントに動きを見つける

幼児期の子どもが日常的に遊ぶものとして、ボール、ドングリ、積み木、玩具、フープなどがあります。また、アサガオやヒマワリなどの植物を育てたり、チョウやカエルなどの昆虫や動物を飼育したり、観察する機会もあります。このような身近にあるもののなかからテーマを見つけて、どのような動きがあるのか、話し合いましょう。

インシデント③　保育者からの問いかけで子どもが「生き物になる」

Aちゃんが、朝、幼稚園の庭で何かを見ていたので、何を見ていたのか聞くと、「ハチ」「ブーン」と言いながら飛び出して部屋をかけまわり始めました。2〜3人の子どもがまねをします。そこで、「大きいハチだったのね。刺されなかった？　大丈夫だった？」と聞くと、Aちゃんは、「ウンウン」と縦に首を振りながら、「小さかった」と言います。そこで、大きさを尋ねると、いすに座ったまま、小さい羽根でひそやかに飛ぶまねをしながら、Bちゃんを誘う素振りをみせます。「Bちゃんも見てたのかな？」と聞くと、Bちゃんはうなずいて、腕を小さく広げて小さいハチが飛ぶ表現をします。Aちゃんも、腕を小さくして広げてハチになって飛びまわりました。

「ハチの赤ちゃんのきょうだいかしらね。明日も来るかな？」と言うと、2人はうれしそうに窓の外を見ました。

しかし、翌日は、雨。「昨日のハチは、今日も来てるかな？」と聞いてみると、

Aちゃんは、「雨だから来ない……」とがっかりしたように言います。そこで、「そうだね。また、皆もお庭で何か見つけたら、教

レッスン12　音・もの・身体の動きによる表現

えてね」と言うと、「はーい！」とまわりの友だちが元気に返事を
しました。

　保育者とクラスの子どもたちとの何気ない会話ですが、子どもたちが
園庭で見たものを自分なりに表現するという場があります。イメージは
個々の子どもによって異なるため、動きも異なります。対象物を観察す
ることから、子どもたちはイメージの広がりと身体的な動きの楽しさを
感じます。

3　より豊かな動きになるために

①イメージから表現する

　題材にそった動きを、よりイメージに近づけるために、同じ動きでも
大きく動いてみたり、小さく動いてみたりすることで、表現の仕方に変
化が生まれます。たとえばカエルが「ピョンピョン」など、**オノマトペ**[*]
を使うことで表現がより豊かになります。

　たとえば、「跳ぶ」という動きも、カエルとカンガルーでは異なります。
子どもには、何をイメージして、どのように動くのかを考えるヒントが
必要かもしれません。カエルの大きさによって歩幅を変えることもでき
ますので、子どもたちに、今どのような大きさのカエルをイメージして
跳んでいるのかを聞いてみましょう。カエルが川を越すために大きく跳
ぶ表現、散歩のような跳び方などをイメージすると、動きがいろいろと
わいてでてきます。

　「歩く」という動きも、大きなゾウと小さなアリといった対立要素を
表す言葉がけを保育者が行うことで、子どもたちがそれぞれのイメー
ジに基づいて、歩き方に反映させます。ゾウの動きは、「ノッシノッシ」
とゆっくり歩くという単一のものだけではなく、バナナをキャッチして
いるところ、鼻の先で草をまとめて口に運ぶところなど、子どもたちが
動物園で見たりゾウのいろいろな動きを取り入れてみましょう。

②自然の題材に音をつける

　雨や風を題材にして、動きで表現することができます。雨の降り始め
は「ポツポツ」というオノマトペをゆっくりとした手拍子で表します。
身体表現なら雨粒がたまに落ちる様子を、速い手拍子で表現することも
できます。しだいに雨脚が強くなってくる「ザアザア」というイメージは、
足を大きく使って表現してもおもしろいでしょう。このような緩急の
はっきりした動きに、保育者が**ウッドブロック**[*]やオーシャンドラム（図
表12-1）などで音をつけると、子どもたちはより楽しく感じることが

[✳] **用語解説**
オノマトペ
擬音語や擬態語、擬声語を
指す言葉。

[✳] **用語解説**
ウッドブロック
木製の打楽器で、四角形や
丸い筒状のものがある。筒
状のものが横に2つ連な
った竹とんぼのような形が
一般的である。

163

できます。

③絵本の題材から表現する

絵本を読むと、子どもたちは個々にイメージを描き、その世界を身体で表現することができます。また身体表現の前に関連する歌を歌ったり、エプロンシアター（写真）を行うことで、イメージをよりふくらませることにつながります。

インシデント④　絵本からの身体表現

エリック・カール作『はらぺこあおむし』（もり ひさし訳／偕成社、1976年）の絵本を読みます。翌日は、歌「はらぺこあおむし」を弾きながら歌って子どもたちに聞かせ、チョウの一生について話し合ったあとに、ゆっくりと「チョウの一生」を、身体で表現してみました。

エプロンシアター

チョウの一生がイメージできている子どもたちは、さっと床の上で頭と身体を丸く縮めて小さくうずくまりました。「ぽんと卵から」と話したとたんに、体を伸ばしてあおむしになってソロソロと動き始めます。そのとき、ある子どもが室内の植木鉢のところに近づき、実際の葉っぱを食べるまねを始めました。それを見ていた子どもたちも、葉っぱをムシャムシャと食べるふりをします。その後のストーリーは、たくさんの果物やお菓子を食べておなかの具合が悪くなるという筋書きです。

子どもたちは、とても楽しそうに食べ物をイメージして食べる表現をします。なかには、人間のように手を使って食べる様子を表している子どももいますが、数名の子どもたちは、口だけをモグモグ動かして食べる表現をしています。食べながら自分自身の体が大きくなる様子を、体を小さく縮めた状態からだんだん大きく広げて表す子どももいます。

大きくなったあおむしが、突然、さなぎになって動かなくなる場面では体を丸めて動きを止めるように表します。「あっ、ちょうちょ」という言葉を待っていた子どもたちは、さなぎの皮を脱ぐ様子に続いて、大きく羽根を動かし舞う様子を表現します。

絵本『はらぺこあおむし』は、たくさんのお菓子と果物が夢のように

レッスン12 音・もの・身体の動きによる表現

登場し、日曜日から土曜日までのなかで何曜日に何が食べられるのかを、ワクワク楽しくイメージできる絵本です。チョウの一生という場面の展開がわかりやすく、成長過程の動きをともなうので、身体表現にむいている題材といえるでしょう。体の動きで表したあとに、みんなで歌ってみましょう。子どもたちはイメージが明確にあるので、歌のなかでもあおむしになりきって自然に表現できます。

4 リトミック

ダルクローズ[*]は、音楽は音と動きで成り立つことを示し、特に幼児期に音楽に合わせて体を動かすことの重要性を説き、リトミックを発案しました。リトミックの特徴として、「リズム運動」「ソルフェージュ」「ピアノ即興演奏」をあげ、音楽と動きを融合させた音楽教育ともいえます。またリズム運動をとおして筋肉感覚に訴えることで心と身体の調和と、内的な聴覚を形成することが重要としています。さらにリトミックは、音楽の要素（強弱・緩急）を即時反応として身体全体で表し、音楽がもつ情動や曲想を感じとり音楽に共感する聴覚を育てることを目標としています。

音楽教育に偏る傾向があるという理由から、保育のなかで強制的に行うようなリトミックに対する反論もあります。保育者は、子どもたちが楽しく創造的に行える手法を考えましょう[†3]。

実践例8）

①音を送る

・円陣に座る。楽器に合わせて手拍子2拍（自分2回・横の人2回）で次に回す。右へまたは左へ、1拍でも回してみましょう。

②音の高低やテンポを聴き分けて表現

・中音域では膝打ち、高音域では手を上にあげて手拍子、低音域では足で床打ちをします。

・テンポが速くなったら、速く手拍子します。

・低音ではゆっくり床打ちから、徐々に強く速くします。

③即時反応【歩行と静止】

・自由な方向に歩き、音楽が止まったら歩行も止めます。

・8分音符の連続音で小走りします。

・2分音符のときは、ひざをやわらかく使ってゆっくり進みます。

・付点のリズムに合わせてスキップをしたり、止まったりしま

■ 人物

エミール・ジャック＝ダルクローズ
（Émile Jaques-Dalcroze）
1865〜1950年
ウィーンで生まれたスイスの作曲家、音楽教育家。運動感覚とリズムを結びつけた独自のeurhythmics（ユーリズミクス：よいリズム・よい流れという意味）を中心に、「リトミック」の理論をうち立て、音楽教育の世界に一石を投じた人物。子ども自身が所持するリズム性に、教育の源を見いだした。

◆ 補足

ダルクローズの教育法
スイスの音楽教育家ダルクローズにより「リトミック」が、創案された。オルフやコダーイ、後のシュタイナーにまで影響を与え、今日では音楽教育の基礎教育として、そのアイディアや方法が用いられている。

▶ 出典

†3 塩原麻里「ジャック＝ダルクローズ音楽教育論の心理学的再考──脳神経科学との関連から」『東京学芸大学紀要』60、2008年、43-49頁

165

しょう。

④シーソーの要領で、2拍子を表す

・2人向かい合って座り手をつないで引き合います。

・背中合わせでも行いましょう。

6. 表現における保育者の援助

名須川は、表現活動の基盤となる要素として、「生活、遊び、イメージ、リズム、音、身体、仲間、物」をあげています[4]。子どもの身体表現を豊かにするためには、保育者は以下のことに気をつける必要があります。

▶出典

[4] 名須川知子『保育内容総論』ミネルヴァ書房、2006年、185頁

1 環境づくり

保育室には、子どもが操作できるCDやカセットデッキ、楽器、踊るときのポンポンなどを集めた音楽コーナーが絵本コーナーと同様に設置できるとよいでしょう。特に楽器については、正しい演奏方法を学ぶ前に自由に音を探索する（manipulation）が創造的な遊びにつながります。子どもは音楽的なヒントから、自分なりのイメージを描きながら音で遊ぶことを楽しみます。

また音楽を聞きながら絵を描いてみたり、他児とのやりとりをとおしてさらに発展的な遊びへと膨らむことがあります。特に運動会のあとには、ほかのクラスの踊りの曲に合わせて子どもたちが踊る様子が見られます。保育者は、このようなコーナーを設ける環境づくりが大切でしょう。

2 保育者の言葉かけと態度

子どもが保育者に伝えたい、一緒にやりたいと思うような保育者のまなざしと言葉かけを、日ごろから意識しておきます。子どもが、自分の表現を保育者に受け止められていると感じることが、何よりも大切です。子どもの表現を受け止め、保育者が教えてもらいましょう。

3 共感

子どもの表したものを一緒に共感し合える友だちの存在も大きい影響があります。一人の表現を皆が模倣することで模倣された本人は認めら

れたと感じ、自信を得ることができます。

4 協力

　歌や合奏によるグループ活動、またはクラス全員でできるわらべうた遊びを行います。そのなかで子ども自身が自分の居場所を確保することで、自己肯定感、喜びや楽しさとともに、仲間と協力する気持ちが生まれます。

演 習 課 題

①グループで行える新聞紙を使った遊びを、考えてみましょう。
②音楽と身体表現にはどのような関連性があるか話し合いましょう。
③子どもたちの表現を促すために、保育者はどのようなことに気をつけるとよいでしょうか。

参考文献・・・
レッスン11
　桶谷弘美・熊谷新次郎・杉江正美ほか　『音楽表現の理論と実際』　音楽之友社
　　1997年
　小林美実監修・指導　『表現1』　保育出版社　1994年
　田畑八郎　『音楽表現の教育学──音で思考する音楽科教育』　ケイ・エム・ピー
　　2004年
　西洋子・鈴木裕子他著　『子ども・からだ・表現豊かな保育内容のための理論と──演習』
　　市村出版　2003年
レッスン12
　板野和彦訳　『音楽教育メソードの比較「コダーイ、ダルクローズ、オルフ、C・M」』
　　全音楽譜出版社　1994年
　大畑祥子編著　『保育内容音楽表現の探究』　相川書房　1997年
　星の環会　『動きの表現──ハンドブック』　星の環会　1981年
　無藤隆監修／浜口順子編集代表　『事例で学ぶ保育内容──領域表現』　萌文書林
　　2007年

おすすめの1冊
石井玲子編著　『実践しながら子どもの音楽表現』保育出版社　2009年
本書のなかの「楽器遊びを中心とした表現活動」では、手作り楽器を作る前の音探しや活動の意義についての討論等、アクティブラーニングについての記述が見られる。

第7章

総合的な保育指導

本章では、「健康」「人間関係」「環境」「言葉」「表現」の5領域を横断した、総合的な指導法について学んでいきます。総合的な指導の実践、記録、省察について理解しましょう。

レッスン13　各領域の総合的な保育指導

レッスン14　生活・遊びをとおした保育指導

レッスン15　子どもの実態と観察・記録から保育実践へ

レッスン13

各領域の総合的な保育指導

本レッスンでは、これまでのレッスンで示してきた5つの領域「健康」「人間関係」「環境」「言葉」「表現」が、保育のなかでどのように総合的に指導されているかについて学びます。子どもの遊びや活動を5つの領域の視点からとらえ、保育における指導法を事例から考えてみましょう。

1. 各領域のとらえ方

2018（平成30）年施行の「幼稚園教育要領」「保育所保育指針」では、生きる力を育むために、幼児教育を行う施設で共有すべき事項として、次のように示しています。（1）豊かな体験を通じて、感じたり、気付いたり、分かったりできるようになったりする「知識及び技能の基礎」、（2）気付いたことや、できるようになったことなどを使い、考えたり、試したり、工夫したり表現したりする「思考力、判断力、表現力等の基礎」、（3）心情、意欲、態度が育つ中で、よりよい生活を営もうとする「学びに向かう力、人間性等」つまり、個々の資質・能力を一体的に育むことが求められています。保育者はこれらを周知したうえで、子どもの主体的な活動が確保されるように個々の行動の理解と予想に基づいて計画的に環境を構成し、遊びをとおした指導を行い、5領域「健康」「人間関係」「環境」「言葉」「表現」のねらいが総合的に関連し合いながら達成されるように、保育における活動を豊かにする必要があります。

「保育所保育指針」では、子どもの生命の保持及び情緒の安定を図るために保育士等が行う援助や関わりを示す「養護」と、子どもが健やかに成長し、その活動がより豊かに展開されるための発達の援助である「教育」に関わる保育の内容が、関連性をもつことを理解し、総合的に保育を展開していくための知識・技術・判断力を習得することが必要です。保育の目標として、（ア）生命の保持及び情緒の安定を図ること、（イ）心身の健康の基礎を培うこと、（ウ）人に対する愛情と信頼感を育てるとともに、自主、自立及び協調の態度を養い、道徳性の芽生えを培うこと、（エ）自然及び社会の事象についての興味や関心を育て、豊かな心情や思考力の芽生えを培うこと、（オ）言葉の豊かさを養うこと、（カ）様々な体験を通して、豊かな感性や表現力を育み、創造性の芽生えを培うこ

170

図表13-1　5領域の関連性

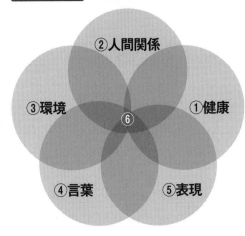

①心身の健康に関する「健康」
②人との関わりに関する「人間関係」
③身近な環境との関わりに関する「環境」
④言葉の獲得に関する「言葉」
⑤感性と表現に関する「表現」
⑥中央部分「知識及び技能の基礎」「思考力、判断力、表現力等の基礎」「学びに向かう力、人間性」

と、といった6つの項目が明記されましたが、これらは5領域に関連した内容といえます。

5領域の側面から子どもを指導・援助することで、保育の基本である「生きる力」における「知識及び技能の基礎」「思考力、判断力、表現力等の基礎」「学びに向かう力、人間性等」といった資質・能力が一体的に育まれていくことをめざしています。5領域の関連性は、図表13-1のようなイメージです。

2. 各領域の総合的な保育指導

保育における活動は、保育者が目の前の子どもの発達や状況を見据えたうえでねらいが設定され、保育内容が決まり、指導・援助が考えられます。次に子どもをみる保育者の視点、指導上の工夫を領域ごとにまとめます。

1　領域「健康」

基本的な生活習慣の定着、戸外で身体を動かす活動の充実、食育という視点から考えられます。子どもの健康を指導する保育者は、子どもの情緒の安定を図り、安心して園で行動できるように子どもを受け入れ、助けたり、慰めたり、励ますことでよりよい方向に導きます。子どもは保育者に認められることで信頼感を抱き、何かうまくいかないときに、子どものそばで気持ちをわかってもらうことで安心します。遊びのなかでは、子ども同士で関わることが大切なことから、子どもの動線に配慮

して環境設定をします。食育も新たに、重視されています。

2 領域「人間関係」

身近な人との関わりを深め信頼感をもつこと、道徳性の芽生えを培うこと、自己を発揮して自信を育てるという視点です。他児と一緒に遊ぶことが楽しく、他者に認められることなどをとおして、人間関係は育まれます。楽しい遊びが発展して、他児と共通の目的をもって工夫したり協力し合うことで、やり遂げようとする気持ちが生まれるでしょう。同時に葛藤することも経験しますが、そこでお互いが満足できる範囲で我慢することを学びます。保育者は、まず子どもとの信頼関係を築き、子どもが試行錯誤しながらも自分の力で行い、達成感を味わえるように、その過程を見守りながら適切な援助を行うことが大切です。

3 領域「環境」

子どもが周囲のさまざまな環境に好奇心や探究心をもって関わり、それらを生活に取り入れる力を養うという視点です。そこで自然とふれあい、そのふしぎさや美しさに気づいて、心が揺さぶられる体験を充実することです。たとえば、**ムクロジの木の実**を探しに出かけ、皮をむいて水の中に入れると白い泡がムクムク出てくる様子に子どもたちは驚きます。このような**植物の特性**を生かしたおもしろい遊びを保育者が導入することで、子どもたちは他児の気づきや行為にふれることができ、楽しさや理解を深め、喜びを味わいます。保育者は、自然の環境を取り入れる配慮として、雑草の生えている場所や池で昆虫や水中の生き物を触る喜びや、植物を発見する楽しみが感じられるように、環境を工夫しましょう。

4 領域「言葉」

体験したこと、考えたこと、感動したことを自分なりの言葉で表現し、相手の話を聞こうとする意欲や態度を育てるという視点から考えます。豊かな言葉が生まれる環境の一つとして、たとえばタンポポの綿毛を見つけて飛ばすという、子どもの心が動くような出来事にふれたとき、「○○みたい」「風に飛ばされて」といった子どもたちの言葉を保育者が受け止め、さらに豊かな言葉で返しましょう。言葉は情緒的な表現であるとともに、思考力の育ちにも関連していることから、保育者は絵本や図鑑などを利用した活動を充実させることも大切です。

◆補足

ムクロジの木の実

ムクロジの木の実は、羽根つきの羽根の黒い玉として利用されるとともに、昔は果肉を洗剤として使用していた。実の皮の部分を刻んで水に入れてかき混ぜると、きめ細かい白い泡がたち、シャボン玉をつくることもできる。ムクロジの木は日当たりがよく、湿気の多い神社に植えられていることが多い。

レッスン13　各領域の総合的な保育指導

5　領域「表現」

　身近な自然、および絵画、音楽、ダンスなどの芸術との出合いから、豊かな感性を育み、表現しようとする意欲を育てるという視点です。子どもの心が動かされるためには、本物やよいものにふれることが肝要です。心動く経験から実際にものに関わってみて、感動することやおもしろいと感じることが、感性を育むことにつながります。たとえば、太鼓とともに大小いろいろなマレット（ばち）を準備しておきます。子どもがいろいろなマレットで十分に音色を確かめたその後に、保育者は子どもの表した音をまねるように声を発したり、ほかの楽器でセッションしたり、ダンスの伴奏に発展するような配慮が考えられます。

3.　5領域からみた保育の事例

　総合的な保育指導の事例として、幼稚園5歳児クラスにおける自然観察「ツバメ」を5領域の視点から考えていきましょう。

1　「ツバメの親子」の観察

①単元目標

　単元目標は、まず親ツバメの飛び方、巣の中の子ツバメの生活を観察して、子どもたちが巣の営みに興味・関心をもつことから始まります。子どもたちが、親子の愛情や子ツバメの成長を感じ、身振り表現から、ごっこ遊びへと展開することを目標にしています。

　5月のはじめ、春の遠足で訪れた場所でツバメが飛んでいるのを保育者が見つけました。今年は、このツバメとの出会いを子どもたちに見せたいと、巣の中でひながかえるタイミングをはかり、6月3日に子どもたちと駅で巣づくりをしているツバメを見に行きました。

②「ツバメの親子」の観察記録からの考察

　「ツバメの親子」の観察は、4回行いました。最初に4羽目の子ツバメを発見し、親ツバメが子ツバメのためにエサを運ぶ様子の観察として田んぼに出かけました。最終的に、巣立ちという記録です。

　インシデント①　ツバメの親子の観察1回目
　6月3日（金）【観察】
　　駅へツバメを見に行く。たくさんある巣の中で、ひながかえったばかりの小さい巣に絞り、その巣を継続的に見続ける。かなり小さ

173

い子ツバメだが、親ツバメが戻ってきたときに、やっと頭が見えた。

　子どもたちは口々に「3羽いる。4羽だ」と、歓声をあげていた。しかし、親ツバメは子どもたちの姿を警戒してか、戻ってくるまでに間が空き、子ツバメの頭しか見えないため、子どもたちの興味が続かなかった。

6月6日（月）【話し合い・表現】

　話し合いのなかで、クラスのみんなが近くで見ていると、親ツバメはなかなか帰ってこなかったが、少し離れるとすぐに親ツバメは帰ってきて、巣の中にいる子ツバメにエサをあげていた金曜日のことを思い出す。

　「親ツバメは遠くからクラスの皆がいなくなるのを待っていた」「ツバメは人がこわいのかな」という子どもたち。

　クラスでは、巣で待っている4羽の子ツバメになって遊ぶ。

　歌「5匹のツバメの子」（小川正作曲）を歌うときに、観察した巣にいるひなが4羽なので、歌詞を4匹に替えて歌う。

6月7日（火）【絵本・話し合い】

　現実に見ているツバメについて、お話の世界の力も借りて、ふくらませていく。絵本『ツバメのおやこ』の前半を読む。お話に登場する「ぱぴちゃん」のことをみんなで話し合い、エサを食べる子ツバメになって遊ぶ。

　1回目の観察では、はじめて子どもたちは、巣の中にいる子ツバメと親ツバメを見ましたが、親ツバメの動きが少なく、子ツバメもときおりしか見えないため、興味が持続せず、退屈に感じています。保育者は、子どもたちにもっとツバメの親子に対する思いを広げ、興味をもってほしいと願い、園に戻ってからツバメにまつわる話し合いをしたり、歌を歌ったり、絵本を読んでその後のツバメの成長をイメージするきっかけを提供しています。

　子どもたちは親ツバメの身振り表現を好み、ホールで飛ぶ姿を見せています。興味をもって観察したツバメの姿をそのままで表現できるように、保育者は動きにピアノで即興的に音をつけ、言葉をかけています。

インシデント②　ツバメの親子の観察2回目
6月8日（水）【観察・話し合い・歌】

　駅へ再度、ツバメを見に行く。4羽だった子どものツバメが、5羽に増えていることに子どもたちが気づき、感動の声が上がる。

「1羽だけ小さいのは、後から生まれたのかな?」「小さいのは、ぱぴちゃんだ」「やっぱり5羽だ」と口々に子どもたちは思いを言葉にする。少し大きくなった子ツバメが、だんだん親ツバメに似てきたことに気づき、嬉しいなと話し合う。

歌「4匹のツバメの子」を5匹に替えて歌う。

6月9日（木）【話し合い・身体表現】

一番最後に生まれた小さな子ツバメや、少し大きな子ツバメのことを話し合う。エサを待っている子ツバメを、**身振り表現**する。

2回目の観察で、子ツバメの数が、歌の歌詞と同じ5匹であったことに、子どもたちの心が大きく動き始めています。新たに発見した小さい子ツバメを、先日、読んでもらった絵本の「ぱぴちゃん」と重ね合わせて考えています。子どもたちは、「ぱぴちゃん」と名づけられた一番体の小さいツバメに心を寄せ、自分たちの姿に置き換えて身体で表現しています。子どもたちの身振り表現からは、ツバメをよく見て、自分の身体のどの部位を動かすとよいかを考えていることがわかります。

インシデント③　ツバメの親子の観察3回目
6月10日（金）【観察・話し合い・絵本】

駅へツバメを見に行く。前に見落としていた子ツバメがエサをもらう様子を再度しっかりと見る。小さなツバメが巣のふちに止まり、羽根をパタパタする様子も見られる。

親ツバメがどこでエサを見つけているのかを調べるために、駅から出て田んぼのほうへ歩いて行く。そこで、親ツバメが田にいる虫をさっとつかまえ、口にくわえて飛んでいく姿を見る。子どもたちは「巣に戻るんだ」と口々に言う。再度、巣を見に行く。

園に戻り、親ツバメ2羽が交替で巧みに飛んで帰ってくる様子や、一番小さな子ツバメとほかの兄弟たちとの関わりについて話し合う。

絵本『ツバメのおやこ』を読む。

6月13日（月）【身体表現】

先週見に行った巣の中での子ツバメの様子や、親ツバメがエサを口にくわえて巣に戻り、子ツバメの口に次々とエサを入れていく様子について話し合ったあとに、グループごと

に親子ツバメになって身体表現で表す。

3回目の観察では、子ツバメの存在だけではなく、2羽の親ツバメが子ツバメを育てるために、田んぼでエサを探して巣に戻ってくるという様子に、子どもたちは感動しています。また、巣の中で親の帰りを待つきょうだいツバメや親ツバメの心情を読み取ろうとする子どもたちの成長が、身体の動きからもよくわかります。

インシデント④　ツバメの親子の観察4回目
6月14日（火）【観察・身体表現・絵本】

ツバメを見に行くと、すでに巣は空になっている。「いない」とさびしそうな表情をする子どもたち。「どこかで、親ツバメと飛ぶ練習をしているんだ」と話す子どももいる。

その後、園に戻り、**飛ぶ練習をする子ツバメ**や、**かっこよく飛ぶ親ツバメ**などの身体表現で遊ぶ。音楽は子どもたちの動きに合わせて、即興で演奏する。

絵本『よわむしぴっぴのはなし』を読む。南の島へ行くこと（そのために飛ぶ練習をして、強い羽根にしないといけないこと）、また帰ってくることなどをクラスで話し合い、**身振り表現**をして遊ぶ。

4回目の観察では、すでにツバメたちは巣立ちをしていたので、出会うことができず、子どもたちは残念な気持ちを味わっています。その分、園での身体表現では、勢いよく飛びながらエサを探す親ツバメと、巣から身を乗り出して待つ姿、巣のまわりを飛べるようになった子ツバメなどを思い出して、身体表現を思い思いに行っています。グループごとに異なる表現がみられ、保育者は各グループが表現するものを認めた言葉で返しています。

③関連した活動

インシデント⑤　ツバメの製作活動

本活動は6月末日まで、観察したことを中心に身体表現、絵本、歌唱、製作などで保育がすすめられていきました。製作については、子どもたちに何をつくろうか、どのようにつくろうか、と保育者が投げかけることで、**自主的に子どもたちがつくりたいもの**を考え、ツバメのお話の世界が広がってきました。

製作では、①絵の具で、親ツバメや子ツバメを描きました。保育

者は、「まわりの景色に何が見えたかな」と投げかけます。そこで、親ツバメがエサを取っている田んぼ、電柱電線などを思い出して描く子どももいます。なかには、ツバメを折り紙でつくって、画用紙に貼る子どももいます。

　②立体的な巣づくりとして、子どもたちと材料を考え合わせ、紙粘土と新聞紙を混ぜて巣をつくることになりました。保育室のいろいろなところに巣をつけたいと子どもたちから希望が出ました。巣の中に入れる子ツバメは、描いた絵では見えにくいことから、画用紙でつくって入れることになりました。親ツバメをいろいろなところに飛ばすために、大きなツバメにひもをつけて天井からつるしたり、保育室の端から端へとひもをかけて、その途中に親ツバメをひっかけておきます。窓から風が入ると、ツバメたちが走ったり回ったりする様子を見て、子どもたちは喜んでいます。

　自由遊びでも、「ツバメごっこ」が始まり、廊下に平均台をもってきて電線に見立てたり、広いところを飛んだり、エサをもらう子ツバメになって遊んだりと、子どもたちからいろいろなアイデアが生まれ、遊びが広がっていきました。

　子どもたちが継続的にツバメの生態を観察した体験から、個々に心に残った場面が、いろいろな表現や遊びとしてでてきました。特に身体表現では、親ツバメが田んぼの中からミミズをとるときの一瞬のうちに急降下する様子を記憶していた子どもは、両腕をピンと伸ばして羽に見立て、急降下の様子を身体で着実に再現しようとします。しかし、子どものなかにはその時点の記憶があいまいにしか残っていない場合もあります。そこで、保育者がタブレットなどで録画しておき、クラス内で見直すことで、ツバメの様子を詳細にフィードバックできるようになるでしょう。

　観察では、親ツバメが子ツバメのためにエサを運んでくる苦労の様子を見ることができ、子どもたちはツバメの親の愛情を肌で感じることができます。また、巣立ちといった生き物としての生態も、絵本などをとおして子どもなりに把握できるようになりました。

　自然の生き物を見て、お互いの言葉で話し合い、絵本を見たり身体で表現することをとおして、子どもたちの内面的な世界が広がった活動です。

第7章　総合的な保育指導

2 ▶ 5領域からの分析

　ツバメの親子を観察することをとおして、子どもたちにどのような様子がみられたか、5領域からみてみましょう。

　「健康」の側面からは、雨の日にも室内で体を思いっきり動かして、ツバメの急降下や飛んでいる姿を表現することは、健康の促進に役立っていると考えられます。

　「人間関係」の側面からは、ツバメ親子の様子を観察するなかで、親が子どものためにエサをとってくるが、人間をみつけると子ツバメが危険だと警戒し、なかなか近づかないことに、子どもたちから気づくようになっています。また、子ツバメたちが親の帰りを、首を巣から出してピーピーいいながら待っていることを観察するなかで、「ぱぴちゃん」と名づけた最も小さい子ツバメに優しい思いを寄せています。ツバメの親子をとおして、自分の家族をかえりみる機会になり、親の役割が心のどこかに響いたことでしょう。

　「環境」の側面からは、子どもたちは開放的に田んぼのあぜ道を歩いたり、ツバメが虫を取る姿を見るなど、自然環境にふれることができました。

　「言葉」の側面からは、子どもたちはツバメの様子が変わるたびに、思い思いに行動の背景にある考えを想像して、言葉で表すことができるようになってきました。話し合いでは、友だちの意見を自分に取り入れることで、生き物に関する考えが深まっていきます。2冊の絵本のストーリーから、言葉を媒介に思考のはばが広がったことが感じられます。

　「表現」では、5羽の子ツバメ役と両親ツバメを、身体で表現しました。子どもたちは、われ先にとツバメになりたくてしかたがありません。毎回、いろいろなメンバーで表現しています。あるグループの女児は、一番小さい子ツバメを表現するのに、小さい子ツバメがいつまでも巣の中にとどまり、親ツバメに何度か誘われてもなかなか巣から出られず、やっと巣から出たものの、下に落ちてしまったという表現を行っていました。このように子ツバメの不安な気持ち、挑戦、失敗、親の励ましにより再度挑戦という一連の流れを身体で表現するという、感性の鋭さを表す子どももいます。

　子どもにとっては、ツバメの観察から子ツバメの思いを推察しようとしています。さらに、子どもは言葉での表現よりも身体表現のほうが、感じたことを詳細に伝えることができるということがわかります。

　日ごろ、仲間にあまり入りたがらない男児も、親ツバメとしてエサを口にくわえて思いっきり飛び回り、スリル感を出して表現しています。

178

最終的に巣にエサを運ぶ様子を表現し、皆から拍手で迎えられ、自己表現に自信をもったようです。このような自信が得られる体験を積み重ねることが、心の成長にも役立つといえるでしょう。

4. 5領域からみた活動事例

歌〈五色の玉〉に合わせた動きを、5領域の視点から考えましょう。

1 〈五色の玉〉について

リズム運動〈五色の玉〉は、東京女子師範学校の**戸倉ハル**＊が考案したものです。4歳以上くらいであれば、楽しく参加できる遊びで、道具を用意する必要がないわらべうた遊びのようなものです。

曲は変ロ長調4/4拍子で、8小節ですが、8人で行う場合は同じ歌を8回繰り返しますので、64小節の曲になります。

最初は、糸のつむぎ方（回り方）がよくわからない子どももいますが、同じ輪の友だちの動きをよく見ること、また教えてもらうことで、理解できるようになります。ほかのメンバーからは、糸をつむぐ番の子どもを応援し、無事にもとに戻れたことを一緒に喜ぶ姿がみられ、グループでの一体感を感じることができる遊びです。室内でも、室外でも歌いながらできる遊びです。

楽譜は、以下の通りです。

2 〈五色の玉〉の遊び方

歌詞に従って、遊び方を紹介します。

A「どの玉つなご、赤い玉つなご、青い玉つなご、白い玉つなご」

最初は、8人が丸くなり手をつないで上に上げます。はじめの4小節間では、8人のうち1人が手を離し抜けて糸になり、ほかの7人の子どもが手をつないでつくる輪の下を、右側から左側からと交互に縫ってく

補足

五色の玉
斎藤公子による『さくら・さくらんぼのリズムとうた』（群羊社、1980年）のなかにあるグループで行うリズム運動と歌。丸山亜紀作曲。
JASRAC 出 180255-801

人物

戸倉ハル
1896〜1968年
東京女子高等師範学校卒業後、ダンス指導の第一人者として研究指導に専念する。東京女子高等師範学校教授、お茶の水女子大学教授を経て、日本女子体育大学教授。昭和の戦前・戦後をとおして遊戯会で活躍し、1927（昭和2）年に「童謡遊戯」として、詩である童謡に意味づけられた物語としての遊戯を考案した（田中亨胤・名須川知子編著『保育内容総論』ミネルヴァ書房、2006年、146頁）。

ぐり、自分のもとの位置まで戻ります。輪になった子どもたちは、足を踏みならしながら、つないだ手を上に高く上げて、糸がくぐりやすいようにします。糸になった子どもは、この4小節間の終わりまでに、自分の位置に戻らなければなりません。

B「つないだ玉は七色五色（なないろごしき）」

　次の2小節間では、8人に戻った子どもたちが手をつないだまま、リズムに合わせて右回りに小走りします。

C「お人形さんの首かざり」

　2小節のうち、はじめの1小節間「おにんぎょさんの」で、輪になった子どもたちは両手をつないだまま、一斉に輪の中心にむかって歩み寄ります。最後の2小節間で後ろに下がり、もとの輪に戻ります。

3　5領域からの分析【前半4小節A、次の2小節B、最後の2小節C】

　リズム運動は、曲と動きが決まっていることから、子どもにとっては創造的な考えや思いが多く出てくるものではありません。しかし、体験のなかでいろいろな発達がみられます。特に、感性を働かせて考えることが苦手な子どもにとって、枠組みが決まっている活動に安心することもあります。リズム運動〈五色の玉〉を5つの領域から分析すると、次のようになります。

　「健康」の側面から考えると、Aの部分（4小節）では1人は糸になって輪の中を必死に走ります。また、手をつないでいる輪の人たちは待っている間、その場で足を小刻みに動かしているため、結構な運動量になります。Bの部分（2小節）では、子どもたちはつないだ手をいっぱいに広げて、必死に小走りで回ることから、**眩暈**（めまい）の感覚に、子どもたちは喜びます。Cでゆるやかな動きになり、心身ともに落ち着くことができます。64小節間、足の動きが止まることがないため、運動量も多いといえます。

　戸倉は「このように多様な運動は、人間的な全側側面発達を促すものである」と説明しています[†1]。歩く、走る、両手を高く上げるといった運動量の多い活動です。

◆補足

眩暈
スピード感あふれる遊びをロジェ・カイヨワは『遊びと人間』のなかで「眩暈」と呼び、遊びの4つの原則の一つであることを示しています。

▶出典

†1　斎藤公子『さくら・さくらんぼのリズムとうた』群羊社、1980年、48頁

レッスン13　各領域の総合的な保育指導

「人間関係」の側面から考えると、隣同士で手をつなぐことから、お互い影響し合うこともあり、隣の子どもとの距離感が近く、親しみを感じやすくなります。輪になることから、お互いの顔を見合うなかで、メンバーの一体感を感じます。Bでは、手をつないで走り、Cでは輪が小さくなるなどの動きで、グループでの親近感を覚えます。

最初のころには、手をつなぎたくない、または参加したくないと申し出る子どももいますが、終わればいつのまにかメンバーで仲よくなり、ハイタッチをしたり、笑顔になる姿を見かけます。皆と行うゲーム的体験を通して、一体感を感じられたからだと考えます。

「環境」の側面から考えると、たくさんのグループで行う場合は、広い場所が必要となります。伴奏なしで歌いますので、物的には何も用意する必要はありません。いつでもどこでもできる遊びです。

「言葉」の側面から考えると、歌を徐々に覚えていくなかで、言葉の発達を促すことが可能です。1回の遊びのなかで、同じ歌詞を8回も歌うので、記憶しやすい歌といえます。できれば見ている人たちが歌ってあげると盛り上がるでしょう。歌詞も色を使っていることからイメージをしやすく、子どもにとって覚えやすい身近な言葉といえます。

「表現」の側面から考えると、活動に慣れてきたら、小さい声で歌って身体の動きも小さくする、または、Bの4拍目の足は3拍目の足の後ろにチョンとつけるのか前進するのかなど、工夫することができます。できるだけ、子どもたちからの発案を待ちましょう。このように、〈五色の玉〉においても、5領域の側面から発達をみることができます。

4　遊びの発展

クラスで行うときは、いくつかのグループに分かれることができます。そこで、全員が終了したグループから床に座るというゲーム感覚を入れることで、メンバーの結束がさらに高められ、早く座れたグループは達成感を抱くことができるようです。実は、人数が少ないグループから早く終われるのです。

この遊びは大人が行っても楽しい活動です。大人は子どもと異なり、人と人の間をくぐり抜けることがより難しいだけに、全員が終わると安堵感を覚えます。知らない人と行っても、手をつなぐという身体接触や応援の気持ちを抱くなど、一体感を感じる側面もあります。

5　障がいのある子どもの参加

自閉症スペクトラム、注意欠如・多動症（**ADHD**[*]）、肢体不自由な

＊ **用語解説**
ADHD
Attention Deficit Hyperactivity Disorderの略で、集中力がなく、じっとしていられない、衝動的に行動してしまうという3つの症状がみられる発達障害のこと。

第7章　総合的な保育指導

どの障がいがある子どもも、最初は保育者と参加することから、しだいにグループの中に参加できるようになっていきます。みんなで手をつないでいるので、拘束される側面もありますが、他者の動きに同調すること、自分の番まで待つこと、という点で、他者とのコミュニケートから人間関係への育ちにつながります。

　子どもたちが活動に自主的に参加しようという意欲がみられるのは、その遊びが楽しいことを意味します。さらに、非言語的コミュニケーションといえるでしょう。

5.　5領域の変遷

　1956（昭和31）年改訂の「幼稚園教育要領」における幼稚園教育の内容は6領域で、健康、社会、自然、言語、音楽リズム、絵画製作であったのに対して、1989（平成元）年の改訂では、「音楽リズム」と「絵画製作」の文言が消えました。大場は、「1989（平成元年）の新教育要領、新保育指針における発達の視点について、それまでの6領域は、子どもの活動を似たもので分類していたのに対して、新教育要領では、一人の人間としての子どもの発達を5つの角度からみようとするものである」と説明しています[2]。

　以前は、6領域別に予想される「望ましい経験」が222項目も示され、あたかも小学校の教科指導のように扱われがちであったことから、「表現」という子どもの発達に応じた「あらわし全般」を指すように改革されたのです（→レッスン11）。領域編成を新たに「発達」という側面からとらえ、**遊びをとおした総合的な指導**に重点を置いたところに5領域の特色があります[3]。

　当時、文部省初等教育課長の坂元彦太郎は、「領域に対する理解の浅さや、誤解からくる混乱が各方面に行っている。領域は、子どもの活動をこまぎれにするのではなく、様々な活動場面で総合的に行われるものであり、領域にとらわれることで保育者の柔軟性が失われ、保育内容への配慮が欠ける」と問題点を指摘しました[4]。保育内容は、5領域にまたがる総合的な活動視点から考えることが大切だといえます。

▶出典
[2]　大場牧夫『表現原論──幼児の「あらわし」と領域「表現」』萌文書林、1996年、152頁

▶出典
[3]　民秋言『幼稚園教育要領・保育所保育指針の成立と変遷』萌文書林、2008年、86頁

▶出典
[4]　坂元彦太郎『幼児教育の構造』フレーベル館、1964年、236-237頁

6. 保育指導における留意点

各領域の総合的な指導を考える際のポイントは、次のようなことです。

1 各領域のねらいなどを確認する

①「幼稚園教育要領」「保育所保育指針」「幼保連携型認定こども園教育・保育要領」における、各領域のねらい、内容、内容の取り扱いを確認して、総合的な遊びや活動を考えます。

②遊び本来の楽しさを味わうために、「時間・空間・仲間」3つの「間」の側面から考えることも、一つの視点として取り入れましょう。

2 子ども一人ひとりを見て指導・援助をする

①一人ひとりの子どもの心の動きを、生活、遊びや活動からとらえることが大切です。子どもの行動や言葉の背景にある意味をていねいに読み取ることで、今、どのような指導・援助が必要かがみえてきます。

②遊びや活動は導入から、子どもの発達段階を踏まえて考えましょう。ほかの子の遊びを見ることが、やりたいという意欲につながります。

③子どもの姿を肯定的にとらえることで、子どもの姿が変わってみえるようになります。子どもをいろいろな角度からみて、肯定的に受け止めましょう。

3 子どもの意欲を引き出す

①励ましや認める言葉は、タイミングよく、具体的にかけましょう。昨日よりも今日の姿を保育者に認めてもらうことで、子どもにさらなる意欲がわいてきます。

②子どもの成長に応じて、個々にやり遂げられるよう、個々の発達に沿った指導上の工夫をします。保育者自身も快活に参加しましょう。

③遊びのルールや活動内容は、子どもたちからでてきた意見を積極的に取り入れます。子どもたちは、やらされることよりも自分たちで選択したほうに、大きく関心をもちます。

4 友だちとのつながりをもてるようにする

①保育者は、「～しなさい」ではなく、子どもたちの気づきを引き出す言葉がけを行い、子どもたちから出されたイメージや考えをつなげて、まとめる役割をしましょう。

②友だちとのつながりを強くもてるように、活動や遊びを展開します。
　子ども同士が認め合い、尊重し合うことが、社会性を育むうえで大切です。

5 総合的な指導

　2018（平成30）年施行の「幼稚園教育要領」「保育所保育指針」「幼保連携型認定こども園教育・保育要領解説」では、遊びを通して行う総合的な指導の中で「幼児教育において育みたい資質・能力」として、次の3本柱が示されました。

　1つ目は、遊びや生活における体験の中で、気付き知り得たことから自分らしくできるようになる「知識及び技能の基礎」。2つ目は、子どもたちで考え、さらに工夫して改善しながら表現に至る「思考力、判断力、表現力の基礎」。3つ目は、生活内のさまざまなことに興味を抱き、その中で意欲的に取り組み、また協同的な力を育む「学びに向かう力、人間性」です。

　子どもたちは、積極的に自然やさまざまな事象を知り、考え、追求することが求められています。保育者は子どもたちの内的な思いに気付き、主体的に考えたことや表現しようとする過程をあたたかく見守りながら、次へ挑戦する意欲につながることを見通した環境の整備や適切な助言を行うことが大切でしょう。

演 習 課 題

①5歳児を対象とした保育指導を5領域の視点から分析して、話し合ってみましょう。
②5つの領域が設けられた理由は何か、考えてみましょう。
③一つの活動を想定し、保育者の指導・援助のあり方について、意見を出し合ってみましょう。

レッスン **14**

生活・遊びをとおした保育指導

本レッスンでは、生活・遊びを通した保育内容や総合的な指導のあり方について学びます。遊びや生活における幼児の取り組みに関して、保育者がどのように関わるのか、環境はどう構成したらよいのかなどを理解し、総合的に指導する視点を養うことは重要です。

1. 生活・遊びをとおした保育指導とは

1 生活・遊びをとおした保育指導とは何か

　乳幼児の子どもは、具体的な経験を通して、生きていくために必要なことを学んでいきます。したがって、小学校以上の教科学習のような学び方ではなく、**身体全体で感じた経験**が豊富に得られる遊びを通した学びが重視されます。

　「幼稚園教育要領」では、「幼稚園教育は、幼児期の特性を踏まえ、環境を通して行うものである」とあり、「幼児の自発的な活動としての遊びは、心身の調和のとれた発達の基礎を培う重要な学習であることを考慮して、遊びを通しての指導を中心として第2章に示すねらいが総合的に達成されるようにすること」と示されています。「保育所保育指針」にも、「保育所における環境を通して、養護及び教育を一体的に行うことを特性としている」と示されています。「幼保連携型認定こども園教育・保育要領」では、「乳幼児期全体を通して、その特性及び保護者や地域の実態を踏まえ、環境を通して行うものであることを基本とし、家庭や地域での生活を含めた園児の生活全体が豊かなものとなるように努めなければならない」と示されていることから、遊びは**子どもが主体的に環境に関わる**なかで、より豊かに展開される必要があります[†1]。

2 保育指導とは何か

　「保育指導」とは、何でしょう。文字通りにとらえると、保育における指導全般のことです。「指導」とは、大人主導性の強い関わりとしてとらえられがちですが、ここでの「指導」とは、幼児教育・保育における「指導」であり、保育者が子どもを保育する営みを総称して用いるため、「援助」や「支援」も含め、子どもに即した発達を支える「保育の

▶ **出典**
†1 「幼稚園教育要領」第1章「総則」第1「幼稚園教育の基本」2017年、「保育所保育指針」第1章「総則」1「保育所保育に関する基本原則」2017年、「幼保連携型認定こども園教育・保育要領」第1章「総則」第1「幼保連携型認定こども園における教育及び保育の基本及び目標等」2017年

185

第7章　総合的な保育指導

方法」といった意味でとらえています。

　子どもは興味をもったことに挑戦し、行きつ戻りつしながらできることが増えてくると、全身で喜びを表現し、自分に自信をもって活動するようになります。しかし、同じことを繰り返すだけの保育や、連続性のない単発的な保育では、子どもたちは達成感がないまま日々を過ごすことになり、健やかな成長は望めません。

　そこで、保育者は子どもの育ちを見通し、次の成長を促すために必要な援助は何かを考え、保育を計画することが重要となります。

2.　指導計画とは

1　指導計画の重要性

　2017（平成29）年の改訂（定）では、「幼稚園教育要領」「保育所保育指針」「幼保連携型認定こども園教育・保育要領」の3法令が同時に告示されました。これは、幼稚園も保育所も幼保連携型認定こども園も、日本の大切な幼児教育施設として位置づけられたからです。そして、子どもたちが、どの幼児教育施設に通っても、同じ内容や質の幼児教育・保育を受けられるように保障することが望まれるようになりました。

　そこで、幼稚園、保育所、幼保連携型認定こども園のすべての施設で、「全体的な計画」を作成することになりました。全体的な計画とは、各要領・指針が示すところに従い、入園から修了までの在園期間の全体にわたり、園の目標に向かってどのような過程をたどって教育及び保育を進めていくかを明らかにするものです。

　そして、幼児教育を行う施設での共有すべき事項として、幼児期の終わりまでに育ってほしい姿として示されました。「幼稚園教育要領」では、「『幼児期の終わりまでに育ってほしい姿』は、ねらい及び内容に基づく活動全体を通して資質・能力が育まれている幼児の幼稚園修了時の具体的な姿であり、教師が指導を行う際に考慮する」としています[2]。保育に関するねらい及び内容は、乳児（1歳未満児）期は3つの視点、満1歳以上児から5つの領域になります（図表14-1）。

　また、指導計画の考え方として「幼稚園教育要領（「幼保連携型認定こども園教育・保育要領」）」では、「幼稚園教育（幼保連携型認定こども園教育及び保育）は、幼児（園児）が自ら意欲をもって環境と関わることによりつくり出される具体的な活動を通して、その目標の達成を図るものである。」と記載しています[3]。

▶出典

†2　「幼稚園教育要領」第2章「ねらい及び内容」2017年、「保育所保育指針」第1章「総則」4「幼児教育を行う施設として共有すべき事項」2017年

✚補足

下線部について、「幼稚園教育要領」における「幼児」「幼稚園終了時」「幼稚園」は、それぞれ「保育所保育指針」では「子ども」、「小学校就学時」、「保育所」に、「幼保連携型認定こども園教育・保育要領」では「園児」、「幼保連携型認定こども園修了時」「保育連携型認定こども園」となっている。

†3　「幼稚園教育要領」第1章「総則」第4「指導計画の作成と幼児理解に基づいた評価」2017年、「幼保連携型認定こども園教育・保育要領」第1章「総則」第2「教育及び保育の内容並びに子育ての支援等に関する全体的な計画等」2017年

図表 14-1 乳児の保育内容の記載のイメージ

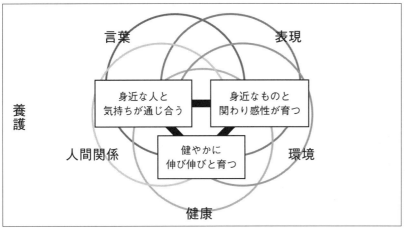

※生活や遊びを通じて、子どもたちの身体的・精神的・社会的発達の基礎を培う
出典：厚生労働省「保育所保育指針の改定に関する議論のとりまとめ」2016年

　そこで、幼稚園での指導計画では、幼児の発達に即して一人一人の幼児が幼児期にふさわしい生活を展開し、必要な体験を得られるようにするために、具体的に作成する必要があるとしています。さらに、幼稚園生活における幼児の発達の過程を見通し、幼児の生活の連続性、季節の変化などを考慮して、幼児の興味や関心、発達の実情などに応じて計画する必要があります。これは、保育所および幼保連携型認定こども園においても同じことが言えます。

　「保育所保育指針」では、保育所の保育は、「子ども一人一人の発達過程や状況を十分に踏まえる」と記載されていることから、3歳未満児には、「一人一人の子どもの生育歴、心身の発達、活動の実態等に即して、個別的な計画」が必要です。3歳以上児には、「個の成長と、子ども相互の関係や協同的な活動が促されるよう配慮した計画」、さらに、異年齢保育では、「一人一人の子どもの生活や経験、発達過程などを把握し、適切な援助や環境構成を配慮した計画」が必要です[†4]。

　このように、幼稚園および、保育所、幼保連携型認定こども園における教育・保育は、知識や技能の獲得を目的としているのではなく、目標に向かってどのように取り組んだかという**プロセス**や、**子どもの内面的な育ち**を重視しています。

　こうした考え方に基づき、幼稚園や保育所、幼保連携型認定こども園での指導計画は、生活全体を通して、総合的に達成されるように作成する必要があります。

　また、環境にかかわって遊ぶことを通じて、子どもはそれぞれの学びを経験します。このとき、保育者は、今、子どもが何に関心をもってい

▶出典
†4 「保育所保育指針」第1章「総則」3「保育の計画及び評価」

るのか、友だちとの関係はどうなっているのか、一人一人の子どもの実態を把握し、それぞれの子どもが、より**主体的に遊びを継続**できるよう、環境を構成する必要があります。

2 指導計画の種類

　前述のとおり、幼稚園、保育所、幼保連携型認定こども園のすべての施設で、「全体的な計画」の作成が義務付けられました。そこで、各要領・指針に記載されている内容に応じて、組織的かつ計画的に構成し、総合的に展開されるよう全体的な計画を作成する必要があります。

①幼稚園の指導計画

　まず、「幼稚園教育要領」に、「各幼稚園においては、教育基本法及び学校教育法その他の法令並びにこの幼稚園教育要領の示すところに従い、創意工夫を生かし、幼児の心身の発達と幼稚園及び地域の実態に即応した適切な教育課程を編成するものとする」と記載されていることから、全体的な計画の前に教育課程の編成が必要となってきます。そして、各幼稚園においての全体的な計画は、教育課程を中心に、教育課程に係る教育時間の終了後等に行う教育活動（預かり保育、一時預かり）の計画、学校保健計画、学校安全計画などと連携させ、一体的に教育活動が展開されるよう作成します[5]。

②幼保連携型認定こども園の指導計画

　次に、幼保連携型認定こども園の教育及び保育の内容並びに子育ての支援等に関する全体的な計画は、満3歳以上の園児の教育課程に係る計画、満3歳未満と満3歳以上の保育を必要とする子どものための計画、子育ての支援計画、学校保健計画、学校安全計画、食育計画、災害計画等、園児の園生活全体を捉え、作成します[6]。

③保育所の指導計画

　保育所における全体的な計画は、子どもや家庭の状況、地域の実態、保育時間などを考慮し、子どもの育ちに関する長期的見通しをもって適切に作成します。また、保育所保育の全体像を包括的に示すものとし、これに基づく指導計画、保健計画、食育計画等を通じて、各保育所が創意工夫して保育できるよう、作成します[7]。このような、全体的な計画に基づき、乳幼児期にふさわしい生活を展開し、必要な体験が得られるよう、具体的な指導計画が必要となります。

④長期指導計画と短期指導計画

　指導計画には、大きく分けて長期指導計画と短期指導計画の2つがあります。長期指導計画には、年間指導計画、期間指導計画、月間指導

▶出典

†5 「幼稚園教育要領」第1章「総則」第3「教育課程の役割と編成等」第4「指導計画の作成と幼児理解に基づいた評価」2017年

▶出典

†6 「幼保連携型認定こども園教育・保育要領」第1章「総則」第2「教育及び保育の内容並びに子育ての支援等に関する全体的な計画等」2017年

▶出典

†7 「保育所保育指針」第1章「総則」3「保育の計画及び評価」2017年

計画が含まれ、短期指導計画には、週間指導計画、一日指導計画、個別
指導計画が含まれます（図表14-2）。

図表 14-2 全体的な計画・教育課程と指導計画の関係

全体的な計画・教育課程		全体的な計画
幼稚園 ⬇ 幼稚園教育要領	幼保連携型認定こども園 ⬇ 幼保連携型認定こども園 教育・保育要領	保育所 ⬇ 保育所保育指針
・教育課程と教育課程に係る教育時間の終了後等に行う教育活動（預かり保育、一時預かり）の計画 ・学校保健計画 ・学校安全計画	・満3歳以上の園児の教育課程に係る計画 ・満3歳未満と満3歳以上の保育を必要とする子どものための計画 ・子育ての支援計画 ・学校保健計画 ・学校安全計画 ・食育計画・災害計画	・保育所保育の全体像を包括的に示すものとし、これに基づく指導計画 ・保健計画 ・食育計画

⬇

長期指導計画	
長期指導計画	年間指導計画 期間指導計画 月間指導計画（月案）

⬇

短期指導計画	
短期指導計画	週間指導計画（週案） 一日指導計画（日案）

3. 指導計画作成のポイント

1 指導計画の立て方

　指導計画は、子どもたちの生活をより充実したものにしていくための
ものです。そのためには、子どもたちの生活する姿を基盤に、その実態
を把握し、具体的に考えていくことです。

　たとえば、「子どもの姿（実態）」をもとに、具体的な「ねらい」を立
て、「内容」は、「ねらい」を達成するために、どんな経験を積み重ねて
いるか見通して立てる。そして、どのような環境が必要であるのか、「環
境の構成」し、そこでの子どもたちの活動を予測する「予想される活動」
を考える必要があります。

　また、保育者が子どもたちの生活や遊びにどうかかわっていくのかと
いう「援助のポイント」が重要であり、そこでの「評価」を、次の計画

に生かすことが計画を立てるうえでのポイントです（図表14-3）。

図表 14-3 指導計画作成のポイント

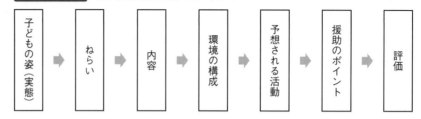

しかし、実際に子どもたちが活動していると、環境の構成を変更する必要が生じてくる場面がでてきます。そのようなときは、子どもの遊びを阻害しないよう、「環境の再構成」が必要となってきます。

このように、全体的な計画に基づき組織的かつ計画的に教育および保育活動の質の向上を図っていくことを、**カリキュラム・マネジメント**といいます。

【カリキュラム・マネジメントを実践していくうえでのポイント】
①教育目標の設定と子どもの実態に合わせた具体的な保育計画
②保育計画をPDCAサイクルで見直す（図表14-4）
③教育活動に必要な資源の活用

図表 14-4 指導計画作成のポイント

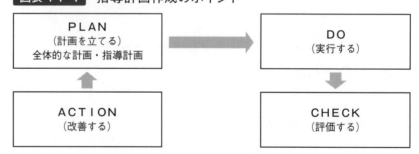

◆補足
カリキュラム・マネジメントのポイント
①教育目標の設定、ねらいや内容の組織
②PDCAサイクルの確立
③教育活動に必要な資源の活用

2 年間指導計画のポイント

保育者が、子どもの成長を1年間見通して立てる計画を、年間指導計画といいます。年間指導計画は、全体的な計画・教育課程に基づき、年間目標、ねらい及び内容等を、年間行事予定も踏まえながら、一人ひとりの子どもの年齢、発達の実態、保育年数、地域や家庭環境などを考慮して立てるものです。

0・1・2歳児は、発達に個人差があるため、心身の発達、活動の実

態に即した個別指導計画が主となり、遊びや生活に連続性をもった保育を行うよう計画します。特に、0歳児の年間指導計画においては、乳児期の3つの視点と満1歳からの5領域との整合性をもたせることが大切です。また、入園時の月齢に応じた個別指導計画との関連を図ることも必要です。

3歳以上児は、発達に応じた保育に加え、個々の成長だけではなく、子ども相互の関係や協同的な活動を促すことも必要となってくるので、集団としての成長を見通した計画を立てる必要があります。5歳児は、幼児期の終わりまでに育ってほしい姿は要録記載へ、小学校との接続はアプローチカリキュラムへ、自己評価はカリキュラム・マネジメントにつながるため計画に入れることが大切です。

3 月間指導計画（月案）のポイント

年間指導計画をもとに、月ごとの計画を立てます。まとめて1年間の計画を立ててしまうのではなく、1か月ごとに子どもの実態を見ながら立てるものです。年間指導計画では書くことのできなかった細かな計画を立てることで、保育者はよりていねいに子どもの実態を把握した保育を行うことができます。

0・1・2歳児は、月間指導計画においても、個別指導計画が中心となります。また、個別指導計画を軸としてクラス運営的な指導計画を立てることも必要です。

3歳以上児は、各月に子どもたちのなかに育てたいことに加えて、季節や行事にも目をむけた計画が重要です。

4 週間指導計画（週案）のポイント

月間指導計画を受けて、よりくわしく立てられたものが週間指導計画です。具体的にどのような活動を行い、どのような環境構成が必要であるか、それには、どのような援助や配慮を行う必要があるのかについて、詳細に計画します。

0・1・2歳児は、一人ひとりの子どもが、課題としていることを把握し、遊びのなかで援助していく必要があります。主とする活動は、クラス全員が同じであっても、一人ひとりに合った計画が必要であるということです。

3歳以上児は、月間指導計画のねらいを達成するための活動や環境構成、それに必要な援助や配慮を考えて計画を立てます。

第7章　総合的な保育指導

5 ▶ 一日指導計画（日案、デイリー・プログラム）のポイント

　朝、登園してから降園するまでの一日の生活が楽しく充実したものとなるように、発達に応じた生活の流れをつくっていくことが必要になります。一日の指導計画は、子どもの姿に応じた生活や遊び、その際に必要な配慮、保育者の関わり、環境設定を一日の流れにそって作成します。

　そして、その日の保育をどのように展開するのか、一日の子どもの生活時間を見通して細かく立てる指導案のため、最も実践的で具体的な指導計画となります。なお、指導計画の具体的な作成方法については、次のレッスン15の「2.記録を生かした保育実践」を参照してください。

4. 保育所での一日

　ここでは、年齢ごとの具体的な一日の予定に合わせて、保育者がどのように関わったらよいのかのポイントを具体的にみていきましょう。

1 ▶ 0歳児の姿

　生後間もない赤ちゃんの視界は、まだぼんやりとしていますが、目を合わせて話しかけ、スキンシップをとることで安心させてあげましょう。また、3か月頃になると、目の前でゆっくりおもちゃを動かすと目で追う「追視」のような動きをするようになります。そして、頭を動かす、寝返りをうつ、手でつかむなど、成長に合った遊び環境を整えてやることで好奇心を刺激し、次の成長へとつながっていきます（図表14-5）。

図表 14-5 　0か月から6か月未満児の一日の例

時間	子どもの生活	保育者の関わり
7：00	順次登所	・各クラスで担任が受け入れ、保護者と伝達事項を確認します。
	視診・検温	・語りかけながら一人ひとりの健康状態を把握しチェック表に記入します。
	遊び	・穏やかな雰囲気のなかで興味のある遊びへと誘っていきます。
9：00	おむつ交換	・個々に応じておむつが汚れたら優しく言葉をかけながら取り替え、きれいになった心地よさを感じることができるようにします。
	授乳	・授乳は抱いてほほえみかけたり、優しく言葉をかけながらゆったりとした気持ちで行います。
	遊び	・優しく語りかけたり、歌いかけたり、泣き声や喃語にこたえながら保育者との関わりを深めていきます。

時間	子どもの生活	保育者の関わり
9：00	睡眠	・一人ひとりの子どもの生活リズムを大切にしながら安心して眠れる環境を整えます。
10：00	日光浴・沐浴（夏季）	・日光浴などは室内外の温度・湿度に留意し、子どもの健康状態に合わせて行います。
	おむつ交換	・身体、衣服、身のまわりを常に清潔で安全な状態に保ちます。
	水分補給	・一人ひとりの子どもの状態に合わせて、湯ざましやお茶などで水分を補給します。
11：00	おむつ交換	・おむつ交換や授乳は、個々の状態に合わせて行っていきます。
	散歩・遊び	・散歩や室内外の遊びは、子どもの健康状態や気候など配慮しながら行います。
	睡眠	・睡眠後は発汗など体の状態を十分に観察します。
12：00	おむつ交換	・おむつ交換や授乳は、個々の状態に合わせて行っていきます。
	授乳	・授乳の前後は優しく言葉をかけながら、顔や手を拭きます。
	遊び	・立位で抱いたり、屈伸、腹ばいなど体位を変えながら遊びを楽しませます。
13：00	沐浴・着替え	・室内外の温度・湿度に留意し、子どもの健康状態に合わせて衣服の調節をしていきます。
	おむつ交換	・おむつ交換や授乳は、個々の状態に合わせて行っていきます。
	睡眠	・子守歌や、静かな音楽を流しながら、心地よく睡眠がとれるようにしていきます。
	水分補給	・ミルク以外の味やスプーンから飲むことに慣れるようにしていきます。
15：00	おむつ交換	・おむつ交換や授乳は、個々の状態に合わせて行っていきます。
	授乳・睡眠	・連絡帳に、その日の生活（睡眠・排泄・食事・健康・遊び）について記録します。
	視診・検温	・一人ひとりの子どもの健康状態を観察し、検温を行います。

　6か月以降は、興味を示すものに手をのばす行動が見られ、ボールなどを子どものほうにゆっくり転がしてやると、つかまえにいき、繰り返すうちにボールを返してくれることもあります。積んだものを崩すことも、形の変化や音がでて、好奇心が刺激されます（図表14-6）。

図表 14-6　6か月から1歳未満児の一日の例

時間	子どもの生活	保育者の関わり
7：00	順次登所	・各クラスで担任が受け入れ、保護者と伝達事項を確認します。
	視診・検温	・語りかけながら一人ひとりの健康状態を把握しチェック表に記入します。
	遊び	・穏やかな雰囲気のなかで興味のある遊びへと誘っていきます。

第7章　総合的な保育指導

時間	子どもの生活	保育者の関わり
9：00	おむつ交換	・個々に応じておむつが汚れたら優しく言葉をかけながら取り替え、心地よさを感じることができるようにします。
	遊び	・五感が育つ遊具として、転がして遊ぶ、音がでる、押したりつまんだりできるなどの遊具を用意します。
10：00	授乳・離乳食	・離乳食は5〜6か月離乳初期、7〜8か月離乳中期、9〜11か月離乳後期、12〜15か月離乳完了期と4段階を踏んで幼児食への移行をすすめます。6か月を過ぎたころから1日2回食になります。
	おむつ交換散歩・水分補給	・個々に応じておむつが汚れたら優しく言葉をかけながら取り替え、心地よさを感じることができるようにします。
	睡眠	・一人ひとりの子どもの生活リズムを大切にしながら安心して眠れる環境を整えます。
11：00	おむつ交換	・身体、衣服、身の回りを常に清潔で安全な状態に保ちます。
	遊び	・寝返り、お座り、はいはい、つかまり立ちができるようになるので、安全に配慮しながら探索行動ができる環境を整えます。
	休息	・活動が活発になるので、十分な休息・睡眠がとれるようにします。
	授乳	
12：00	おむつ交換沐浴・着替え	・室内外の温度・湿度に留意し、子どもの健康状態に合わせて衣服の調節をしていきます。
	睡眠水分補給	・子守歌や、静かな音楽を流しながら、心地よく睡眠がとれるようにしていきます。
15：00	おむつ交換	・個々に応じておむつが汚れたら優しく言葉をかけながら取り替え、心地よさを感じることができるようにします。
	離乳食	・目の前のものに手を出すようになってきたら、自分で食べたい意欲が芽生えてきているので、かみかみを促していきます。
	視診・検温	・一人ひとりの子どもの健康状態を観察し、検温を行います。
16：00	順次降所	・着替え、おむつなど持ち帰るものを整頓します。
	おむつ交換	・お家の人に、その日の様子について連絡帳を見ながら話します。
	授乳・睡眠遊び	・家庭的な雰囲気のなかで、お迎えまで安心して過ごせるようにします。
19：00	降所	

※睡眠チェックは、2016年より0歳児は5分ごと、1歳児は10分ごとに行うことが推奨されている。これは、窒息などによる突然死を防ぐためである。

２ 1歳児の姿

　つかまり立ち、伝い歩き、そして、1人で立って歩き始めるようになると、大人のまねをして人形をおぶったり、バギーに人形を乗せて散歩に行ったりと行動範囲が広がる時期です。

　また、感情表現が豊かになり、自我も芽生える大切な時期でもありま

レッスン14　生活・遊びをとおした保育指導

す。自分の思いを伝えたい欲求が高まる半面、言葉ではうまく伝えられないため、かむ、叩くなどのトラブルも発生します。

　さらに、五感を使って遊びを楽しむ時期です。砂を触って感触を確かめたり、スコップで穴を掘ったり、水を入れてどろんこ遊びをしたりと、いろいろな体験をします。しかし、口にものを入れてしまう年齢なので、砂などを食べてしまわないように注意して見てあげましょう。

　これまでは、寝起きを繰り返していた生活のリズムも、夜と午睡（お昼寝）1回のスタイルになり、体力も向上します。そのため、昼間にしっかり遊んでいないと体力が余って、夜に寝にくくなります（図表14-7）。

図表 14-7　1歳児の一日の例

時間	子どもの生活	保育者の関わり
7：00	順次登所	・各クラスで担任が受け入れ、保護者と伝達事項を確認します。
	視診・検温	・語りかけながら一人ひとりの健康状態を把握しチェック表に記入します。
	遊び	・歩き始めるので、安全な環境のなかで、十分に探索行動ができるようにします。
9：00	排泄・手洗い	・手洗いは個別に付き添い、洗い方や手拭きのしかたを知らせます。また、食中毒防止のため、アルコールで除菌します。
9：00	おやつ	・お茶や牛乳、昼食に影響しない程度のおやつを食べます。
10：00	クラス保育散歩	・大人の生活をまねて、**見立て、つもり遊び**を始めます。自由に表現できる素材を多く取り入れるようにしましょう。
11：00	排泄・手洗い	・食事の前に、排泄をすませる習慣をつけていきます。
	食事準備食事	・個々に応じた援助や、楽しい雰囲気のなかで、自分で食べようとする気持ちを高めていきます。
	後片づけ	・保育者と一緒に、おしぼりやスプーンなどの片づけをします。
12：00	排泄	
	パジャマに着替える	・保育者に手伝ってもらいながら午睡用のパジャマに着替えます。
	午睡	・午睡が1回となってくるため、午睡時間が安定するように絵本を読むなどリズムをつくります。
14：00	目覚め・排泄・視診・検温	・一人ひとりの子どもの健康状態を観察し、検温を行います。
	おやつ	・栄養バランスのとれた消化のよいおやつを食べます。
	遊び	
16：00	順次降所	・家庭的な雰囲気のなかで、お迎えまで安心して過ごせるようにします。
	排泄・遊び	
19：00	降所	

参照
見立て、つもり遊び
→レッスン6

195

3 ２歳児の姿

　２歳ごろになると探索活動が盛んになり、いろいろなものに興味を示し、それにふれながら関心を深めていきます。そのため、このころの遊びに使う素材や道具は、自由に変化できるものを多く取り入れると、一人遊びの世界を広げることもできます。そして、遊びをとおして、友だちと一緒に楽しむことを経験し、言葉の獲得とともに人との関係もつくっていくようになります。一方、自分のしたいこと、してほしいことを言葉で表現できるようになり、自己主張も強くなってきます。そこで、思い通りにならないと、泣いたり、かんしゃくを起こしたりします。しかし、子どもの心の葛藤を大人が代弁することで、少しずつ気持ちがおさまっていきます。

　２歳後半になると、社会性の発達にともない、知りたいという感情も表れることから、「これ、なに？」「これは？」と、物の名称について質問したり、「どうして？」と、理由を聞いたりすることが多くなり、大人を困らせることもあります（図表14-8）。

図表 14-8　２歳児の一日の例

時間	子どもの生活	保育者の関わり
7：00	順次登所	・各クラスで担任が受け入れ、保護者と伝達事項を確認します。
	朝のあいさつ 排泄	・子どもの目を見てあいさつを交わし、明るい態度で迎えます。
	遊び	・自分の好きな遊びを見つけて遊びだします。
9：00	排泄・手洗い	・おやつや食事の前、外遊びや散歩の前などは、これからの活動を伝えてトイレに誘導しますが、それ以外は子どもが自分から知らせてくるのを待ちます。
	おやつ	・お茶や牛乳、昼食に影響しない程度のおやつを食べます。
	うがい	・おやつのあとはぶくぶくうがいをします。
10：00	クラス保育	・日常生活に必要な言葉がわかるようになるので、自分のしたいこと、してほしいことをしっかり聞くようにします。
	散歩	・全身を使った遊び・手や指を使う遊びを多く取り入れます。
11：00	排泄・手洗い	・食事の前に、排泄をすませる習慣をつけていきます。
	食事準備	・自分でおしぼりをだしたり、必要に応じてエプロンをつけるなど食事前の準備をします。
	食事 後片づけ	・楽しい雰囲気のなかで、自分で食べようとする気持ちをもたせ、嫌いなものでも少しずつ食べられるようにします。
	排泄・手洗い	
13：00	パジャマに 着替える	・保育者に手伝ってもらいながら午睡用のパジャマに着替えます。

時間	子どもの生活	保育者の関わり
13：00	午睡	・安心して入眠できるように、子どもが好きな絵本やお話などを聞かせてあげながら、午睡に誘っていきます。
15：00	目覚め・視診	・ぐっすり眠って、すっきり目覚める習慣を養っていきます。
	排泄	
	おやつ	・アレルギーに気をつけて、手づくりおやつなども取り入れていきます。
	降所準備	・保育者と一緒にお帰りの準備をします。
16：00	順次降所排泄	・家庭的な雰囲気のなかで、お迎えまで安心して過ごせるようにします。
	遊び	
19：00	降所	

演 習 課 題

①月間指導計画（月案）を立てるとき、季節や行事にも目を向けた計画が重要になります。そこで、日本の行事を月別に書きましょう。

1月 ［　　　　　　　　　］［　　　　　　　　　　　　　　　］
2月 ［　　　　　　　　　］［　　　　　　　　　　　　　　　］
3月 ［　　　　　　　　　］［　　　　　　　　　　　　　　　］
4月 ［　　　　　　　　　］［　　　　　　　　　　　　　　　］
5月 ［　　　　　　　　　］［　　　　　　　　　　　　　　　］
6月 ［　　　　　　　　　］［　　　　　　　　　　　　　　　］
7月 ［　　　　　　　　　］［　　　　　　　　　　　　　　　］
8月 ［　　　　　　　　　］［　　　　　　　　　　　　　　　］
9月 ［　　　　　　　　　］［　　　　　　　　　　　　　　　］
10月［　　　　　　　　　］［　　　　　　　　　　　　　　　］
11月［　　　　　　　　　］［　　　　　　　　　　　　　　　］
12月［　　　　　　　　　］［　　　　　　　　　　　　　　　］

②1歳・2歳・3歳児が楽しんで遊べる手遊びを5つ書きましょう。

1歳 ［　　　　　　　　　］［　　　　　　　　　　　　　　　］
2歳 ［　　　　　　　　　］［　　　　　　　　　　　　　　　］
3歳 ［　　　　　　　　　］［　　　　　　　　　　　　　　　］

③乳児の保育室には、どのような手づくり玩具が置いてあるのか、実習園で使っていた玩具を書き出し、自分でもつくってみましょう。

レッスン 15

子どもの実態と観察・記録から保育実践へ

本レッスンでは、子どもがさまざまな体験を積み重ねながら総合的に発達することを理解し、その実態を観察する視点を学びます。また、子どもたちの発達していく姿や様子を記録にとる意味を考えて、記録した内容を保育実践へ生かす方法を学びましょう。

1. 子どもの実態と観察

1 子どもの行動には意味がある

　幼稚園や保育所、幼保連携型認定こども園など、子どもを保育する場には、さまざまな**保育形態***があります。自由活動が中心の「自由保育」や、クラス全体で一斉に活動する「一斉保育」、保育室を活動の拠点ごとに設定した「コーナー保育」、異年齢でクラスを構成する「縦割り保育」など、実態はさまざまです。

　たとえば、「自由保育」といっても、子どもが好きな遊びを自由奔放に、したい放題する園もあれば、保育者が子どもの実態に即して細かく環境構成をしながら、子どもの発想を阻害しないよう必要なときに関わる園もあります。このように、さまざまな形態のなかで表面的にみるだけでは、子どもの実態はみえてきません。

　一日の保育のなかで、「おもしろいことを考えているな」「昨日とは違った行動をしているな」「次はどうするのかな？」と、興味をそそる場面に出会うことがあるでしょう。子どもの理解を深めていくためには、その瞬間を記録にとっていくことも次への保育につながる一つの方法です。

2 観察記録を見る

①観察記録（3歳児クラスの子どもの姿）

　ここでは、A幼稚園の絵本の読み聞かせをとおした子どもの姿と保護者の声、そして、保育者の気づきについて、2つのクラスで記録した内容を紹介します。

『つぎ、とまります』
（村田エミコ作、福音館書店、2009年）

※用語解説
保育形態
保育の活動を行うための形のこと。

なお、表中の回数は、絵本の読み聞かせ回数です。

インシデント①　3歳児　さくら組

回数	子どもの姿
1	・絵本を手にすると、どんなに走り回っていてもそばに寄ってくる。また、通園バスで通っている子が多いこともあり、『つぎ、とまります』と題名を読んだ瞬間、子どもたちの目の輝きが変わった
2	・「ただいまー」「おかえりー」の言葉は、自分たちも家に帰った気持ちになるのか、無意識に手を振ったりうなずく子もいた。
3	・「つぎ、とまりま〜す」は、Bくん・Cちゃん・Dくんが偶然そろっていう。言葉のスピードやイントネーションも同じだったので、ほかの子も通園バスの先生のまねをしていることに気づき、ページをめくるたび「プー」と読むと、「つぎ、とまりま〜す」と全員の声がそろう。Cちゃんは手の角度までそっくりにまねていた。(この行動を見て、<u>ふざけてまねる子はいなかった</u>)
4	・「たぬきのおかあさん、ごはんつくって待ってるね」と読むと「おいしそう」と、つぶやくFちゃんの声を聞き、Eくんが「巻きずし食いてー」と、下をむく姿に笑いが起こる。
5	・わにのお父さんがバスを降りる場面では、『こどものとも』7月号の「わにわにとあかわに」の絵本を思い出し、「あかわにのお父さんかな?」とGちゃんが聞くと、「絶対そうだ!」「あかわにの顔だもん」「あかわにさん、池にすんでたんだ」「わにわにの家にもバスで行ったのかな?」と、<u>話がふくらんでいた</u>。
6	・最後のページの「ごじょうしゃ、ありがとうございました」では、半数以上の子の声がそろう。
7	・読み終わったあと、「もう1回読んで」とEくんが催促したので、ほかの子が遊んでいるときに読んであげる。すると、「帰ってきたよ!　って鳴らしてるんだ」と、1人納得したようにほほえみ、別の場所に遊びに行った。大人は「プー」と聞くと、バスから降りるときに押すブザーの音だと思うが、Eくんにとって「プー」は、クラクションの音だったようだ。
8	・最初のころに比べ、「つぎ、とまります」「ただいまー」「おかえりー」「ごじょうしゃ、ありがとうございました」の言葉にリズムがついてきた。園庭で遊んでいたGくんとEくんが、縄跳びをつなぎバスごっこが始まる。「ほいくえんバスが、はっしゃいたしま〜す」「はやく乗ってください」というGくんの声で、さくら組だけでなく年長児も集まってきた。すかさず、Eくんが「つぎは、もりのいりぐち〜」「プップー」といいながら園庭を歩くと、縄の中に入る子が多かったのか、全員転んでしまう。それを見ていた年長児Hくんが、「事故発生、救急車出動!」「ピーポーピーポー」と、別の縄跳びをつなげてやってくる。この日は、「けが人を病院に運んで入院中」という場面で遊びは終わった。
9	・バスが海の中に入っていく場面では、「バスも泳ぐのかな?」「おぼれないのかな?」と、隣の子と話している姿がみられる。園庭では、昨日に続きバスごっこが始まっていた。**年長児も入っているが、遊びの中心はさくら組で「お兄ちゃん、森の道と池つくって」と言われ、砂場を掘って水をためたり、園庭に竹で線を引っ張り、バスコースを書いたりと年長児は年齢に合った作業をし、遊びを盛り上げてくれた。**

10	・バスが海の中に入る場面では、「バスも暗いから怖いのかな?」「とばしてるー」とつぶやく。園庭では旗立ての停留所ができ、バスコースと三輪車コースがつくられる。Eくんが、「つぎは、まっくらよこちょう〜」と言いながら体をかがめると、後ろに乗っていた子どもたちも体をかがめる。この日からクラスの枠もなく、園庭で遊んでいる子全員を巻き込んでのバスごっこが始まる。人見知りをしていた2歳児クラスのJちゃんもついて回るようになる。
11	・ほとんどの言葉を覚え、会話のところはタイミングを見計らって言うようになる。園庭のバスごっこを見るのが楽しみになった2歳児のIちゃんが、玄関のチャイムをバスのブザーと間違って鳴らしてしまう。皆から怒られると思ったが、「Iちゃん、すごい!」とほめられ驚いた顔をする。急にIちゃんが笑いだし、「バス乗る、バス乗る」と自分から遊びのなかに入る。
12	・もぐらのおじいさんがもっているボールを見て、「たんじょうびのプレゼントかな?」とつぶやく。年長児から「絵本を見せて」と言われ、Hくんが自分の絵本をもってくる。字が読めないのにページをめくりながら、一言一句間違わずに読み終える。
13	・「みんなごはんの時間だね」と、場面ごとに食事のシーンがあることに気づくと、バスごっこ遊びにままごとも加わる。
14	・「くまさんも魚が好きなんだ」「ペンペンとトコトコと同じだね」と、『ともだちできたよ』の絵本を思い出す。JちゃんとCちゃんは、ペンペンとトコトコになって遠足ごっこを始めた。
15	・言葉に自然とリズムがついてきたので、全員のタイミングがそろい、会話にも気持ちが入ってきたように感じる。ほかのクラスでも『つぎ、とまります』の絵本を読んでほしいという希望が多くなった。園庭のバスごっこは、毎日かたちを変えながら続いていった。**一日で片づけず、次の日登園してもすぐに遊べるようにバス停・池・森・川はそのままにしておく。**

　読み聞かせを繰り返し行うことで、子どもたちはそのたびに新しい発見をし、行動に移していくのがわかります。3回目の読み聞かせで、保育者はBくんたちのセリフが通園バスの先生の言い方をまねしていると気づきます。気づくことは、子ども理解の第一歩です。Cちゃんは動きまでそっくりにまねています。それだけ子どもはまわりの大人の言葉や動きを聞いているということです。子どもたちは、真剣にその人になりきってまねることを楽しんでいるので、それを見ている子どもも、ふざけてまねしたりはしません。

　また、5回目で、別の絵本の話題がでてきますが、皆が同じ絵本を読んでもらっていたからこそ、共通の内容の話ができて発展します。

　後半は、絵本からさらに発展して、園庭にでるようになります。部屋を飛び出すことで、年長児や2歳児も加わり、異年齢の子どもと一緒に遊べるよい機会をつくっています。保育者は、子どもたちが遊び込める環境を大事にして、バス停や池などを片づけずにそのままにしています。こうした配慮によって、子どもの遊びが細切れにならずに、深まってい

きます。

　観察にある様子だけではなく、体験した子どもたちや保護者からどのような声が上がったのかもみてみましょう。

＜子どものつぶやき＞

・お兄ちゃんとバスごっこができて楽しかった。

・池に水を運ぶのは疲れたけど、どろんこになっても怒られなかったから楽しかった。

・年長組のお姉ちゃんと一緒に、葉っぱの巻きずしをつくっておもしろかった。

・「こんぶはらっぱ」のバス停をつくっていたら、昆布がカラカラになったから、頭にのせたら「海坊主みたい」って皆に言われた。すごく臭かった（近所の漁師さんに昆布をたくさんいただく）。

・大きくなったら、バスの運転手になりたい。

・クネクネ道をつくるのがおもしろかった。

・「まっくらよこちょう」のトンネルはお化け屋敷みたいで怖かった。

・もっとバスごっこがしたかった。

・幼稚園にずーっとお泊まりしたかった。

＜保護者の声＞

・毎日幼稚園に行くのが楽しくてしかたないＪちゃんです。４月は、私から離れず先生方に心配をかけていましたが、「今日はＢちゃんとバス停つくった」とか、「水運んだから疲れた」と、うれしそうに話してくれるＪちゃんの顔を見ていると、幼稚園に入れてよかったと思います。汚した服を洗える幸せを感じています。

・絵本の場面と実際の風景を重ね合わせて楽しめる路線バスが大好きで、休みになるとおじいちゃんにバスに乗せてもらっていました。この絵本は私が読むよりも、おじいちゃんに読んでもらうほうがうれしいようです。

・近所のスーパーに行くと、知らない子から「Ｇちゃん」と声をかけられるようになりました。本人に聞くと「バスの友だち」というのですが、娘はバス通園をしていません。この絵本を持ち帰ってきて、娘の言っていた意味がわかりました。「バスごっこ」は、娘にとって遊園地より魅力があったようです。

・「今日は池をつくった」「バス停もつくった」と、毎日幼稚園の話をするのが楽しくてしかたないＬくんでした。

・寝る前に読むようにしていたのですが、「もう１回読んで」と催促され、多いときには５回も読まされました。

第7章　総合的な保育指導

・おじいちゃん子のCちゃんは、もぐらの場面が大好きで「Cのおじいちゃんみたい」と、お土産をもって帰ってきてくれる祖父のことを思って見ていたようです。祖父もまんざらではないようで、何度も絵本を読んでくれていました。

インシデント②　3歳児　もも組

回数	子どもの姿
1	・最初は、Mちゃん・Nくん・Oくんしか見ていなかったが、いつの間にか全員が静かに見ていた。
2	・Pくんは、「プー」の言葉だけまねて言う。
3	・「わにわにさんどろんこしてる」「いいなー 怒られなくて……」と、Pくんがつぶやく。
4	・「プー」「つぎ、とまります」の言葉を、バス通園のMちゃんがまねていうと、NくんとOくんも合わせて言うようになる。「この絵本、おもしろい」と興味をもつ。
5	・Qくんが、「ぼくの絵本読んで」ともってきたので読むと、「ただいまー」「おかえりー」を一緒に言う。「おかあさんの言い方と違う」「おかあさんみたいに言って」と催促され、Qくんは、絵本の言葉と母親の言葉を重ね合わせて聞いていたことにはじめて気づいた。2回目は、この部分だけPくんに読んでもらい「Qくんのお母さんのまねしていい？」と聞くと、うれしそうに「先生は、保育園のお母さんだって園長先生が言ってたからまねしていいよ」と、答えてくれた。絵本の時間を少し身近に感じてきた。
6	・「プー」と読むと、全員で「つぎ、とまります」と返ってきた。昨日までふざけて言っていたQくんも、声がそろった喜びから体がリズムを刻むようになる。
7	・バスが走っている場面で、「ブーブー」「キキーッ」とエンジン音やブレーキ音をRくんが発する。Rくんは体を上下させたり、左右に動かしながらバスを運転していた。
8	・「どうして昨日、読まなかったの？」と、Oくんが聞いてくる。今までは、間隔を空けないと飽きてしまっていたが、この絵本は集中が途切れない。
9	・「バスは森の探検隊だ！」とSくんが言うと、「海の探検もできていいなー」とTちゃんもつぶやく。園庭で、バスごっこをしているさくら組に混ざってSくんとTちゃんが遊ぶ。
10	・「つぎはしゅうてん　わかばちょう〜」と読むと、「ぼくのいえだ」と、登場人物の男の子と自分とを重ね合わせていた。
11	・「お母さんに読んでもらう」と、カバンに入れて持ち帰る子がいた。

　インシデント①と同じように、子どもたちが、絵本からしだいにまねやバスごっこに夢中になっていく様子がうかがえます。担任は、読み聞かせの言葉と母親の言葉を重ね合わせて聞く子どもの姿に気づき、それを気づかせてくれた絵本の時間を身近に感じています。

　また、いつもは続けて読むと飽きてしまうOくんからの問いかけで、

レッスン15　子どもの実態と観察・記録から保育実践へ

この絵本には夢中になっていることに気づきます。このように、読み聞かせは、読み方にこだわるのではなく、読んでいるときにそれぞれの子どもの表情や言葉の変化に気づいてあげることが大切です。

　子どもたちや保護者からどのような声があがったのかみてみましょう。

＜子どものつぶやき＞

・外で遊んだとき、バスに乗せてもらっておもしろかった。

・「つぎ、とまりまーす」ってまねするのがおもしろい。

・バスの運転手になれたから。

・バスがいろいろなところに行くのがおもしろかった。

＜保護者の声＞

・「バスの絵本！」と喜んで持って帰ってきました。何度も読んでやりました。

・はじめて「読んで」と、自分から持ってきました。

・読んだことはありません。

②記録をとることの意味

　このように、同じ条件（年齢・期間・絵本）で保育を行っても、環境によって子どもの反応は違ってきます。インシデント②の3歳児の子どもは、自分と絵本の内容との関係性だけであるのに対し、インシデント①の3歳児の子どもは、話の内容に、体験したこと・そこに生まれた感情の変化・まわりとの関係性をうまく言葉で表現しています。

　また、保護者の感想からも、もも組の保護者の声では、子どもとの会話がほとんどでてきておらず、家庭で絵本を読んだことのない保護者もいました。一方、さくら組の保護者の感想には、子どもとの会話・そのときの感情や家庭背景・その後の関係性まで書かれてあります。対照的な結果になりましたが、もも組の担任は、これからの保育内容をどのように考えていったらよいでしょうか。

　さくら組の保護者の声にあるように、「4月は、私から離れず先生方に心配をかけていましたが（中略）うれしそうに話してくれるJちゃんの顔を見ていると」とあるように、「幼稚園って楽しい」という（表情が変わる）だけで、親はうれしくなります。そして、うれしいから、幼稚園でどんなことをしているのか興味をもち、わが子の話も今まで以上に関心をもって聞きたくなります。

　一方、子どもも、幼稚園が楽しいから話をしたくなり、聞いてくれる大人がいるから話をすることが楽しくなります。それが、実際に体験したい・挑戦したいという意欲にもつながっていきます。このようにして、子どもをとおした園と保護者との関係性が生まれてきます。

203

第7章　総合的な保育指導

そのため、もも組の担任に必要なことは、子どもたちが何に興味をもち、何をやってみたいのかを理解し、そのための環境を整えてやることです。記録は、このような振り返りと、環境の再構成にも生かすことができます。

2.　記録を生かした保育実践

レッスン14の月間指導計画（月案）のポイントに、月間指導計画は、「1か月ごとに子どもの実態を見ながら立てるものです。年間指導計画では書くことのできなかった細かな計画を立てることで、保育者はよりていねいに子どもの実態を把握した保育を行うことができます」とあります。

しかし、実際に指導計画（案）を立ててみると、子どもたちの姿を想定し、興味・関心をもとに「ねらい」を考え、そこから子どもたちに経験してほしい内容や実際の活動を考えていくプロセスは難しいと感じるのではないでしょうか。それは、保育者が一方的に展開していく計画ではなく、子どもたちが主体的に意欲をもって関わる遊びを中心に保育を展開しようと考え、計画を作成するところにあります。

そこで、どのように計画を立てていくと細切れでない、子どもの成長の実態にそった指導計画が作成できるのでしょうか。

ここでは、計画（案）の書き方の例を紹介します。

①先月の記録に基づいて、今月のテーマを決めます。

②今月のテーマから、実践したいことを「実践予定」として枠内に書きこみます（図表15-1）。

図表 15-1　今月のテーマ「秋」　3歳児

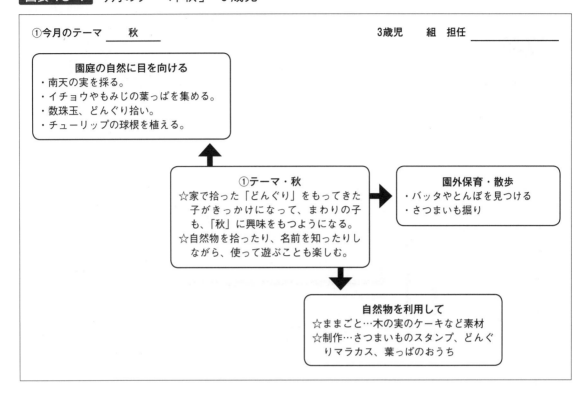

③図表15-1から、第1週の子どもたちの活動（③の囲み枠）を予測し、それに必要な環境（二重線）を構成します（図表15-2）。

図表 15-2 今月のテーマ「秋」 3歳児

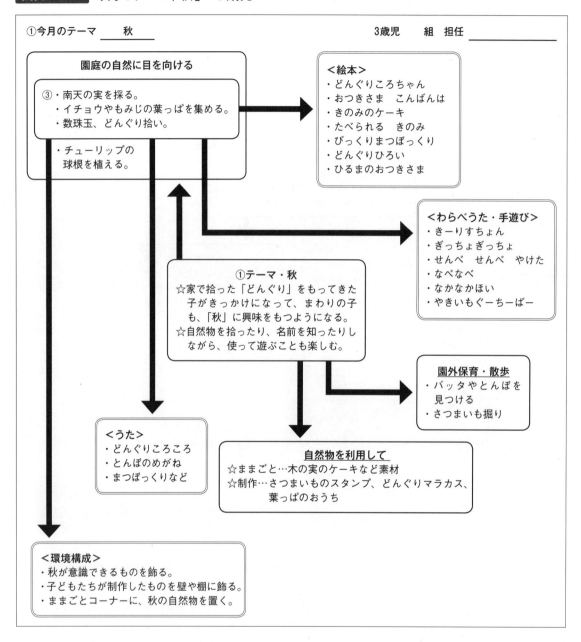

④第1週の子どもたちの活動の中で気づいたことや子どもたちのつぶやきを書き（塗りつぶし枠）、次週の子どもの活動を予測します（図表15-3）。

図表15-3 今月のテーマ「秋」 3歳児

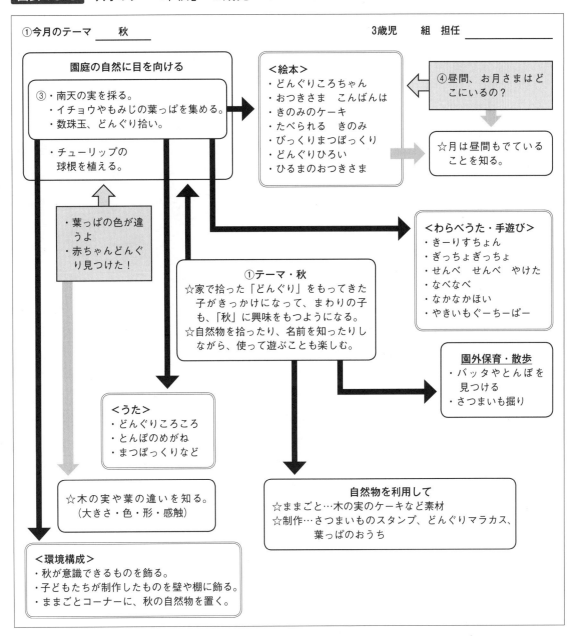

このように、子どものつぶやきや気づきを追加していくことで、その後の活動の展開に、どのように影響したかを振り返ることができます。

第7章　総合的な保育指導

　たとえば、図表15-3の④では、担任が「おつきさまこんばんは」の絵本を読み聞かせると、子どもから、「ひるま、お月さまは、どこにいるの？」と、聞かれました。担任が答えに困っていると、別の子が、「太陽がでてるから、寝てるんじゃない？」「おひさまが、まぶしいから、見えないだけ？」など、子どもたちからさまざまな意見がでてきました。その日は、子どもたちの意見を聞くだけで保育が終わってしまいました。

　そこで担任は、このエピソードを園内研修で発表したところ、同じ体験をした職員から、「私の場合は、『ひるまのおつきさま』の絵本を読んでやると、絵本の内容を聞いて納得してたよ」と、アドバイスをもらいました。このように、自分では解決できないことを、職員間で話し合いながら保育計画に反映させることで、保育の質を高めることができます。

⑤同じテーマで来月も引き続きやってみたいことが増えた場合は、点線の枠にして書き足します（図表15-4、15-5）。

演 習 課 題

①1日の保育のなかで、「おもしろいことを考えているな」、「昨日とは違った行動をしているな」、「次はどうするのかな？」と、興味をそそる場面を記録にとってみましょう。

②①の記録から、「友だち同士の関わりや遊びはどのように展開していったのか」「子どもたちはどのように環境に関わっていたのか」振り返り、その内容をグループで話し合ってみましょう。

③5歳児のクラスで、「秋の自然物どんぐりを使っておもちゃつくり」をテーマに保育をしようと思います。子どもが何をつくるかイメージしながら、制作に必要なもの（準備物）を書き出してみましょう。

図表15-4 今月のテーマ「秋」 3歳児

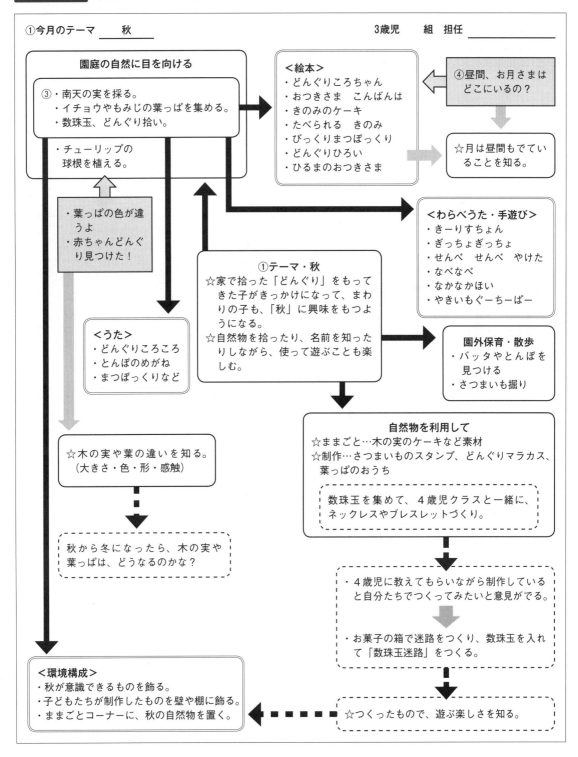

図表15-5　今月のテーマ「秋」　5歳児

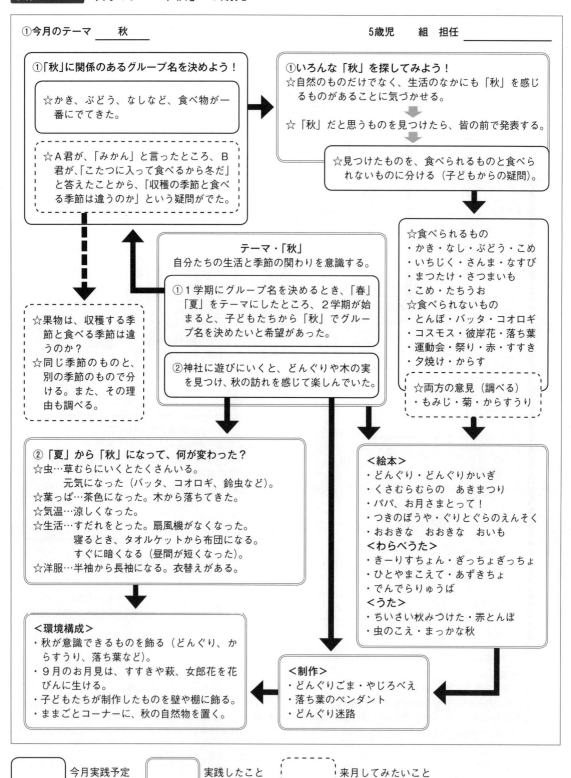

参考文献··

レッスン13

阿部和子・前原寛・久富陽子『新保育内容総論──保育の構造と実践の探究』
　萌文書林　2010年

大豆生田啓友・渡辺英則・柴崎正行ほか編『保育内容総論（第2版）』ミネルヴァ書
　房　2011年

ロジェ・カイヨワ／多田道太郎・塚崎幹夫訳『遊びと人間』　講談社　1990年

レッスン14・15

大豆生田啓友　『子育てを元気にすることば〜ママ・パパ・保育者へ。』　エイデル研
　究所　2017年

今井和子・天野珠路・大方美香編著　『独自性を活かした保育過程に基づく指導計画
　──その実践・評価』　ミネルヴァ書房　2010年

門谷真希・山中早苗編著　『保育の指導計画と実践 演習ブック』　ミネルヴァ書房
　2016年

今井和子監修　『0・1・2歳児の担任になったら読む本──育ちの理解と指導計画』
　小学館　2014年

諸富祥彦・冨田久枝編著　『保育現場で使えるカウンセリング・テクニック 子どもの
　保育・発達支援編』　ぎょうせい　2015年

子どもと保育総合研究所・森上史朗監修／大豆生田啓友・三谷大紀編　『最新保育資
　料集』　ミネルヴァ書房　2016年

津守眞・入江礼子・友定啓子編　『津守眞講演集 保育の現在──学びの友と語る』
　萌文書林　2015年

福島大学附属幼稚園・大宮勇雄・白石昌子・原野明子　『子どもの心が見えてきた
　学びの物語で保育は変わる』ひとなる書房　2011年

高山静子　『環境構成の理論と実践−保育の専門性に基づいて』　エイデル研究所
　2015年

大豆生田啓友・渡辺英則・森上史朗編　『保育方法・指導法』ミネルヴァ書房　2012
　年

無藤隆・汐見稔幸・砂上史子　『ここがポイント！　3法令ガイドブック』　フレーベ
　ル館　2017年

　おすすめの1冊

柳沼てるこ『リズム・ムービング──五感を生かした楽しい音と動きの表現』
2003年　音楽之友社

宇宙のリズム、生活のリズム、音楽のリズムと「リズム」にはいろいろな意味がある。
遊びをとおした総合的な指導を行う上で、リズムを使ったおもしろい指導内容が満載の
一冊。

さくいん

●かな

あ
愛着関係・・・・・・・・・・・・・・・ 66, 86
遊び・・・・・・・・・・・・・・・・・・・ 74
遊び込む・・・・・・・・・・・・・・・ 40
アニミズム・・・・・・・・・・・・・ 11, 21
アフォーダンス・・・・・・・・・・・・ 38
安全基地・・・・・・・・・・・・・・・ 67

い
行きて帰りし物語・・・・・・・・・・ 130
生きる力・・・・・・・・・・・・・ 91, 171
一語文・・・・・・・・・・・・・・・・ 117
異年齢・・・・・・・・・・・・・・・・・ 81
異年齢保育・・・・・・・・・・・・・・ 72
因果関係・・・・・・・・・・・・・・・ 108
インシデント ・・・・・・・・・・・・・ 11

う
ヴィゴツキー, レフ・・・・・・・・・・ 14
動きのリズム・・・・・・・・・・・・・ 161
歌遊び・・・・・・・・・・・・・・・・ 152
ウッドブロック ・・・・・・・・・・・・ 163
運動・・・・・・・・・・・・・・・・・・ 57
運動機能の発達特性・・・・・・・ 6, 9
運動時間・・・・・・・・・・・・・・・ 37
運動有能感・・・・・・・・・・・・・・ 41

え
衛生仮説・・・・・・・・・・・・・・・ 105
エプロンシアター ・・・・・・・・・・・ 164
絵本選びのポイント・・・・・・・・ 127
エング, ヘルガ ・・・・・・・・・・・・ 18

お
大場牧夫・・・・・・・・・・・・・・・ 28
音・・・・・・・・・・・・・・・・・・・ 152
オノマトペ・・・・・・・・・・・・・・・ 163
おやつ・・・・・・・・・・・・・・・・・ 53
オルフ, カール ・・・・・・・・・・・・ 158

か
絵画・造形・・・・・・・・・・・・・・ 17
過干渉・・・・・・・・・・・・・・・・・ 65
核家族化・・・・・・・・・・・・・・・ 64
仮想現実（バーチャル・リアリティ）
・・・・・・・・・・・・・・・・・・・・・ 23
過保護・・・・・・・・・・・・・・・・・ 65
語り手・・・・・・・・・・・・・・・・ 133
カリキュラム・マネジメント ・・・・・ 190
環境づくり ・・・・・・・・・・・ 91, 166
玩具・・・・・・・・・・・・・・・・・・ 86
観察記録・・・・・・・・・・・・・・・ 198
感性的コミュニケーション ・・・・・ 116

き
聞き手・・・・・・・・・・・・・・・・ 133
既成遊具・・・・・・・・・・・・・・・ 105
基本的運動動作・・・・・・・・ 35, 36
共感・・・・・・・・・・・・・・・・・・ 166
協同性・・・・・・・・・・・・・・・・・ 22
協力・・・・・・・・・・・・・・・・・・ 167

く
クーイング・・・・・・・・・・・・ 115, 127
倉橋惣三・・・・・・・・・・・・・・・ 26

け
月間指導計画（月案）・・・・・・・ 191
原体験・・・・・・・・・・・・・・・・ 108

こ
互恵・・・・・・・・・・・・・・・・・・ 33
心と体の健康 ・・・・・・・・・・・・・ 33
心の脳・・・・・・・・・・・・・・・・ 125
五色の玉・・・・・・・・・・・・・・・ 179
子どもの主体性・・・・・・・・・・・ 93
コダーイ・ゾルターン ・・・・・・・・ 156
子どもの内面 ・・・・・・・・・・・・・ 11
5領域の関連性・・・・・・・・・・・ 171
5領域の変遷・・・・・・・・・・・・ 182

さ
最近接発達領域・・・・・・・・・・・ 14
再話・・・・・・・・・・・・・・・・・・ 124
三項関係・・・・・・・・・・・ 5, 88, 127
産熱・・・・・・・・・・・・・・・・・・ 57

し
自我の芽生え ・・・・・・・・・・・・・ 68
自己肯定感・・・・・・・・・・・ 72, 81
自己有能感・・・・・・・・・・・・・・ 41
自然体験・・・・・・・・・・・・・・・ 108
指導計画・・・・・・・・・・・・・・・ 186
指導計画の立て方・・・・・・・・・ 189
児童文化財・・・・・・・・・・・・・・ 123
しなやかな心と体 ・・・・・・・・・・ 42
週間指導計画（週案）・・・・・・・ 191
唱歌・・・・・・・・・・・・・・・・・ 154
少子化・・・・・・・・・・・・・・・・・ 64
象徴遊び・・・・・・・・・・・・・・・・ 7
情動・認知・・・・・・・・・・・・・・ 10
食育・・・・・・・・・・・・・・・・・・ 59
食育基本法・・・・・・・・・・・・・・ 59
食事・・・・・・・・・・・・・・・・・・ 54
食農・・・・・・・・・・・・・・・・・ 102
初語・・・・・・・・・・・・・・・・・ 117
自律神経・・・・・・・・・・・・・・・ 57
人的環境・・・・・・・・・・・・・ 86, 90

す
睡眠時間・・・・・・・・・・・・・・・ 49
スキャモン, R. E.・・・・・・・・・・・ 34
スクリブル・・・・・・・・・・・・・・・ 18
素話・・・・・・・・・・・・・・・・・ 107

せ
世界保健機関（WHO）憲章・・・ 34
全体的な計画・・・・・・・・・・・・ 186

そ
粗大運動・・・・・・・・・・・・・・・ 158
育ち・・・・・・・・・・・・・・・・・・ 34

さくいん

た
高橋敏之・・・・・・・・・・・・・・・・・19
ダルクローズ, エミール, ジャック
　・・・・・・・・・・・・・・・・・・・・・165
ダルクローズの教育法・・・・・・・165
短期指導計画・・・・・・・・・・・・188
探索行動・・・・・・・・・・・・・67, 86

つ
津守真・・・・・・・・・・・・・・・・・24

ち
ちいさなうさこちゃん・・・・・・・・128
昼食・・・・・・・・・・・・・・・・・・52
長期指導計画・・・・・・・・・・・・188
朝食・・・・・・・・・・・・・・・・・・50
調整能力（コントロール能力）・・・35

て
デイリー・プログラム・・・・・・・・192
展開描写・・・・・・・・・・・・・・・21

と
童謡・・・・・・・・・・・・・・・・・154
戸倉ハル・・・・・・・・・・・・・・・179

な
名須川知子・・・・・・・・・・・・・・3
慣らし保育・・・・・・・・・・・・・・66
喃語・・・・・・・・・・・75, 115, 157

に
日案・・・・・・・・・・・・・・・・・192
乳児・・・・・・・・・・・・・・・・・・4
乳児期・・・・・・・・・・・・・・・・115
乳幼児期・・・・・・・・・・・・・・・2

ね
年間指導計画・・・・・・・・・・・・190

は
パーテン, ミルドレッド・・・・・・・・74

排便・・・・・・・・・・・・・・・・・54
破傷風・・・・・・・・・・・・・・・・107
発達・・・・・・・・・・・・・・・・・・3
発達段階・・・・・・・・・・・・・・・4
発達による指導法・・・・・・・・・・14
早寝・早起き・・・・・・・・・・・・・47

ひ
ピアジェ, ジャン・・・・・・・・・・・・4
東山明・・・・・・・・・・・・・・・・21
微細運動・・・・・・・・・・・・・・158
人との関わり・・・・・・・・・・・・・78
人見知り・・・・・・・・・・・・・・・86
非認知能力・・・・・・・・・・・45, 94
表象・・・・・・・・・・・・・・・・・68
敏感期・・・・・・・・・・・・・・・・35

ふ
ファーストブック・・・・・・・・・・・127
物的環境・・・・・・・・・・・・86, 91
ブリューゲル, ピーテル・・・・・・・18
ブルーナー, ジェローム, シーモア・27

ほ
保育形態・・・・・・・・・・・・・・198
保育指導・・・・・・・・・・・・・・185
保育者の姿勢・・・・・・・・・・・・18
保育所の指導計画・・・・・・・・・188
保育内容5領域・・・・・・・・・・・2
放熱・・・・・・・・・・・・・・・・・57

ま
マザーリング・・・・・・・・・・・・・5
まるごとのからだ・・・・・・・・・・・33

み
見立て遊び・・・・・・・・・・・・・77
三指持ち・・・・・・・・・・・・・・89
民話・・・・・・・・・・・・・・・・・124

も
モンテッソーリ, マリア・・・・・・・・20

モンテッソーリ・メソッド・・・・・・・23

ゆ
夕食・・・・・・・・・・・・・・・・・53
指差し行動・・・・・・・・・・・・・76

よ
幼児期運動指針・・・・・・・・・9, 36
幼児期の終わりまでに育ってほしい
　姿・・・・・・・・・・・・・・・・・2
幼児語・・・・・・・・・・・・・・・112
幼稚園の指導計画・・・・・・・・・188
幼保連携型認定こども園の指導計
　画・・・・・・・・・・・・・・・・・188
読み聞かせの5つのポイント・・・125
読み聞かせの効果・・・・・・・・・125

り
リズム・・・・・・・・・・・・・132, 139
リトミック・・・・・・・・・・・・・・165
領域・・・・・・・・・・・・・・・・・2
領域「環境」・・・・・・・・・2, 84, 172
領域「健康」・・・・・・・2, 32, 47, 171
領域「言葉」・・・・・・・・2, 112, 172
領域「人間関係」・・・・・2, 65, 172
領域「表現」・・・・・・・・・・2, 138

れ
レントゲン描法・・・・・・・・・・・・21

わ
わらべうた・・・・・・・・・・・133, 155
わらべうた遊び・・・・・・・・・・・154

●欧文
A
ADHD・・・・・・・・・・・・・・・・181

P
PDCAサイクル・・・・・・・・・・・190

213

監修者

名須川知子（なすかわ ともこ）　兵庫教育大学 理事・副学長

大方美香（おおがた みか）　大阪総合保育大学 同大学院 教授

執筆者紹介（執筆順、＊は編著者）

谷村 宏子＊（たにむら ひろこ）
担当：はじめに、レッスン1、レッスン13
関西学院大学 教授
主著：『音楽療法の視点に立った保育支援の試み――
　　　実践記録の分析と新たな提案』　関西学院大学
　　　出版会　2012年
　　　『おいしいってうれしいね：食育をテーマに
　　　歌う子どもの歌43』（共著）　共同音楽出版社
　　　2011年

保田 恵莉（やすだ えり）
担当：レッスン2
姫路獨協大学 准教授

鈴木 裕子（すずき ゆうこ）
担当：レッスン3
愛知教育大学 教授
主著：『子どものプレイフルネスを育てるプレイメー
　　　カー』（共著）　サンライフ企画　2017年
　　　『保育における幼児間の身体による模倣』　風
　　　間書房　2016年

石井 浩子（いしい ひろこ）
担当：レッスン4
京都ノートルダム女子大学 准教授
主著：『実習指導概説 保育・教育・施設実習（健康福
　　　祉シリーズ③）』（編著）　ふくろう出版　2012
　　　年
　　　『乳幼児の健康（第3版）』（共著）　大学教育出
　　　版　2018年

永井 毅（ながい たかし）
担当：レッスン5～レッスン8
湊川短期大学 准教授
主著：『保育者論――子どものかたわらに（シリーズ
　　　知のゆりかご）』（共著）　みらい　2017年
　　　『科学絵本ガイドブック』（共著）　ふくろう出
　　　版　2017年

礒野 久美子（いその くみこ）
担当：レッスン9、レッスン10、レッスン14、レッスン
15
兵庫教育大学 就学前教育カリキュラム研究開発室 特
命助教

門脇 早聴子（かどわき さきこ）
担当：レッスン11、レッスン12
園田学園女子大学 助教
主著：『初等音楽科教育（MINERVAはじめて学ぶ教
　　　科教育7）』（共著）ミネルヴァ書房　2018年
　　　『新しい小学校音楽科の授業をつくる――教科
　　　専門と教科指導法の融合』（共著）ミネルヴァ書
　　　房　2018年

編集協力：株式会社桂樹社グループ
装画：後藤美月
本文イラスト：宮下やすこ
本文デザイン：中田聡美

MINERVA はじめて学ぶ保育⑥
保育内容の指導法

2018年4月25日　初版第1刷発行　　　　　　　　〈検印省略〉

定価はカバーに
表示しています

監 修 者	名須川	知 子
	大　方	美 香
編 著 者	谷　村	宏 子
発 行 者	杉　田	啓 三
印 刷 者	坂　本	喜 杏

発行所　株式会社　ミネルヴァ書房
607-8494　京都市山科区日ノ岡堤谷町1
電話代表　(075) 581 - 5191
振替口座　01020 - 0 - 8076

ⓒ谷村ほか, 2018　　　　　冨山房インターナショナル

ISBN978-4-623-07967-4

Printed in Japan

名須川知子/大方美香監修

MINERVAはじめて学ぶ保育

全12巻／B5判／美装カバー

① 保育原理　　　　　　　　　　　　　　　　戸江茂博 編著

② 教育原理　　　　　　　　　　　　　　　　三宅茂夫 編著

③ 保育者論　　　　　　　　　　　　　　　　山下文一 編著

④ 保育課程・教育課程論　　　　　　　　　　卜田真一郎 編著

⑤ 保育内容総論（乳幼児の生活文化）
　　　　　　　　　　　　　　　　　　　　　鈴木裕子 編著

⑥ 保育内容の指導法　　　　　　　　谷村宏子 編著　本体2200円

⑦ 乳児保育　　　　　　　　　　　　　　　　馬場耕一郎 編著

⑧ 乳幼児心理学　　　　　　　　　　　　　　石野秀明 編著

⑨ インクルーシブ保育論　　　　　　伊丹昌一 編著　本体2200円

⑩ 保育所・幼稚園実習・幼保連携型認定こども園実習
　　　　　　　　　　　　　　　　　亀山秀郎 編著　本体2200円

⑪ 施設実習　　　　　　　　　　　　　　　　立花直樹 編著

⑫ 子育て支援　　　　　　　　　　　　伊藤 篤 編著　本体2200円

──────────── ミネルヴァ書房 ────────────

http://www.minervashobo.co.jp/